Aufstieg zum Industriemeister

– Zusammenarbeit im Betrieb –

Arbeitsmappe für die Ausbildung
zum Industriemeister / zur Industriemeisterin

Nach dem aktuellen Rahmenstoffplan

Mit Prüfungsfragen und -antworten

5. Auflage

Arbeitskreis Georg Schuhmann

VERLAG EUROPA-LEHRMITTEL · Nourney, Vollmer GmbH & Co. KG
Düsselberger Straße 23 · 42781 Haan-Gruiten
Europa-Nr.: 80410

Die Verfasser

Leitung und Lektorat: Georg Schuhmann

Autoren

Winfried Fischer; Diplompädagoge; M.A., Studiendirektor, Bad Bergzabern

Er studierte Sozialwissenschaften in Trier und Landau mit den Abschlüssen Dipl.-Päd. und M. A., ab 1974 Tätigkeit als Lehrer an berufsbildenden Schulen. Seit 1979 führt er Kurse in AdA und im berufs- und arbeitspädagogischen Teil der Industriemeister-Ausbildung durch. Zurzeit führt er Studienreferendare zum zweiten Staatsexamen.

Dr. Klaus Höfle; Diplom-Wirtschaftspädagoge, Professor, Giengen

Dr. Höfle ist Bankkaufmann und studierte an den Universitäten Nürnberg und München Wirtschaftspädagogik und Psychologie. Er promovierte mit einer Studie über die betriebliche Weiterbildung zum Dr. phil. Heute ist er Lehrbeauftragter an der Ludwig-Maximilian-Universität München und selbstständiger Prozessberater.

Georg Schuhmann; Diplom-Wirtschaftspädagoge, Studiendirektor, Mannheim

Nach der Lehre und dem Abitur studierte er in Heidelberg und Mannheim Pädagogik, Germanistik und Wirtschaftswissenschaften. Seit 1973 hat er Erfahrung in der Lehrerfortbildung, als Kursleiter bzw. Prüfungsvorsitzender bei Seminaren zur Sozialpsychologie, sowie Berufs- und Arbeitspädagogik an Volkshochschulen, Berufsakademien und Fachhochschulen.

Martin Schuhmann; Diplom-Handelslehrer, Studiendirektor, Fachleiter für Wirtschaftsdidaktik am Studienseminar Kassel/Fulda

Der Autor studierte an der Universität Mannheim und der Universität Gesamthochschule Kassel Wirtschaftswissenschaften, Pädagogik und Theologie. Er ist Studiendirektor am Beruflichen Gymnasium in Fulda. Ab 1991 war er wissenschaftlicher Mitarbeiter an der Uni GhK und hat seit 1992 Lehraufträge. Seit 2004 ist er Fachleiter am Studienseminar.

Josef Vogt; Meister der Gastronomie, Diplompädagoge, Studienrat, Brigachtal

Er studierte in Landau Berufs- und Betriebspädagogik und unterrichtet jetzt in Villingen-Schwenningen an einer Landesberufsschule. Außerdem ist er Dozent für Sozialpädagogik an der Fachschule für Sozialpädagogik in Freiburg. Als Dozent und Prüfungsmitglied hat er seit 1984 in zahlreichen Meistervorbereitungskursen Erfahrung in der Erwachsenenbildung erworben. Er ist Verfasser von vielen Aufsätzen zur Mitarbeiterführung in verschiedenen Fachorganen.

5. Auflage 2011

Druck 5 4 3

Alle Drucke derselben Auflage sind parallel einsetzbar, da sie bis auf die Behebung von Druckfehlern untereinander unverändert sind.

ISBN 978-3-8085-8045-5

http://www.europa-lehrmittel.de

Umschlaggestaltung: BOROS, 42103 Wuppertal

Satz: Tutte Druckerei & Verlagsservice GmbH, 94121 Salzweg

Druck: Triltsch Print und digitale Medien GmbH, 97199 Ochsenfurt-Hohestadt

Was Sie von diesem Arbeitsmaterial erwarten können

Ziele

- Sie haben eine Arbeitsmappe erworben, mit der wir anspruchsvollen Leuten helfen möchten, leicht zu lehren und zu lernen.
- Sie sollen (sehr) gute Ergebnisse bei Ihrer Prüfung erreichen.
- Genauso wichtig ist uns, Ihnen Hilfen für Ihre anspruchsvolle Aufgabe zu geben, die Zusammenarbeit in Ihrem Betrieb positiver zu gestalten, um den Erfolg Ihres Unternehmens zu verbessern.

Methode

Die Arbeit des Dozenten wird durch die methodisch-didaktische Aufbereitung ergänzt.

Eine abwechslungsreiche Darstellungsweise erleichtert das Selbststudium.

Situation

Jedes Kapitel beginnt mit der lebendigen Darstellung einer konkreten Situation, an der die Problematik deutlich werden soll.

Information

Der Inhalt geht von der Verordnung für die Meisterprüfung aus.

- Jedes Kapitel wird **auf das Wesentliche konzentriert** angeboten und durch besonders wichtige bzw. aktuelle Themen ergänzt.
- Konkrete **Beispiele** können Sie sicher bei der Prüfung und im Betrieb anwenden.
- **Grafische Darstellungen** und **Farbsymbole** erleichtern Ihnen das Verständnis und erhöhen die Behaltensquote.
- Fachwissenschaftliche Aussagen finden Sie in die **Sprache** des gebildeten Laien übersetzt.

Inhalte

Wir übernehmen in dieser Ausbildermappe **alle Inhalte des Rahmenstoffplans und der Lernziele,** die von BIBB und DIHT 2003 herausgegeben wurden. Dieses Arbeitsmaterial wurde in vielen Seminaren zur Vorbereitung auf die Prüfung erprobt und laufend verbessert.

Fragen/ Aufgaben/ Übungen

Jeder Themenkreis schließt mit Fragen ab, die Ihrer Selbstkontrolle und der Wiederholung dienen. Ein Lösungsheft dazu ist entbehrlich, weil sich die Antworten eindeutig aus dem Text ergeben.

Bei den kreativen und aktiven Arbeitsformen können Sie die **Anwendung** der erworbenen Kenntnisse, Fähigkeiten und Fertigkeiten im Betrieb trainieren.

Neue Rechtschreibung

Wir benutzen die **neuen amtlichen Rechtschreibregeln** und wünschen Ihnen viel Erfolg.

Mannheim, im Sommer 2011 — Georg Schuhmann

Vorwort

Die Alten

Die meisten bisherigen Vorbereitungswerke für angehende Meister haben zwei auffällige Eigenschaften: Sie sind meistens zu umfangreich und / oder methodisch-didaktisch mangelhaft aufbereitet.

Das Neue
Das Ergebnis

- Es bietet **gestrafft und leicht** verständlich alle notwendigen Informationen.
- Mit dem vorliegenden Werk **gewinnen Sie Sicherheit,** weil es dem neuen Rahmenstoffplan und den neuen Lernzielen entspricht, von der Realität des Betriebes ausgeht und Impulse für Ihr konkretes Handeln in der Praxis anbietet. Es vermittelt nicht nur Wissen, sondern auch Können, weil es von konkreten Situationen ausgeht und mit Übungen, Gruppenarbeit, Rollenspielen ... endet, die den Transfer in den Betrieben erleichtern.

Professor Dr. Karl Kollnig

Vorwort zur 5. Auflage

Im Anhang finden Sie Prüfungsfragen und -antworten aus allen Kategorien: programmierte, offene und fallorientierte Fragen.

Wir wünschen Ihnen viel Erfolg bei der Arbeit mit diesem Buch – und bei Ihrer Prüfung!

Mannheim, im Sommer 2011 — Autoren und Verlag

Inhalt

1 Berufliche Entwicklung beurteilen und fördern

1.1 Lebenslauf – Berufliche Entwicklung und Persönlichkeit

Situation

Peter Schenk hat einen Termin zur persönlichen Beratung beim Berufsinformationszentrum (BIZ) des Arbeitsamtes. Er ist sich selbst noch nicht sicher, welchen Beruf er ergreifen soll. Er bespricht seine Wünsche und Vorstellungen mit dem Berufsberater sehr gründlich und vergleicht sie mit den vorhandenen Angeboten.

Fragen

1. Welche Qualifikationen muss Peter Schenk erwerben, um im Beruf und im Leben erfolgreich zu sein?
2. Wo kann er diese Qualifikationen erwerben?

Wahres Glück der Erdenkinder ist nur die Persönlichkeit
Goethe

Die Persönlichkeit befähigt den Menschen zum Beruf und zur Integration in die Gesellschaft. Voraussetzungen für eine erfolgreiche Persönlichkeit sind:

Kompetenzen (Fähigkeiten) und Schlüsselqualifikationen

Der Erwerb der Schlüsselqualifikationen, die früher auch als Arbeitstugenden bezeichnet wurden, sowie die Ausprägung von Eigenschaften und Fähigkeiten (Kompetenzen) muss möglichst früh durch das soziale Umfeld gefordert und gefördert werden.

Man entwickelt seine Persönlichkeit also nicht erst in der beruflichen Ausbildung. Wichtige Stationen vorher sind z.B. Familie und Schule, später Hochschule und Betrieb. Die Entwicklung der Persönlichkeit ist also ein lebenslanger Prozess, an dem Körper, Seele und Verstand beteiligt sind. Der Körper wird durch alle Körperbewegungen und im Besonderen durch den Sport geprägt und entwickelt sich ständig weiter. Die Seele wird von Gefühlen (z.B. Vertrauen, Optimismus, Freude, Glück, Angst, Hass...) und von persönlichem Glauben und Erfahrungen geprägt. Mit dem Verstand erwerben wir Kenntnisse, Fähigkeiten und Fertigkeiten.

Jedes menschliche Leben zielt auf die Entwicklung der Persönlichkeit ab. Diese Entwicklung kann beruflich nur im Zusammenhang mit der Integration in die Gesellschaft und der Fähigkeit zur Beschäftigung gesehen werden.

Als Lernorte dafür sind Familie, Kindergarten und Schule zu sehen. Jeder dieser Lernorte arbeitet also berufsvorbereitend, da alle Lernprozesse eine Bedeutung im späteren beruflichen Leben bekommen.

1.2 Entwicklung und Beeinflussung des Sozialverhaltens

1.2.1 Bereiche und Phasen der Entwicklung

Jeder Mensch entwickelt sich in seiner Ganzheit durch dreierlei Aktivitäten:

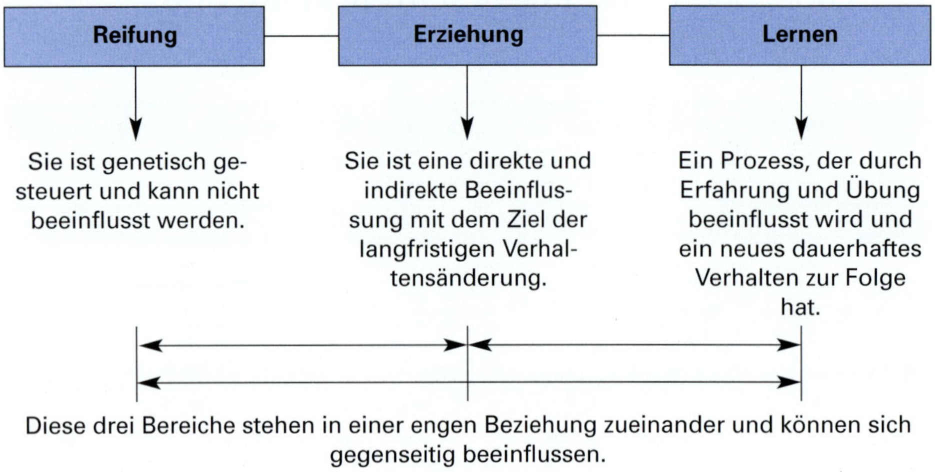

Auch Erwachsene sind in ihrem Verhalten oft besser zu verstehen, wenn man ihren Entwicklungsstand beachtet. Entwicklungsphasen wie das Jugendalter haben z. B. eine zentrale Bedeutung.

• Das Jugendalter

Jugendliche sind Menschen in der Altersspanne von 14 – 24 Jahren. Es gibt von keiner Lebensphase ein verzerrteres Bild als von dieser, denn Jugendliche stehen auf der Schwelle zum Erwachsenwerden und fühlen sich häufig weder als Kind noch als Erwachsener. So gibt es z. B. Erwachsene, die zwar rechtlich volljährig sind, aber nach ihrem Verhalten den Jugendlichen zuzuordnen sind. Umgekehrt gibt es auch Jugendliche, die noch nicht volljährig sind, die aber aufgrund ihrer persönlichen und sozialen Reife bereits als Erwachsene eingestuft werden können.

Viele der Jugendlichen sind als Auszubildende in Betrieben angestellt. Deshalb ist es wichtig zu beachten, dass es **den** Jugendlichen nicht gibt. Jugendliche haben viele verschiedene Lebensstile und Wertvorstellungen, sie identifizieren sich mit verschiedenen Personen und passen sich unterschiedlich gut an.

Es gibt allerdings auch Gemeinsamkeiten, die dieses Lebensalter prägen:

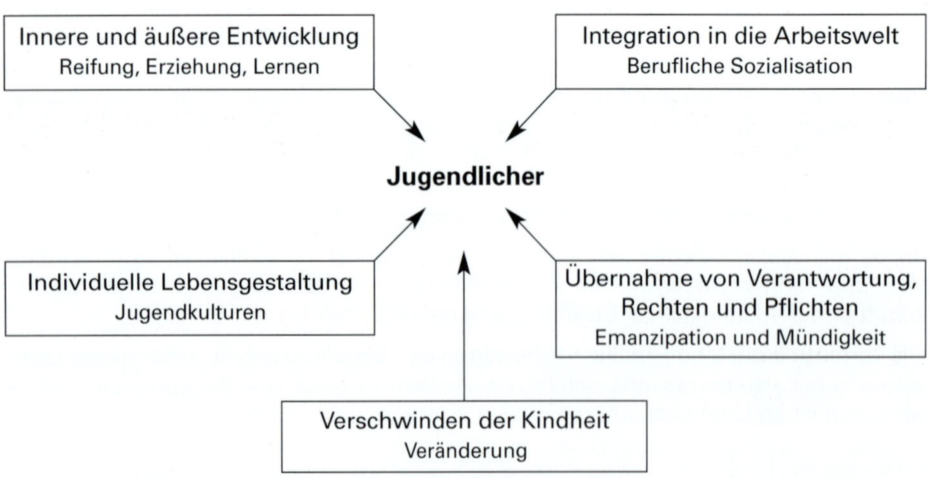

Die Unvereinbarkeit von gesellschaftlichen und familiären Vorstellungen bzw. Forderungen einerseits und die Persönlichkeit sowie die besondere Lebenswelt des Jugendlichen andererseits schaffen häufig Konflikte, die nicht selten zu Missverständnissen und Aggressionen führen.

Ob der Jugendliche diesen Lebensabschnitt völlig problemlos oder sehr konfliktreich durchlebt, hängt von seiner Persönlichkeit und dem sozialen Umfeld ab.

Frage

Wie erklären Sie die Widersprüche, in denen der Jugendliche heute lebt?

Es gibt einige grundsätzliche Verhaltensregeln im Umgang mit jungen Menschen:

- Interesse zeigen für die Lebensart, Sorgen und Nöte junger Menschen.
- Vorurteile und Verurteilungen vermeiden.
- Das Gespräch suchen. Berührungsängste abbauen.
- Klare Führung und Lenkung ohne zu gängeln.
- Verantwortung übertragen.
- Jugendliche Einstellungen und Lebensstile soweit wie möglich zulassen.
- Klare Regeln und Absprachen treffen und deren Einhaltung kontrollieren.
- Zukunftsperspektiven und Entwicklungen aufzeigen.
- Ansprechpartner sein. Beratung und Lebenshilfe geben.
- Vorbildfunktion für junge Menschen übernehmen.

Aufgabe

Welche der beschriebenen Verhaltensregeln überzeugt Sie am meisten? Begründen Sie Ihre Antwort!

1.2.2 Anlage und Umwelteinflüsse

Situation

Peter Siebert bewirbt sich in einem pfälzischen Betrieb um eine Chemikantenstelle. Ein für das Aufnahmeverfahren zuständiger Mitarbeiter meint vor dem Bewerbungsgespräch: „Den können wir ungeprüft einstellen. Ich habe seinen Vater gekannt, der war ein sehr intelligenter und beruflich erfolgreicher Mann!"

Eine Mitarbeiterin entgegnet darauf: „Das gibt uns noch keine Sicherheit, dass der Sohn ebenfalls solche Eigenschaften besitzt!"

Frage

Wie zuverlässig ist Ihrer Meinung nach die Aussage des Mitarbeiters?

Die Frage, ob der Mensch das Produkt seiner Vererbung, also seiner Gene (Anlagen) ist oder ob er das Ergebnis seiner Erziehung, also der Umwelt ist, beschäftigt die Wissenschaft gerade in neuerer Zeit unablässig.

Völlig unbeantwortet ist die Frage der Vererbung in Bezug auf

- die Intelligenz,
- die Emotionen und
- andere Persönlichkeitsfaktoren.

Gehirnstrukturen können heute sichtbar gemacht werden, aber trotzdem ist die Entstehung der Persönlichkeit und damit die Vererbung von Eigenschaften und Fähigkeiten noch nicht endgültig geklärt.

Es gibt zwei theoretische Ansichten zur Entstehung der menschlichen Persönlichkeit und ihrer Verhaltensmuster:

Vererbungstheorie + **Milieutheorie**

Der Mensch ist hauptsächlich das Ergebnis seiner Gene: Menschliches Verhalten ist also in erster Linie anlagenbedingt.

Der Mensch ist hauptsächlich das Ergebnis seiner Umwelt: Menschliches Verhalten ist also in erster Linie umweltbedingt und das Ergebnis der Erziehung.

Wechselwirkungstheorie

Sowohl die Anlagen als auch die Umwelt bestimmen die Entwicklung des Menschen. Die Anlagen brauchen die Umwelt, um sich entwickeln zu können, andererseits kann die Umwelt nur aktivieren, was an Anlagen vorhanden ist. „Aus einem Ackergaul kann man kein Turnierpferd oder gar eine Kuh machen."

Jeder menschliche Entwicklungsverlauf ist also das Ergebnis einer Verbindung von Erbanlagen und Umwelteinflüssen. Anlage und Umwelt addieren sich nicht, sie multiplizieren sich in ihrer Wirkung. Es ist unsinnig, den Einfluss der Vererbung oder der Umwelt an der Entwicklung des Menschen in Prozentanteilen messen zu wollen. Solche Zahlen gibt es nicht.

Die Diskussion um Anteile der Vererbung oder der Umwelt ist politisch. Vertreter der

- „Chancengleichheit" lehnen einen bedeutsamen Anteil der Anlagen ab,
- etablierten Richtungen bestehender soziokultureller Unterschiede betonen die genetische Ausstattung, insbesondere in der Intelligenzentwicklung.

Realität ist, dass jeder Mensch je eine Natur- und eine Kulturseite hat.

Die Naturseite besteht aus Antrieben, Emotionen und funktionellen Ausstattungen (z.B. Stoffwechsel, Sexualität) und kann über die Vernunft kontrolliert werden. Vernünftig zu handeln ist allerdings das Ergebnis der Erziehung und der Prägung durch die Umwelt (Kultur).

Fast alle sog. „wissenschaftlichen" Aussagen zur Erb-Umwelt-Diskussion sind Spekulationen, mit Ausnahme der Forschung mit eineiigen Zwillingen, Prof. Bouchard (USA) beweist z.B.:

- Man kann nur das ausbilden, was angelegt ist. Ein schwaches, empfindliches Mädchen sollte nicht ins Bergwerk oder zum Straßenbau geschickt werden und ein grober, unsensibler Mann taugt selten als Psychologe.
- Die genetische Ausstattung jedes Menschen ist unterschiedlich. Sie setzt Grenzen, ist aber auch gleichzeitig eine Chance für die Entwicklung von Menschen.
- Man kann Anlagen nicht verändern, aber man kann eine Umwelt schaffen, die Anlagen fördert und begünstigt.
- Die Erbausstattung eines Menschen darf nie zur moralischen Abwertung oder Aufwertung führen.
- Sowohl Hochbegabte als auch Menschen mit geringen Anlageausprägungen haben das Recht, gefördert zu werden.
- Bestimmte anlagebedingte Nachteile können durch Arbeit und Ausdauer weitgehend ausgeglichen werden.

Aufgabe

Diskutieren Sie folgende Frage:

Welche gesellschaftlichen Folgen kann eine extrem einseitige Sichtweise der Erbtheorie einerseits und der Milieutheorie andererseits haben?

1.2.3 Entwicklungsfördernde und -hemmende Einflüsse

Die Mitarbeiter eines Betriebes sind den unterschiedlichen Einflüssen ihrer jeweiligen Umwelt ausgesetzt. Diese Einflüsse können die Entwicklung junger Menschen und die Weiterentwicklung von erwachsenen Mitarbeitern fördern, aber auch hemmen. Entscheidend bei diesen Einflüssen sind die zwischenmenschlichen Beziehungen, z. B. zwischen

- Erzieher und dem Zu-Erziehenden (für den Jugendlichen)
- Verwandten, Freunden, Vorgesetzten und Untergebenen (für den Erwachsenen)

Der Betrieb ist ein wichtiger Ausschnitt aus dem Umfeld des Mitarbeiters. Er kann deshalb die Entwicklung durch fördernde oder hemmende Faktoren beeinflussen.

Fördernde Faktoren	Folgen bei Mitarbeitern
Soziale Kontakte Zusammenarbeit Anerkennung Entscheidungs-freiräume Wärme, Zuneigung Einbindung Gerechtigkeit, Lob (Streicheleinheiten)	Kommunikation Interaktion Hohe Motivation Selbstregulierung Sicherheit Vertrauen Verantwortung Zufriedenheit Glück

↓

Ergebnis:	Positives Arbeits- und Betriebsklima → Leistungssteigerung

Hemmende Faktoren	Folgen bei Mitarbeitern
Ausgrenzung Erniedrigung Misstrauen Nichtbeachtung Druck, Strenge Überwachung Drohungen	Isolation Seelische Ver-letzungen, Kälte Unwohlsein Geringschätzung Mangelndes Selbstvertrauen Formalismus Angst, Aggression

↓

Ergebnis:	Negatives Arbeits- und Betriebsklima → Leistungsminderung

1.2.4 Phasen des Lernens und Sozialverhaltens: Bedeutung von Automatisierung und Habitualisierung

Jeder Betrieb arbeitet nach dem Prinzip der Gewinnmaximierung, wenn er sich nicht selbst aufgeben will. Dies bedeutet, mit möglichst geringem Material- und Zeitaufwand ein Maximum an Quantität und Qualität zu einem günstigen Preis-Leistungsverhältnis zu liefern.

Die Säule eines funktionierenden Betriebes ist die Vermarktung von Waren und Dienstleistungen.

Die Motoren sind Innovation, Kreativität, Kundenorientierung und qualifizierte Mitarbeiter.

Eine hohe Leistungsmotivation der Mitarbeiter allein genügt jedoch nicht, um betriebswirtschaftlich erfolgreich arbeiten zu können.

Durch die ständige Weiterentwicklung werden die heute vermittelten Kenntnisse und Fertigkeiten nicht ein Leben lang ausreichen, so dass sich die Verpflichtung zum lebenslangen Lernen ergibt.

Gute Beispiele sind die Erfindung der Maschine im 19. Jahrhundert sowie die Datenverarbeitung und Systemsteuerung in neuerer Zeit, die eine revolutionäre wirtschaftliche Entwicklung brachten. Die berufliche Wirklichkeit veränderte sich so schnell, dass bisherige Kenntnisse und Fertigkeiten ersetzt, ergänzt und auf ihre Brauchbarkeit überprüft werden mussten. Arbeitsverfahren wurden automatisiert, Reibungsverluste minimiert und Entscheidungen wurden den Menschen in vielen Bereichen abgenommen. Durch diese Automatisierung wird menschliche Kraft gespart, die an anderer Stelle sinnvoll wieder eingebracht werden kann, z. B. in Form von zunehmend notwendigen Kontroll- und Überwachungsfunktionen.

Hierfür müssen Mitarbeiter andere Leistungen bringen, um den erhöhten Anforderungen gerecht zu werden, wie z. B.

- einseitige körperliche Belastungen aushalten
- Verantwortungsbewusstsein praktizieren
- Zuverlässigkeit und Konzentration zeigen
- Wahrnehmung und Aufmerksamkeit schulen
- Sozialverhalten über Kommunikation und Interaktion umsetzen.

„Das Rad muss nicht jeden Tag neu erfunden werden". Es gibt betriebliche Abläufe, die zur Routine bzw. zum Alltäglichen werden. Diese Vorgänge, die immer gleich auszuführen sind, können mit der Zeit immer schneller und leichter erledigt werden. Es muss irgendwann nicht mehr über den Sinn dieser Handlung oder Durchführung nachgedacht werden. Solche Abläufe bezeichnet man als Habitualisierung. Habitualisierte Handlungen sind notwendig, damit berufliche Tätigkeiten typisiert und Ablauforganisationen schematisiert werden können.

Damit wird neue Kraft für andere Aufgaben frei.

Die Mitarbeiter orientieren sich an einer gemeinsamen Sprache und an gemeinsamen Regeln.

Die Gefahren von habitualisierten Handlungen sind z. B.:

- Die Starrheit von Abläufen verhindert Fortschritt und Anpassung an neue Entwicklungen.
- Die Routine bringt Scheinsicherheit, Bequemlichkeit und mangelnde Flexibilität.

Da jugendliche Mitarbeiter dazu neigen, sich aus Übermut über Regeln, Absprachen und habitualisierte Abläufe hinwegzusetzen, hat der Industriemeister den erzieherischen Auftrag, die Mitarbeiter vom Sinn dieser Abläufe und der damit verbundenen Zuverlässigkeit zu überzeugen.

Fragen

1. Welche Vorteile bringen automatisierte und habitualisierte Vorgänge?
2. Welche Voraussetzungen muss ein Mitarbeiter erbringen, um solchen Vorgängen gewachsen zu sein?
3. Welche Gefahren sind mit habitualisierten Abläufen verbunden?

1.2.5 Einflüsse des Industriemeisters auf Einstellung und Verhalten

Situation

Zwei Industriemeister unterhalten sich sehr angeregt. Einer der beiden ärgert sich über den Widerstand von Mitarbeitern in seiner Gruppe zum neuen Arbeitszeitmodell: „Es ist mir noch nicht gelungen, meine Kollegen und Kolleginnen zu überzeugen!"

Der andere bemerkt kurz und schnippisch: „Diesen Ärger gibt es bei uns nicht! Meine Leute fressen mir aus der Hand!"

Aufgabe

Führen Sie das Gespräch in einem Rollenspiel weiter!

Menschen, die in einer sozialen Beziehung miteinander leben, beeinflussen sich gegenseitig. Dies gilt in besonderem Maße für einen Meister, der Mitarbeiter führt. Es gibt zwei Arten, wie Menschen sich beeinflussen:

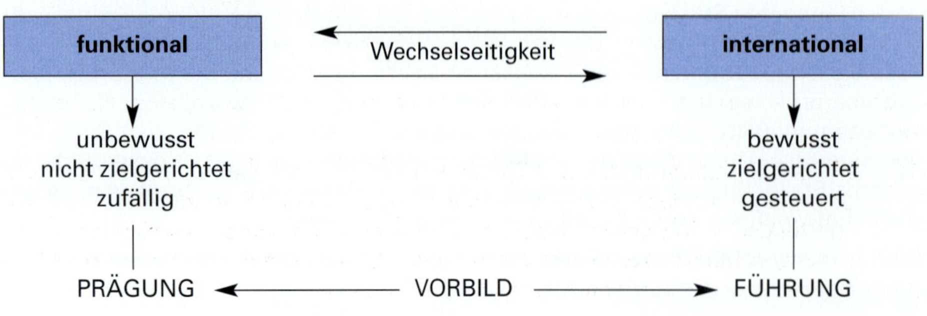

Der Meister muss wissen, dass von ihm immer eine Vorbildwirkung ausgeht, auch in Augenblicken, in denen er sich unbeobachtet fühlt (funktional). Je erstrebenswerter das vorbildliche Verhalten ist, umso größer ist auch die Vorbildsfunktion des Meisters.

Erstrebenswert sind z. B. folgende vorbildliche Eigenschaften:

- Echtheit
- Stabilität
- Freundlichkeit
- Humor
- Kompetenz
- Verständnis

Es gibt keinen Gradmesser, der die Ausprägung dieser Eigenschaften in einer Person feststellen kann, da diese von der Persönlichkeit des Vorbildes, den Mitmenschen und der individuellen sozialen Situation abhängig ist. Deshalb muss jeder Industriemeister bemüht sein, dass von ihm eine positive Vorbildwirkung ausgeht. Das beinhaltet auch, eigene Fehler einzugestehen, sich infrage stellen zu lassen und seine eigenen Grenzen zu erkennen.

Diese Grundeinstellung bringt dem Meister einen Zuwachs an Anerkennung, Autorität und Solidarität. Doch auch ein Meister muss „lebenslang lernen", denn auch Vorbilder müssen sich weiterentwickeln.

Einstellungen von Mitarbeitern können menschlich wie betrieblich-arbeitsökonomisch positiv beeinflusst werden:

Einstellungen werden durch Erziehung und Prägung dauerhaft im Leben erworben. Es sind Bereitschaften, über Verstand und Gefühle auf die Umwelt zu reagieren.

Struktur der Einstellungen

Einstellungen	Inhalte	Beispiele
verstandesorientiert (kognitiv)	Wissen, Urteile, Meinungen, Ansichten, Aussagen, Gedanken über jemanden	Mitarbeiter Öger ist Türke. Oft bekommt er zu hören: „Ihr nehmt uns die Arbeitsplätze weg! Bleibt dort, wo ihr hergekommen seid!" (Urteile, Meinungen)
gefühlsorientiert (affektiv)	beliebt – unbeliebt, sympathisch – unsympathisch angenehm – unangenehm zuneigend – abneigend	In seiner zurückhaltenden und ruhigen Art wird er geduldet, aber er ist nicht gerade beliebt. (Gefühle)
verhaltensorientiert (konativ)	Ausgrenzung, Ablehnung, Verweigerung, Unterstützung, Hilfe, Einbezug, Isolation	Jeder Mitarbeiter spricht nur das Notwendigste mit ihm. (Ausgrenzung, Isolation)

Änderungen in einer der Einstellungen können schnell zu Änderungen in den anderen führen.

Bsp.: Einige Mitarbeiter finden den Türken Herrn Öger doch sehr sympathisch, weil er gezeigt hat, dass er sehr kompetent, weltoffen und freundlich ist. Jetzt ist der türkische Mitarbeiter nicht mehr derjenige, der einen Arbeitsplatz wegnimmt, sondern akzeptierter Steuerzahler, Staatsbürger und beliebter Mitarbeiter. So ändern sich auch Urteile und Meinungen.

Es gibt auch Widersprüche und Unvereinbarkeiten in den Einstellungen untereinander.

Bsp.: Mitarbeiter Müller begegnet dem türkischen Mitarbeiter sehr freundlich, obwohl er eine ablehnende Haltung gegenüber allen Ausländern hat, da er in seiner Gruppe nicht als Außenseiter gelten möchte.

Die Beibehaltung bzw. Änderung von Einstellungen erfüllt für die einzelne Person oft eine der folgenden Funktionen:

Nutznießerfunktion	Mitarbeiter Sauerteig gehört zu den Mitläufern. Auch er äußert sich abwehrend gegenüber dem türkischen Mitarbeiter Öger, obwohl er in anderen Gesprächen ausländische Mitarbeiter immer in Schutz genommen hat. Er will sein gutes Verhältnis zu den übrigen Mitarbeitern nicht trüben.
Wissensfunktion	Mitarbeiter Schulze bringt in seiner ablehnenden Art gegenüber dem türkischen Mitarbeitet Öger sein angeblich vertieftes Wissen über Ausländer ein, obwohl dieses Wissen „Stammtischniveau" hat. Bruchstückhaftes, vereinfachtes Wissen gibt ihm Sicherheit und ordnet die komplexe Welt in „gut" und „böse".
Identitätsfunktion	Mitarbeiter Schulze glaubt, dass er nicht nur ein vertieftes Wissen über die Ausländer habe, sondern er beruft sich auch auf jahrelange Erfahrung durch viele Urlaubsfahrten nach Italien und in die Türkei. Er hat also eigene Vorstellungen und Überzeugungen, die über lange Zeit gewachsen sind. Das bekundet er auch lauthals. Damit hebt er sich von anderen Mitarbeitern ab, zeigt seine Überlegenheit in diesen Fragen. Sein Selbstwertgefühl wird dadurch gestärkt.
Abwehrfunktion	Mitarbeiter Schulze hatte vor einigen Jahren eine türkische Freundin. Diese Freundschaft ging in die Brüche, was er bis heute seelisch nicht verkraftet hat. Seit dieser Zeit begegnet er allen Ausländern mit Zynismus und Hass. Er versucht unbewusst seine eigene „Verletztheit" mit Scheingründen gegenüber den Ausländern zu „verarbeiten" (Rationalisierung). Gelöst ist sein Problem dadurch aber nicht.

Es gibt mehrere Faktoren, die eine positive Einstellung des Mitarbeiters zum Betrieb ausmachen können, und die der Industriemeister aktiv beeinflussen kann.

Kriterien für die positive Einstellung zum Betrieb	
– Sicherheit des Arbeitsplatzes	– Entlohnung
– Betriebsklima	– Leistungsbereitschaft
– Beziehung zum Vorgesetzten	– Selbstständigkeit + Kooperation

Einstellungsänderungen nimmt der Industriemeister am besten über die Gruppe vor. Sie sind weitaus wirkungsvoller und erfolgreicher als über gut gemeinte Vorträge, Reden und Mahnungen. Die Anpassung an Gruppenentscheidungen sind nachhaltiger und beständiger.

Am schnellsten gelingt diese Einstellungsänderung, wenn der einzelne Mitarbeiter sich in der Meinung der Gruppe wiederfinden kann.

1.3 Psychologische und soziale Aspekte bestimmter Gruppen

1.3.1 Jugendliche

Situation

„Der Beruf soll dir Freude und Spaß machen. Er soll auch deinen Fähigkeiten und Neigungen entsprechen". Diese Behauptung hat Petra immer wieder in den letzten Schuljahren zu hören bekommen. Wenn sie jetzt auf ihre Ausbildungsplatzsuche angesprochen wird, erwidert sie ärgerlich: „Zu unserer Entlastung senden wir Ihnen Ihre Unterlagen dankend zurück!" Nach der dreiundzwanzigsten Absage öffnet sie die Couverts nur noch, um ihre Zeugniskopien herauszunehmen, den Rest wirft sie ungesehen in den Papierkorb. Wütend macht sie sich Gedanken: Verkaufe ich mich zu schlecht?

Kommen meine Bewerbungspapiere nicht gut an?

Aufgabe

Beraten Sie Petra, wie sie sich erfolgreicher bewerben kann.

In der Jugend werden entscheidende Weichen für das restliche Leben gestellt. Die Arbeitslosigkeit hat politische und soziale Brisanz. Sie prägt die betroffenen Personen, insbesondere Jugendliche, meistens besonders stark. Wenn dann nach langer Suche ein Arbeitsplatz gefunden ist, dämpfen nicht selten Futterneid, Konkurrenzkämpfe, Erniedrigungen und Mobbing die anfänglich hohe Motivation für den Beruf.

Es gibt viele Gründe, warum Jugendliche schlechtere Chancen in der Berufs- und Arbeitswelt haben, z. B.: Geschlecht, Nationalität, defizitäre Familiensozialisation, Noten, sprachliche Mängel, Kleidung, Verhaltensweise usw.

Die Ursachen sind vielfältig. **Nur** die Eltern oder **nur** die Schulen verantwortlich zu machen, ist engstirnig und zeigt wenig Weitblick. Nicht nur die Suche nach einem Ausbildungsplatz ist schwierig geworden, sondern auch der Eintritt nach der Ausbildungsphase in das Berufsleben. Arbeitgeber bemängeln fehlende Fähigkeiten, wie z. B.:

- Kenntnisse in Deutsch und Rechnen
- Erfahrungen mit der Berufs- und Arbeitssituation
- Arbeitstugenden, wie Fleiß, Pünktlichkeit, Anpassung u. a.

Höhere Anforderungen der Arbeitswelt auf der einen Seite und die mangelnden Voraussetzungen vieler Jugendlichen auf der anderen Seite erfordern eine Neuorientierung beruflicher Qualifikationen in Schule und im Betrieb. So hat z. B. die Verbundausbildung (Leitbetrieb mit Partnerbetrieben) folgende Aufgabe:

- Fachliche Qualifizierung
- Unterstützung der Persönlichkeitsentwicklung
- Praxisnahe Ausbildung in Praktikumsbetrieben
- Vermittlung von betriebstypischen Arbeitstugenden wie Kommunikation, Routine, Schnelligkeit, Praxistricks, die nur in der Realität eines Betriebes gelernt werden können.

Verantwortliche in Politik, Wirtschaft, Handwerk, Handel und Industrie fordern das Angebot von sog. „Praktikumsbetrieben" zu erhöhen, sodass eine intensivere Betreuung dieser jungen Menschen durch die Betriebe möglich wird. Der Betrieb als Lernort bekommt eine Schlüsselstellung.

Die Schulen leisten ihren Beitrag zur Qualifizierung dieser Jugendlichen durch:

- Sonderpädagogische Zusatzausbildungen für Lehramtsanwärter an allgemeinbildenden und berufsbildenden Schulen
- Betreuung dieser Jugendlichen durch Sozialpädagogen(innen) an Schulen
- Handlungsorientierung und Praxisbezug in der fachpraktischen Ausbildung
- Projekt- und projektorientierten Unterricht

Die Zusammenarbeit von Betrieb und Schule muss ausgeweitet und intensiviert werden.

Die Vermittlung von handlungs- und praxisorientierten Kompetenzen gehört in einer modernen Bildung sowohl zum Auftrag der Schulen als auch der Berufsausbildung.

Fachkompetenz	Fertigkeiten, Kenntnisse, Erfahrungen
Methodenkompetenz	Planungsfähigkeit, Problemlösendes Denken
Persönlichkeitskompetenz	Lernbereitschaft, Offenheit, Motivation, Initiative
Sozialkompetenz	Kooperations- und Teamfähigkeit, Soziale Verantwortung

• Jugendarbeitsschutz*

Die Gesellschaft betrachtet den Jugendlichen als besonders schützenswert. Deshalb hat der Gesetzgeber die gesetzlich vorgeschriebenen Rahmenbedingungen im Jugendarbeitsschutzgesetz (JArbSchG) festgelegt.*

Das JarbSchG regelt folgende Aspekte:

- Arbeitszeit/Ruhepausen (§ 8, §§ 11–15)
- Samstags- und Sonntagsarbeit (§§ 16–18)
- Urlaub (§ 19)
- Beschäftigungsverbote/Akkordarbeit (§§ 22–23)
- Gesundheitliche Betreuung (§§ 32–33)
- Straf- und Bußgeldvorschriften (§§ 58–59)

Jugend- und Auszubildendenvertretungen werden in Betrieben mit gewöhnlich mindestens fünf Arbeitnehmern gewählt, die das 18. Lebensjahr noch nicht vollendet haben oder die in der Berufsausbildung sind und das 25. Lebensjahr noch nicht vollendet haben.

Die Vertretung hat folgende Aufgaben:

- Maßnahmen beim Betriebsrat beantragen, die den jugendlichen Arbeitnehmern dienen, vor allem in Fragen der Berufsausbildung.
- Darüber zu wachen, dass Gesetze, Verordnungen, Unfallverhütungsvorschriften, Tarifverträge und Betriebsvereinbarungen zugunsten der jugendlichen Arbeitnehmer eingehalten werden.
- Anregungen von Jugendlichen entgegenzunehmen, vor allem bezüglich der Berufsausbildung, und beim Betriebsrat auf eine Bearbeitung und Erledigung dieser Anregungen hinzuwirken.

▶ Betriebsverfassungsgesetz

Aufgaben der Jugend- und Auszubildendenvertretung		
1. Antragsrecht	§ 70 Abs. 1 BetrVG	• Betriebliche Berufsausbildung • Arbeitszeit • Gestaltung der Arbeitsplätze
2. Überwachungsrecht	§ 70 Abs. 1 Nr. 2 BetrVG	• Jugendarbeitsschutzgesetz • Berufsbildungsgesetz • Tarifverträge • Betriebsvereinbarungen
3. Anregungsrecht	§ 70 Abs. 1 Nr. 3 BetrVG	• Alle Angelegenheiten, die jugendliche Arbeitnehmer betreffen, werden an den Betriebsrat weitergeleitet
4. Sprechstunden	§ 69 BetrVG	• während der Arbeitszeit muss der Betrieb die Rahmenbedingungen schaffen

Der Betriebsrat unterrichtet rechtzeitig und umfassend die Jugend- und Auszubildendenvertretung über die Durchführung ihrer Aufgaben. Zu den Betriebsratssitzungen kann ein Vertreter entsandt werden, da es ein allgemeines Teilnahmerecht gibt.

Werden Angelegenheiten behandelt, die Jugendliche im Betrieb direkt betreffen, so kann zu diesem Sitzungspunkt die gesamte Jugend- und Auszubildendenvertretung eingeladen werden. Werden Gespräche zwischen Betrieb und Betriebsrat zu Fragen jugendlicher Arbeitnehmer geführt, so muss die Jugend- und Auszubildendenvertretung hinzugezogen werden.

* Genaue Angaben zum Jugendarbeitsschutz- und Betriebsverfassungsgesetz entnehmen Sie bitte dem Band „Industriemeister: Betriebswirtschaftliches und Rechtsbewusstes Handeln", Europa-Nr. 80356.

Situation

Die Jugendlichen in Ihrem Betrieb sehen nicht ein, warum sie eine Jugend- und Auszubildendenvertretung wählen sollen, obwohl sie das von den rechtlichen Bedingungen und ihrer Anzahl her könnten. „Die machen mit uns sowieso, was sie wollen!", meint der 17-jährige Wortführer Frank schnippisch.

Aufgabe

Überzeugen Sie als Meister die jugendlichen Arbeitnehmer in wenigen Sätzen, dass eine Jugend- und Auszubildendenvertretung ihnen Vorteile bringt.

Ausländische Jugendliche

Viele ausländische Jugendliche in Deutschland haben keinen Ausbildungsvertrag. Der Anteil der in Deutschland lebenden Ausländer ohne Ausbildung ist überproportional hoch. Die Betriebe zeigen sich aber trotz Appellen der Bildungspolitiker immer noch zurückhaltend, wenn es um die Ausbildung und Einstellung von ausländischen Jugendlichen geht, weil diese oft die deutsche Sprache nur mangelhaft beherrschen.

Qualifizierte Arbeit setzt jedoch eine Ausbildung voraus, ausländische Betriebe in Deutschland sind besonders gefragt, wenn es um die Ausbildung von ausländischen Jugendlichen geht. Die Arbeiterwohlfahrt in Bremen startete vor Jahren Kurse zur Ausbilderprüfung für ausländische Betriebsinhaber – mit Erfolg, wie die Ergebnisse zeigen. Es gibt jedoch auch entschiedene Gegner dieser Maßnahme, die behaupten, sie würde den Integrationsbemühungen schaden.

Aufgabe

Diskutieren Sie folgende Frage:

Hindert oder fördert die Ausbildung von Ausbildern in ausländischen Betrieben die Integration von ausländischen Jugendlichen in Deutschland?

Auch wenn Jugendliche in das Herkunftsland ihrer Familien zurückkehren wollen, gilt Ähnliches wie in Deutschland: Je besser die Berufsausbildung, desto besser sind die Chancen auf den Arbeitsmärkten.

Die größte Gruppe der Arbeitslosen besteht, überall in der Welt, aus Ungelernten oder Angelernten. Diese Gruppe ist auch am stärksten von Langzeitarbeitslosigkeit bedroht.

Ein ausländischer Jugendlicher kann sich z. B. bei den folgenden Stellen über Ausbildung und Arbeit informieren:

- beim Bundesministerium für Arbeit (BMA)
- bei Mobilitätsberatern für ausländische Arbeitnehmer des Berufsinformationszentrums (BIZ)
- bei Generalkonsulaten
- bei Berufsbildenden Schulen
- in Betrieben

Das BMA bietet z. B. Qualifizierungsmaßnahmen speziell für Jugendliche an, die in Deutschland bleiben oder ins Herkunftsland ihrer Familie zurückkehren wollen.

1.3.2 Männer und Frauen

Situation

Herr Meier ruft wegen eines tropfenden Wasserhahns in der nächst gelegenen Fachwerkstatt an mit der Bitte, „jemanden" vorbeizuschicken. Wenig später klingelt Ursula Schulze an seiner Haustür. Sie ist Gas- und Wasserinstallateurin im dritten Ausbildungsjahr. „Ich bin da, um Ihren Wasserhahn zu reparieren!" Herr Meier erwidert: „Ich habe nicht die Sekretärin, sondern den Klempner bestellt!"

Die Arbeitswelt wird weitgehend von Männern bestimmt. Heute sind aber mehr als ein Drittel aller Erwerbstätigen Frauen. Obwohl die Gleichberechtigung von Mann und Frau im GG Art. 3 verbindlich festgelegt ist, sind Frauen in vielen Arbeitsbereichen unterrepräsentiert. In anderen sind es die Männer. Die statistische Verteilung von Frauen und Männern in den Arbeitsbereichen ist sehr unterschiedlich.

Anteil der Frauen und Männer in typischen Branchen	
über 60 % Frauen	**über 60 % Männer**
– Gesundheitswesen	– Handwerk
– Bekleidung	– Politik
– Gastgewerbe	– Staat, Verwaltung
– Dienstleistungen	– Technik
– Einzelhandel	– Management
– Privat-Haushalte	– Straßenbau fast 100 %
	– Bergbau fast 100 %
	– Müllabfuhr fast 100 %

Die Zahl der Männer in einigen „Männerberufen" geht allerdings drastisch zurück. Dies ist das Ergebnis eines gesamtgesellschaftlichen Umdenkens.

Die geringe Beteiligung der Frauen an den „Schaltstellen" der Arbeitswelt hat unterschiedliche Gründe:

- Historische Entwicklung
- Weltanschauung/Erziehung
- Patriarchalisches Denken und Handeln
- Rollenklischees
- Schwangerschaften
- Körperliche Konstitution
- Früheres Ausscheiden der Frauen aus dem Beruf.

Untersuchungen haben gezeigt, dass viele Vorurteile nicht haltbar sind. Frauen sind z.B. genauso zuverlässig wie ihre männlichen Kollegen. Um fachlich anerkannt zu werden, müssen Frauen in manchen Bereichen höhere Leistungen bringen als Männer, in anderen ist es umgekehrt. Aufgrund der technisch maschinellen Entwicklung ist in den Berufen der körperliche Einsatz im Sinne von Kraftaufwand nur noch geringfügig gefragt. Fachwissen, Kompetenzen und Logistik gewinnen an Bedeutung.

Auch der Einwand, Frauen hätten eine höhere Krankheitsrate, ist nach statistischen Erkenntnissen falsch. Richtig ist, dass Frauen aufgrund ihrer Doppel- und Mehrfachrollen wie Ehefrau, Mutter, Arbeitnehmerin, Erzieherin usw. einer höheren Belastung ausgesetzt sind.

Die Berufstätigkeit der Frau wird durch folgende Maßnahmen erleichtert:

- Gleitende Arbeitszeit
- Teilzeitarbeit
- Gleichstellungsgesetz
- Mutterschutzgesetz
- Unterstützung bei der Wiedereingliederung in das Berufsleben

In Betrieben und in der Literatur werden noch offen oder versteckt Empfehlungen und Verhaltensregeln aufgestellt, die eine Diskriminierung von Frauen sind, z. B. Vorurteile:

- Frauen sind gegenüber der Technik befangen.
- Die Geborgenheit in der Arbeitsgruppe hat bei Frauen eine große Bedeutung.
- Frauen fühlen sich oft beleidigt und entmutigt.
- Frauen fühlen sich schnell benachteiligt.
- Sachlich geäußerte Kritik wird von Frauen leicht persönlich aufgefasst.
- Allzu viele Einzelheiten verwirren Frauen nur, insbesondere Zahlen und technische Daten.

In diesen Beispielen zeigt sich, dass es bis heute eine tiefe Verwurzelung der Geschlechterrollen und der Orientierung an geschlechtsbestimmter Erziehung aus den vergangenen Jahrhunderten gibt. Sie werden dem Anspruch und dem Bild der weiblichen Mitarbeiterin von heute jedoch nicht mehr gerecht. Frauen sind in den letzten Jahrzehnten auf dem Arbeitsmarkt immer stärker vertreten. Inzwischen gehört es zum Lebensverständnis der modernen Frau erwerbstätig zu sein.

Die Erwerbsquote der 15- bis 65-jährigen Frauen lag im Jahr 1970 bei 46 %, im Jahr 1999 bereits bei 73 %. Im europäischen Vergleich nimmt Deutschland in der Erwerbstätigkeit der Frauen einen mittleren Platz ein.

Trotzdem haben sich geschlechtsspezifische Benachteiligungen (im Vergleich zu den Männern) hartnäckig gehalten, z. B.:

- der Aufstieg in die höheren Etagen und Hierarchien ist schwerer,
- es existieren immer noch geschlechtsspezifisch getrennte Arbeitsbereiche,
- die Risiken am Arbeitsplatz sind höher,
- das berufliche Ansehen und Prestige ist geringer und
- das Einkommen ist vergleichsweise geringer als das der Männer.

Männer beobachten motivierte und aufstiegsorientierte Frauen besonders kritisch. Einige zweifeln aus Prinzip an ihrer Kompetenz und Führungsqualität. Französische Tests mit Frauen in Führungspositionen beweisen aber, dass diese Vorbehalte Frauen gegenüber in der Realität nicht standhalten.

Andererseits fehlen Lehrerinnen häufiger als Lehrer. In vielen Fällen werden auch Frauen bei Beförderungen den Männern aus Quotengründen vorgezogen, z. B. bei Behörden, Schulen: „Bei gleicher Qualifikation ist eine Frau zu befördern". Die „gleiche Qualifikation" kann nicht objektiv ermittelt werden – wohl aber, dass es eine „Frau" ist. Die Folge ist, dass in den beförderungsrelevanten Altersgruppen, also über 55 Jahren, die Führungspositionen überrepräsentativ von Frauen besetzt sind – also mehr Frauen Vorgesetzte sind, als ihnen statistisch zusteht.

Fragen

1. In welchen Arbeitsbereichen ist die Frau noch unterrepräsentiert?
2. Welche Gründe gibt es für die geringe Beteiligung von Frauen in der Arbeitswelt?
3. Welche rechtlichen und organisatorischen Veränderungen sollen die Berufstätigkeit der Frau erleichtern?
4. Welche Klischees und Vorurteile verhindern eine Gleichstellung der Frau am Arbeitsplatz?
5. Welche Doppelrollen erschweren die berufliche Karriere von Frauen?
6. Welche Stellung haben die Frauen in Ihrem Betrieb?

1.3.3 Ältere Mitarbeiter

Situation

Ihre Firma beabsichtigt eine Tochterfirma im neuen EU-Partnerland Polen zu errichten. Es werden noch freiwillige Mitarbeiter für diesen Einsatz gesucht. Allerdings werden nur Anmeldungen von Kollegen und Kolleginnen entgegengenommen, die das vierzigste Lebensjahr noch nicht überschritten haben.

Frage

Wie stehen Sie zu dieser Entscheidung?

Der Industriemeister muss sich nicht nur auf jüngere Mitarbeiter einstellen, sondern auch auf ältere. Die Organisation für wirtschaftliche Zusammenarbeit und Entwicklung OECD bezeichnet Personen als älter, die in der zweiten Hälfte ihres Berufslebens stehen, aber das Pensionsalter noch nicht erreicht haben. Mit zunehmendem Alter lassen sich einige Veränderungen feststellen:

zunehmend	abnehmend
– Erfahrung	– Mobilität
– Umsicht und Verantwortung	– Seh- und Hörvermögen
– Zuverlässigkeit	– Körperkraft, Fitness
– Genauigkeit	– Anpassungsfähigkeit
– Identifikation mit dem Betrieb	– Reaktionsvermögen
– Krankheitsanfälligkeit	– Widerstandsfähigkeit bei Dauerbelastung
– Angst um den Arbeitsplatz	

- **Ist-Zustand**

In Deutschland ziehen sich mehr Erwerbstätige früher in den Ruhestand zurück, als in jeder anderen Industrienation. Das kostet die staatliche Gemeinschaft viel Geld. Zudem wird dadurch ein großes Potenzial an Wertschöpfung durch die mangelnde Beteiligung derer verschenkt, die nicht mehr beruflich aktiv sind. Das Institut der deutschen Wirtschaft in Köln hat errechnet, „wenn nur ein Viertel der über 55-jährigen Erwerbslosen im Jahr 2002 im Job gestanden hätte, wäre das deutsche Bruttoinlandsprodukt um rund 23 Milliarden Euro höher ausgefallen".

Kleine und mittelständische Betriebe beschäftigen lieber jüngere Mitarbeiter. Nach der Bundesanstalt für Arbeit beschäftigen insgesamt „rund 60 % aller Betriebe keine Mitarbeiter, die älter als 50 Jahre sind". Viele Beschäftigte, aber auch Arbeitssuchende haben das Gefühl, bereits mit 40 Jahren zum „alten Eisen" zu gehören. So entsteht schnell das Vorurteil vom leistungsschwachen, alten Mitarbeiter. Dieser Zustand ist eine tickende Zeitbombe für die Volkswirtschaft, speziell in Bezug auf Steuern, Versicherungen und Rentenkassen.

- **Zukunftsperspektive**

Unsere Gesellschaft veraltet Schritt für Schritt und die Geburtenzahlen sind erschreckend rückläufig. Es werden also in Zukunft immer weniger Menschen dem Arbeitsprozess zur Verfügung stehen. Gleichzeitig werden die Facharbeitskräfte knapp und der Mangel an Arbeitskräften wird sich noch verschärfen. Im Jahr 2010 wird die Lage problematisch. Die Altersklasse der 45- bis 59-Jährigen wird die größte sein. Der Industriemeister und alle Verantwortlichen in den Betrieben werden sich auf eine ältere Belegschaft einstellen müssen. Also wird man altersgerechte Rahmenbedingungen und Betriebsabläufe schaffen müssen. Der Industriemeister wird mit den Betriebsleitungen, Betriebsräten, Interessenvertretern und Politikern, Strategien und Empfehlungen vorbereiten müssen, damit das theoretische und praktische Know-how und die Erfahrungen der Älteren dem Betrieb nicht verloren gehen.

Situation

Ein Meister ist in den Ruhestand gegangen und plötzlich stellen Sie fest, dass bestimmte Abläufe nicht mehr reibungslos funktionieren.

Frage

Was hätte der Betrieb vorbeugend machen sollen?

In der Zusammenarbeit mit älteren Mitarbeitern ist Folgendes zu beachten:	
Rücksichten	**Hilfen**
– Arbeitsplatz altersgerecht gestalten – Arbeitszeit flexibel gestalten – Arbeitseinsatz, Tempo und Schwere begrenzen – Arbeitssicherheit erhöhen	– Erfahrungen einbringen lassen – Anerkennung und Verständnis zeigen – Über- und Unterforderung vermeiden – Erholungszeiten geben

Es werden auch ältere Arbeitnehmer neu eingestellt werden müssen. Das bringt folgende Vorteile:

- Hohe Motivation durch das Gefühl nicht auf dem Abstellgleis zu stehen.
- Jüngere profitieren von den Erfahrungen der Älteren.
- Ressourcen der Älteren, Wissen und Praxis, können sofort eingebracht werden.
- Kosten für Fort- und Weiterbildung sind bei Älteren niedriger.
- Eingliederungszuschüsse können verbucht werden.
- Die Vorbildwirkung der Älteren auf die Jüngeren wirkt leistungssteigernd.

Fragen

1. Welche Veränderungen sind mit zunehmendem Alter bei Mitarbeitern festzustellen?
2. Warum ist die Beschäftigung von älteren Mitarbeitern für den Betrieb gewinnbringend?
3. Was ist in der Zusammenarbeit mit älteren Mitarbeitern zu beachten?
4. Wie wird sich die Entwicklung der Altersstruktur in den Betrieben auswirken?

1.3.4 Körperlich Behinderte

Unsere Berufs- und Arbeitswelt wandelt sich sehr schnell. Selbst der Gesunde, also nicht Behinderte, hat es schwer sich in der Berufswelt zu behaupten und durchzusetzen. Noch schwerer haben es Menschen, die auf Grund einer Behinderung nur eingeschränkt leistungsfähig sind. Einige von ihnen sind so sehr eingeschränkt, dass sie entweder gar nicht oder nur in speziellen Werkstätten einsetzbar sind. Gesellschaftliches Ziel muss es sein, den Behinderten so gut wie möglich in die Berufswelt zu integrieren. Also Eingliederung statt Ausgrenzung.

• Wer ist behindert?

Wir können nur von Behinderung sprechen, wenn wir auch sagen können, was „normal", also „gesund" ist. Was „normal" ist, lässt sich nicht genau umschreiben. Es gibt auch gesellschaftliche Vorstellungen zu dem, was „Normalität" bedeutet. Die meisten Menschen, die sich als „normal", als „gesund" bezeichnen, bewegen sich in einem Mittelmaß. Dieses Maß kann sich erstrecken von einer Idealvorstellung bis zu „normal" vorhandenen Mängeln.

Beispiele:

Die junge Frau Rod betont ihr gutes Aussehen durch ihr weibliches Verhalten und entsprechende Kleidung. Sie entspricht körperlich den Idealvorstellungen.

Mitarbeiter Schlegel ist ein älterer Mitarbeiter, der durch seine von der langen und harten Arbeit verursachten Rückenschmerzen nicht mehr alles so schnell erledigen kann, wie seine jüngeren Kollegen. Außerdem trägt er Schuheinlagen. Trotz dieser Einschränkungen zählt Herr Schlegel nicht zu den Behinderten.

Mit einer Behinderung, die einen eingeschränkten Gesundheitszustand beschreibt, ist auch immer eine **soziale Beeinträchtigung** verbunden.

Wer als behindert eingestuft ist, wird also immer einer bestimmten Gruppe mit ihren Anforderungen und ihren Lebensweisen zugeordnet. **Der Behinderte weicht nicht nur körperlich, seelisch oder sozial von einem Mittelmaß, von einer Norm ab, son-**

dern von einem gesellschaftlichen Bild der „Normalität“. Diese Zuordnung ist gefährlich, weil damit für den Behinderten

- ein **Stigma**, das ist ein unauslöschliches Zeichen, oder
- eine **Etikettierung**, das ist eine Abstempelung,

verbunden ist. Beides sind Diskriminierungen, also Abwertungen.

Im rechtlichen Sinne spricht man von Behinderung bei einer **Funktionsbeeinträchtigung.**

Schwerbehindertengesetz (SchwbG): „Behinderung i. S. des Gesetzes ist die Auswirkung einer nicht nur vorübergehenden Funktionsbeeinträchtigung, die auf einem regelwidrigen körperlichen, geistigen oder seelischen Zustand beruht. Regelwidrig ist der Zustand, der von dem für das Lebensalter typischen abweicht. Als nicht vorübergehend gilt der Zeitraum von mehr als sechs Monaten“ (§ 3 SchwbG).

Schwerbehindert ist, wer einen Grad der Behinderung von mindestens 50 % erreicht. Personen mit weniger als 50 %, aber mindestens 30 % können Schwerbehinderten gleichgestellt werden.

Behinderung in der Arbeitswelt

Die Ursachen der fehlenden beruflichen Integration von Behinderten liegt in einer materiellen Überbewertung des „Leistungsmenschen“.

Für den Behinderten bedeutet die Erwerbstätigkeit z. B.

- am gesellschaftlichen Leben teilzunehmen,
- finanziell unabhängig zu sein,
- nicht von Mitleid und Almosen zu leben,
- Leistungsfähigkeit zu zeigen,
- ein vollwertiges Mitglied der Gesellschaft zu sein,
- eine zufrieden stellende berufliche Arbeit auszuüben.

→ **Erhalt oder Steigerung der Lebensqualität**

Es gibt bereits erste positive Anzeichen für eine Umorientierung. Der Behinderte wird als mündiger und selbstständiger Mensch ohne Bevormundung in die Arbeitswelt integriert. Auch die rechtlichen Rahmenbedingungen wurden im Schwerbehindertengesetz geschaffen. Die Bekämpfung der Diskriminierung Behinderter ist zur Priorität in der Europäischen Union in Brüssel erklärt worden. Menschen mit Behinderungen können sich auf europäische Rechtsvorschriften berufen.

Das Motto der zuständigen EU-Kommission lautet:

„Auf dem Weg zu einem Europa ohne Hindernisse für Menschen mit Behinderungen“

Ziele der Behinderten:
– Gleichbehandlung fordern
– Gegen Vorurteile angehen
– Gegen Gleichgültigkeit kämpfen
– Gegen Diskriminierung rechtliche Schritte einleiten

In der Berufs- und Arbeitswelt gibt es häufig Vorbehalte gegen die Einstellung von Behinderten. Häufige Argumente sind:

- Der Behinderte zeigt mangelnde Flexibilität und Mobilität.
- Er ist nicht so belastbar.
- Nicht erbrachte Leistungen müssen andere Mitarbeiter ausgleichen.
- Fleiß und Übereifer lassen Mitarbeiter im schlechten Licht erscheinen.
- Er ist den Anforderungen der modernen Technik nicht gewachsen.
- Es wird trotz eingeschränkter Leistungsfähigkeit der gleiche Lohn gezahlt.
- Er ist rechtlich besser abgesichert als jeder „lang gediente“ Mitarbeiter.

Aufgabe

Prüfen Sie, ob diese Argumente stichhaltig sind.

Wird ein Behinderter arbeitslos, ist das Risiko für ihn größer für längere Zeit arbeitslos zu bleiben oder gar nicht mehr in den Beruf reinzukommen, als für andere Arbeitnehmer. Die Erfindung des Mikrochips und die weitere Entwicklung der Computertechnologie wird aber als bahnbrechende Entwicklung besonders für Körperbehinderte eingeschätzt. Eine Tätigkeit kann jetzt im Sitzen, z.B. im Rollstuhl, erledigt werden und erfordert weniger körperliche Anstrengung. Für Behinderte werden dadurch die Arbeitsmöglichkeiten vielseitiger. Inwieweit Behinderte in die Arbeitswelt eingegliedert werden können, hängt vom Grad ihrer Behinderung und der Arbeitsplatzgestaltung ab. Bei Körperbehinderten ist oft eine volle und gleichwertige berufliche Eingliederung möglich. Eine Ausnahme bildet eine mehrfache Körperbehinderung oder eine zusätzliche geistige Behinderung, da hier die Gegebenheiten und die richtige Anpassung des Arbeitsumfelds oft schwieriger sind.

Grundsätzlich hat jeder Behinderte das Recht, in den Arbeitsprozess eingegliedert zu werden!

Behinderte haben Rechte, die der Industriemeister kennen muss, z. B.:

- Besonderen Kündigungsschutz (4 Wochen Frist; Zustimmung durch die Hauptfürsorgestelle erforderlich: Wiedereinstellung bei Kündigung durch Streik oder Aussperrung)
- Zusatzurlaub
- Freistellung von Mehrarbeit
- Begleitende Hilfen (Darlehen, Zusatzausstattung beim Kraftfahrzeug)

Die Pflichten des Industriemeisters bei Einstellung und Beschäftigung von Behinderten sind z. B.:

- Überprüfung, ob der Arbeitsplatz behindertengerecht ist.
- Berücksichtigung der Fähigkeiten und Kenntnisse des Behinderten.
- Besondere Berücksichtigung bei beruflicher Bildung und außerbetrieblichen Maßnahmen.
- Teilzeitarbeit ist besonders zu fördern.
- Die Arbeitsschutzvorschriften sind je nach Behinderungsgrad besonders zu beachten und ihre Einhaltung zu kontrollieren.
- Die Schwerbehindertenvertretung ist bei wichtigen Entscheidungen für Behinderte zu hören und ihre Stellungnahme einzuholen.

Fragen

1. Was bedeutet es für Behinderte erwerbsfähig zu sein?
2. Mit welchen Vorurteilen muss ein Behinderter rechnen, der in die Arbeitswelt integriert wird?
3. Wann sprechen wir im Sinne des Schwerbehindertengesetzes von einer Behinderung?
4. Welche Pflichten hat ein Betrieb, der Behinderte beschäftigt?
5. Welche Kontrollfunktion hat ein Meister, in dessen Abteilung Behinderte beschäftigt sind?

Aufgabe

Berichten Sie über die Arbeit eines(r) Behinderten in Ihrem Betrieb.

Welche Aufgaben erledigt er (sie)? Wie ist sein (ihr) Arbeitsplatz gestaltet?

1.3.5 Ausländische Mitarbeiter

Wenn Angriffe und Diskriminierungen gegenüber ausländischen Mitbürgern die Schlagzeilen der Presse füllen, dann finden wir dieses Problem auch in den Betrieben.

Fremdenhass und Antisemitismus beinhalten häufig nicht nur verbale Diskriminierungen, sondern auch soziale Ausgrenzungen, Abwertungen und Beleidigungen, Handgreiflichkeiten, Brandstiftungen und sogar Mord.

Eine besondere Verantwortung in der betrieblichen Vorbeugung und Verhinderung von fremdenfeindlichen Aktivitäten liegt bei den Verantwortlichen, also auch dem Industriemeister und den Betriebsräten (§ 75 BetrVG). Sie haben dafür Sorge zu tragen, dass jede unterschiedliche Behandlung von Mitarbeitern unterbleibt und es eine Gleichbehandlung, wie sie auch im Grundgesetz (GG) verankert ist, gibt. Migranten und Frauen müssen ebenso betrieblich aufsteigen und Fortbildungsangebote nutzen können, wie jeder andere Mitarbeiter auch.

Hautfarbe, Aussehen, Sprache, Kultur, Religion, Bräuche und Andersartigkeiten werden häufig mit negativen Eigenschaften gleichgesetzt und entsprechend negativ gewertet. Dies kann nicht nur zur Abwertung ganzer Gruppen führen, sondern vielmehr wird auch das Lebensrecht abgesprochen und zu direkter oder indirekter, versteckter Gewalt aufgerufen. Häufig werden in Betrieben weniger schwere Handlungen von Ausländerhass oder Gewalt entweder verschwiegen, „unter den Teppich gekehrt" oder verharmlost. Zu Kündigungen kommt es dann nicht und eine gerichtliche Klage entfällt, wegen Beweisnot und Aussichtslosigkeit.

Was können die im Betrieb Verantwortlichen tun?

- Vertretung von ausländischen Mitarbeitern im Betriebsrat
- Forderung zum Erlernen der deutschen Sprache
- Hinzuziehen eines Dolmetschers bei wichtigen Entscheidungen
- Fremdenfeindlichkeit auf Betriebsversammlungen zum Thema machen
- Förderung des Verständnisses unterschiedlicher Kulturen unter den Mitarbeitern
- Entgleisungen nicht verharmlosen, Gegenmaßnahmen treffen
- Ausländern den notwenigen Schutz im Betrieb zukommen lassen
- Informationskanäle nutzen: Das „Ohr" an der betrieblichen Basis haben!
- Betriebsvereinbarungen zu partnerschaftlichem Verhalten, zu menschenwürdigem Miteinander treffen und deren Einhaltung verlangen und überprüfen

Die Menschenwürde und der gegenseitige Respekt verlangen, für sich und andere Verantwortung zu übernehmen!

Situation

In einer Betriebsversammlung sitzt ein Betriebsangehöriger mit dunkler Hautfarbe in der zweiten Reihe neben den Betriebsräten. Ein Kollege aus der mittleren Sitzreihe sagt halblaut: „Hottentotten – Bastrockträger – Gesindel, die gehören in die letzte Reihe!"

Ein Mitarbeiter rechts von ihm höhnt: „Haltet die Öfen warm! Dieses Problem wäre dann gelöst!"

Ein Abteilungsleiter, der in der Nähe sitzt, tut so, als ob er diese Äußerungen nicht gehört hat. Er liest verlegen in der schriftlichen Programmabfolge.

Aber Sie sitzen in derselben Reihe und können diese Sätze nicht überhört haben.

Aufgabe

Beschreiben Sie, was Sie unternehmen würden!

2 Arbeitsorganisation – Arbeitsplatz und Sozialverhalten

2.1 Unternehmensphilosophie, Unternehmenskultur

Leitbild der Linde AG

„Jedes erfolgreiche Unternehmen braucht eine gemeinsame Orientierung, eine zentrale Idee, die Energie freisetzt und Kräfte organisiert. Mit unserem Konzernleitbild werden wir die Veränderungen der Zukunft als Chance verstehen und nutzen. Es formuliert den Anspruch, der unser Denken und Handeln bestimmt. Ich sehe in dem Leitbild für jeden von uns ein klare realistische Wegbeschreibung, weil es aus dem Unternehmen heraus entstanden ist, unser erfolgreiches Handeln bestätigt und uns bestärkt, mit Veränderungen umzugehen."

Dr. Wolfgang Reitzle, Vorsitzender des Vorstands der Linde AG

Unser Ziel

Wir wollen in allen Unternehmensbereichen weltweit eine führende Rolle übernehmen.
Mit einer starken Position im Weltmarkt wollen wir aus eigener Kraft heraus Zeichen setzen und die Zukunft aktiv mitgestalten.

Unser Weg

Wir schaffen Werte mit führenden Technologien.
Qualität, Kompetenz und Innovation – Werte wie diese haben Linde erfolgreich gemacht. Damit können wir uns auch neuen Herausforderungen mit Zuversicht stellen. Mit erstklassigen Produkten und Dienstleistungen helfen wir unseren Kunden, ihre Ziele schneller und besser zu erreichen.

Unser Leitbild

Produkte für die Welt, Menschen als Partner, Erfolg durch Kompetenz.
Der Umgang mit der Technik, mit Menschen und mit uns selbst – das sind die entscheidenden Eckpfeiler unserer Unternehmenskultur. Unser Markt ist die Welt. Wir arbeiten mit der Welt für die Welt. Der Nutzen bestimmt unsere Technik. Wir sind erfolgreich, wenn unsere Kunden mit uns erfolgreich sind. Wir bieten umfassende Problemlösungen. Mit bester Qualität in Produkt und Dienstleistung gewinnen wir Vertrauen und Ansehen in aller Welt.

Menschen als Partner

Unser Umgang mit Kunden, Geschäftspartnern, Mitarbeitern, Aktionären und der Öffentlichkeit ist geprägt von Offenheit und gegenseitigem Vertrauen. Als internationales Unternehmen nutzen wir die Erfahrungen und Sichtweisen unterschiedlicher Kulturen. Wir entwickeln uns weiter, um besser zu verstehen und verstanden zu werden. Klare Orientierung und engagiertes Miteinander sind die Basis unseres Erfolgs.

Erfolg durch Kompetenz

Wir sind bereit, ständig zu lernen und Gewohnheiten kritisch zu überprüfen. Veränderungen begegnen wir mit Mut und Kreativität. Unser Wissen und Können stellen wir anderen zur Verfügung. Unsere Bereitschaft zur Teamarbeit sichert den gemeinsamen Erfolg. Wir leben vor, was wir von anderen erwarten. Reaktionen auf unser Verhalten sind eine wichtige Quelle bei der realistischen Selbsteinschätzung.

Leitbilder haben inzwischen Eingang in viele Unternehmen gefunden. Oftmals bewirkt jedoch die Veröffentlichung von Leitbildern bei Mitarbeitern nur ein müdes Lächeln, denn es entspricht nicht den gelebten Grundsätzen im Unternehmen und ist nur Ausdruck einer kleinen Gruppe auf höchster Ebene.

Ein solches „verordnetes Leitbild" wird nicht akzeptiert und hat somit auch keine positiven Effekte.

Wie wir aus diesem Beispiel eines führenden Unternehmen herauslesen, ist ein Leitbild die Beschreibung der Ziele, die das Unternehmen verfolgt. Es beschreibt z. B. die Art und Weise, wie miteinander und mit Kunden umgegangen werden soll.

Ein Leitbild kann auf verschiedene Arten entstehen:

- durch Unternehmer oder das Management
- durch Projektgruppen aus dem Unternehmen
- durch einen Prototyp, anhand dessen die verschiedenen Gruppen im Unternehmen dann das Leitbild durch Diskussion gestalten.

Wenn ein Leitbild entwickelt ist, muss es allen Mitarbeitern bekannt gemacht werden, denn diese sollen das Leitbildes als gemeinsames Ziel akzeptieren und es als treibende Kraft ihres Handelns verstehen.

Neben den Zielen ist die **Philosophie** eines Unternehmens von großer Bedeutung. Während die Ziele beschreiben bzw. festlegen, **was** erreicht werden soll, macht die Philosophie Aussagen darüber, **wie** etwas erreicht werden soll. Aus beiden ergeben sich Anforderungen an das Führungsverhalten und die Personalentwicklung.

In der Unternehmensphilosophie werden die angestrebten Werte und Normen und das gedankliche Prinzip der Handlungen für die im Unternehmen beschäftigten Menschen formuliert.

Sie bietet somit Orientierungshilfen, gestaltet die Beziehungen untereinander und wirkt als Auslöser von Identifikation und Begeisterung. Wenn Unternehmensziele und Unternehmensphilosophie zusammenwirken, entsteht die **Unternehmensvision**. Diese beschreibt den erwünschten, zukünftigen Zustand.

Während die Unternehmensphilosophie eine „Wunschvorstellung" – einen Soll-Charakter – widerspiegelt, ist die **Unternehmenskultur** die Gesamtheit der in einem Unternehmen vorhandenen Selbstverständlichkeiten, also das, was gelebt und nicht das, was gewünscht oder verordnet wird.

Es sind die Werte, Normen und Denkhaltungen, die das Verhalten aller Mitarbeiter und damit das Bild des Unternehmens nach außen und innen prägen. Diese Regeln sind die „ungeschriebenen Gesetze". Sie bestimmen die „richtige" Art des Denkens, Fühlens und Handelns, die auch an Nachfolgende zur Einhaltung weitergegeben werden. Unternehmenskultur ist sowohl für die Zusammenarbeit, d. h. die interne Integration wichtig, als auch für das Überleben, d. h. die externe Anpassung. Tatsache ist: Jedes Unternehmen hat seine Kultur. Ob diese Kultur alle gut finden, ist eine andere Sache.

Stimmen Unternehmenskultur und Führungsleitlinien bzw. Unternehmensziele überein, kann dies zu einem Wettbewerbsvorteil führen. Die Art und Weise, wie man mit Mitarbeitern und Kunden umgeht, die Einstellung zu Kommunikation, Teamarbeit und Qualitätsbewusstsein bleibt. Eine Kulturveränderung ist ein langwieriger Prozess, deshalb könnte man eher eine Kulturverstärkung durchsetzen als eine -veränderung. Die Entwicklung der Unternehmenskultur ist eine wichtige Personalentwicklungs- und Führungsaufgabe.

Gute Beobachtungsmöglichkeiten für die Kultur eines Unternehmens bieten Traditionen und Rituale. **Rituale** sind überlieferte Verhaltensweisen und Symbole. Beispiele für Riten sind Kleidung („der graue Anzug bei Beratern"), Gesprächsabläufe, Gesellentaufen oder Betriebsausflüge.

• Folgerungen aus der Realisierung einer Unternehmensphilosophie

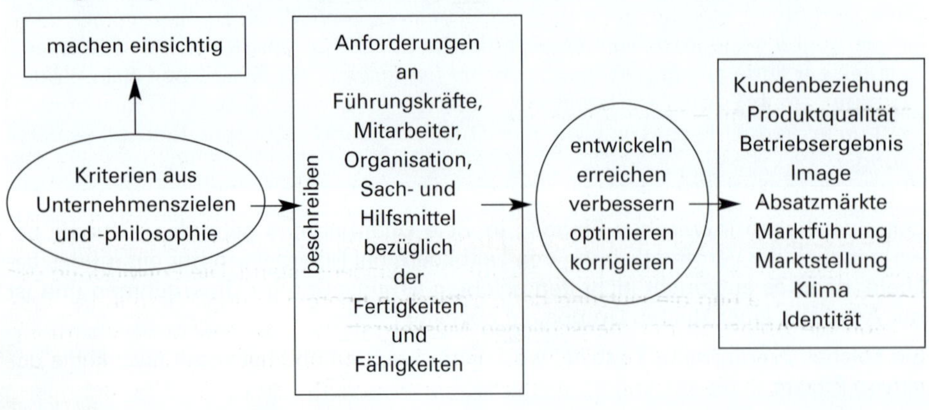

Fragen/Aufgaben

1. Was versteht man unter einem Leitbild?
2. Weshalb verursachen Leitbilder bei Mitarbeitern häufig Vorbehalte bzw. Ablehnung?
3. Zeigen Sie Wege auf, wie ein Unternehmen zu einem Leitbild kommen kann!
4. Wie lassen sich die Zusammenhänge von Unternehmenszielen und -philosophie beschreiben?
5. Was versteht man unter einer Unternehmenskultur?
6. Was lässt sich durch Leitideen in Unternehmen erreichen?

2.2 Einflüsse der Industriearbeit auf Einstellung und Verhalten

2.2.1 Arbeitsbedingungen, Motivation und Leistung

Situation

„Natürlich weiß ich, was man unter Arbeit versteht...", so werden Sie wahrscheinlich zunächst antworten, wenn man Sie um eine Erklärung des Begriffes „Arbeit" bittet. Als erstes erinnern Sie sich vielleicht an eine Definition aus dem Physikunterricht, in dem Sie gelernt haben, dass Arbeit das Produkt aus „Kraft mal Weg" ist. Ist diese Definition jedoch auch für die Beschreibung der Tätigkeit eines Konstrukteurs geeignet?

● Die menschliche Arbeit

Unter menschlicher Arbeit versteht man jene bewusste Tätigkeit, bei der ein Mensch seine körperlichen und geistigen Fähigkeiten zweckmäßig einsetzt, um mithilfe von Arbeitsmitteln die Natur so zu verändern, dass sie zur Sicherung der menschlichen Existenz genutzt werden kann. Die Menschen haben von jeher aus den in der natürlichen Umwelt vorkommenden Stoffen Gebrauchsgegenstände des täglichen Lebens hergestellt, um sie für ihre Arbeit einzusetzen.

● Entwicklung der Arbeitsteilung

Da der Mensch von Natur aus auf ein Leben in der Gemeinschaft anderer angewiesen ist, wurden auch schon von jeher die in einer solchen Gemeinschaft anfallenden Arbeiten untereinander aufgeteilt. Dabei bildete sich eine bestimmte Spezialisierung heraus.

Vornehmliche Aufgabe der Frau wurde die Pflege des Hauses und der Nachkommenschaft, die des Mannes die Beschaffung der Existenzgüter. Die Männer spezialisierten sich wiederum durch die Trennung von Produktion und Handel. Diese Entwicklung führte zu einer aufgabenstrukturierten Gesellschaft. So produzierten die Bauern die Nahrungs- und Grundstoffe, die Handwerker bearbeiteten diese und stellten die dafür notwendigen Werkzeuge her. Den Händlern kam die Aufgabe zu, die über den eigenen Gebrauch hinaus produzierten Güter zu tauschen bzw. später gegen Geld zu verkaufen. Diese Aufgabenteilung hatte mit der Zeit auch eine räumliche Trennung in Landbewohner (Bauern) und Stadtbewohner (Handwerker, Kaufleute) zur Folge. In der städtischen Gesellschaft nahm die Arbeitsteilung die Form der beruflichen Gliederung an. Es entstanden Zünfte für spezielle Produktionsgebiete und Berufe.

● Mechanisierung – Industrialisierung

Die zunehmende Mechanisierung hatte eine erneute Spezialisierung zur Folge, was zu einer weiteren Arbeitsteilung führte. Bei der Zerlegung mehrer Arbeitsgänge in einfachere und kompliziertere Teilschritte bekam die ursprüngliche Handarbeit einen anderen Charakter. Mehrere Personen arbeiteten gleichzeitig, aber in hintereinandergeschalteten Arbeitsschritten an demselben Arbeitsgegenstand. Die Entwicklung der Dampfmaschine und die Nutzung der elektrischen Energie ermöglichten in der Produktion die Ablösung der menschlichen Muskelkraft. Den Kraftakt zur Verformung von Werkstücken oder Werkstoffen übernahm fortan zunehmend die Maschine, während der Mensch die notwendigen Regel-, Steuer- und Messvorgänge übernahm.

- **Arbeitsinhalte in der industriellen Fertigung**

Im heutigen industriellen Fertigungsprozess sind Steuerung und Kontrolle des Arbeitsablaufes weitgehend von der ausführenden Arbeit getrennt. Der Arbeitsinhalt kann deshalb durch die jeweilige konkrete Tätigkeit beschrieben werden, z. B. fräsen, kontrollieren. Dabei gelten folgende Kriterien:

- **Standardisierung:** Sie ist ein Mittel, um Arbeitsprozesse, die im Betrieb wiederholt auftreten, genau zu beschreiben und zu regeln, sodass sie im Wiederholungsfall routiniert und gleichartig ablaufen.
- **Arbeitszerlegung:** Sie kennzeichnet das Ausmaß, in dem Arbeitsprozesse in einzelne Teilaktivitäten aufgespalten werden, die sich in besonderem Maße zur Standardisierung eignen.
- **Wiederholungsfrequenz der Tätigkeitselemente:** Je höher die Arbeitszerlegung, desto höher ist die Anzahl gleichartiger Arbeitsprozesse (Zyklen) pro Zeiteinheit. Bedeutsam ist dabei nicht nur die Zahl der Wiederholungen, sondern auch die Dauer der Periode, in welcher der Mitarbeiter gleichartige Wiederholungen durchführt.
- **Komplexität der Anforderungen an die Arbeit:** Je stärker die Ausprägung der Standardisierung, Arbeitszerlegung und Wiederholungsfrequenz ist, desto geringer wird tendenziell die Komplexität der Aufgabe sein. Dadurch nehmen die Anforderungen an die Qualifikation der Mitarbeiter ab.

Auf welche Weise die Entscheidungstatbestände der Arbeitsstrukturierung im einzelnen festgelegt werden, ergibt sich insbesondere aus den Ausstattungs- und Prozessentscheidungen, die sich konkret auswirken auf:

- Art und Niveau der verwendeten Technologien, z. B. Mechanisierung, Teil- oder Vollautomation
- Organisationstyp der Fertigung, z. B. Werkstatt- oder Fließfertigung

Übersicht typischer Technologiestufen und Organisationsformen		
Technologiestufe	Charakterisierung	Auswirkungen auf Entscheidungstatbestände
1. Mechanisierung	Übertragung eines Teils der manuellen Arbeit auf technische Systeme.	Hoher Grad der Standardisierung und Arbeitszerlegung. Dies erfordert meist hohe technische Fertigkeiten bei sinkendem körperlichem Krafteinsatz. Anstieg der Belastungen, z. B. hoher Lärmpegel, Schadstoffausstoß u. a.
2. Werkstattfertigung	Zusammenfassung von Maschinen und Arbeitsplätzen gleichwertiger Verrichtung (Werkstatt für Bohrmaschinen); Transport der Werkstücke mit zunehmender Fertigungsreife von Werkstatt zu Werkstatt.	Meist geringe Standardisierung, Arbeitszerlegung und Wiederholungsfrequenz bei teilweise hohen Qualifikationsanforderungen; zeitliche Dispositionsräume für die Mitarbeiter.
3. Fließfertigung	Anordnung von Arbeitsplätzen gemäß dem Fertigungsablauf; Transport der Werkstücke durch Fördersystem (Fließband) von Arbeitsplatz zu Arbeitsplatz. Formen: **– Fließfertigung** ohne zeitliche Fixierung der Bearbeitungszeit (Reihenfertigung).	Tendenz zu hoher Standardisierung, Arbeitszerlegung, Wiederholungsfrequenz und geringe Qualifikationsanforderungen.

Übersicht typischer Technologiestufen und Organisationsformen		
Technologiestufe	Charakterisierung	Auswirkungen auf Entscheidungstatbestände
3. Fließfertigung	– **Fließfertigung** mit zeitlicher Fixierung der Bearbeitungszeit (taktgebundene Fließfertigung).	Bei zeitlicher Fixierung keinerlei zeitliche Dispositionsspielräume für die Mitarbeiter.
4. Teilautomation	Übertragung der Steuerung des Produktionsablaufs auf technische Systeme; für die Mitarbeiter verbleiben kleine Teilarbeitsgänge und Kontrolle.	Hohe Standardisierung, Arbeitszerlegung und Wiederholungsfrequenz bei geringen Qualifikationsanforderungen; Belastung durch Monotonie. Anstieg der Belastungen, Einschränkung der flexiblen Gestaltung durch die technischen Erfordernisse der Maschine.
5. Automation	Bedienung, Steuerung und Kontrolle des Produktionsablaufs werden technischen Systemen übertragen; für die Mitarbeiter verbleiben Überwachung und Sicherung der Funktionsfähigkeit.	Nur noch Kontrolltätigkeiten, die aber im Störfall ggf. hohe technische Fähigkeiten erfordern; Stress durch hohe Verantwortung bei insgesamt monotoner Tätigkeit.

Fragen/Aufgaben

1. Verdeutlichen Sie den historischen Verlauf der industriellen Fertigung.
2. Welche Arbeitsinhalte bestimmen die Werkstattfertigung im Gegensatz zur Fließfertigung?
3. Zeigen Sie an Beispielen, wie sich typische industrielle Arbeitsplätze auf die Arbeitsmotivation der Mitarbeiter auswirken.

2.2.2 Voraussetzungen für Motivation und Zufriedenheit

Situation

In ihrer Firma ist ein Streit darüber ausgebrochen, ob die geleisteten Überstunden durch Freizeit oder eine Geldwert ausgeglichen werden sollen. Während ein größerer Teil der meist jüngeren Belegschaft sich für die zusätzliche Entlohnung ausspricht, plädieren viele ältere Mitarbeiter für den Freizeitausgleich. Sie fragen sich, warum die Motive von Menschen unterschiedlich sind.

Unter Motivation verstehen wir die Summe der menschlichen Verhaltensbereitschaft. Diese führt zu einem zielgerichteten Verhalten. Die bekannten Psychologen Maslow und Herzberg sagen dazu:

„Das Grundprinzip einer Arbeitsgruppe liegt darin, dass alle Mitarbeiter grundsätzlich dazu bereit sind, mit den Kollegen zusammenzuarbeiten, sich in die Betriebshierarchie ein- und unterzuordnen." Außerdem sollten sie mit ihrer Arbeit zufrieden sein und gute Leistungen erbringen. Häufig geht es den im Betrieb tätigen Menschen jedoch nicht um die Zusammenarbeit und eine möglichst hohe Leistung, sondern um seinen Verdienst und die Möglichkeit, sich mit den Kollegen zu unterhalten. Man kann davon ausgehen, dass sich die Ziele des Betriebes und die der Mitarbeiter in vielen Punkten gegenseitig im Wege stehen, da die individuellen Ziele, Interessen und Motive naturgemäß verschieden sind. Die sich daraus ergebenden Erwartungen sind jedoch für den Betrieb in zweifacher Hinsicht bedeutsam: Einmal handelt es sich um solche Ansprüche, die jeder Einzelne an den Betrieb hat, zum anderen um solche, die auch durch den Betrieb geweckt werden.

Übersicht der Einflussfaktoren auf die Arbeitsleistung	
Rahmenbedingungen	Arbeitszufriedenheit
– Leistungen von Kollegen in vorgelagerten Abteilungen bzw. in Arbeitsgruppen – Art und Qualität der Technologie – Arbeitsumfeldbedingungen – Organisation und Koordination des Leistungsprozesses	– Existenzsicherung – Selbstbestimmungsmöglichkeiten – Entwicklung individueller Möglichkeiten – Anerkennung, Erfolg und Einfluss – Sozialer Kontakt
Leistungsfähigkeit	Leistungsbereitschaft
– Ausbildung – Fähigkeit/Fertigkeit – Erfahrung – Physische/psychische Gesundheit – Ermüdung – Belastbarkeit – Anpassungsfähigkeit – Team-/Koordinationsfähigkeit – Konflikt-/Durchsetzungsfähigkeit	– Übereinstimmung motivierender Situationen und motivierender Personen – Entlohnung – Arbeitsinhalt – Führungsverhalten
Leistungsverhalten	
– Selbstständigkeit – Kooperation	– Qualitätsbewusstsein – Verantwortungsbewusstsein
Leistungsergebnis	
Arbeitsmenge einer bestimmten Qualität in einer bestimmten Zeit	

Abb.: Abhängigkeitsfaktoren der Arbeitsleistung nach Porter und Lawler 1968

Welche Bedürfnisse hat nun der Mensch? In welcher Stärke und Rangfolge veranlassen sie ihn, tätig zu werden?

Die Bedürfnishierarchie nach Maslow

Der Amerikaner Abraham Maslow antwortet auf die oben genannte Frage mit seiner dynamischen Motivationstheorie. Darin unterscheidet er insgesamt fünf hierarchisch gestaffelte Bedürfnisebenen, die durch entsprechende Maßnahmen Befriedigung erfahren. Bleiben die Bedürfnisse einer niedrigen Ordnung unbefriedigt, so lässt sich nach Maslow kein Aufstieg in eine höhere Ebene erzielen.

Nach Maslow gibt es drei Möglichkeiten, Bedürfnisse zu befriedigen:

- Geld
- Geld und Anerkennung
- Muße

Für einen hungrigen Menschen ist es von geringer Bedeutung, ob er von einem anderen anerkannt wird, ihm geht es in erster Linie nur darum, seinen Hunger zu stillen.

In den meisten Betrieben wird man jedoch kaum einen Mitarbeiter finden, der nur zur Befriedigung der nackten Existenzbedürfnisse tätig ist. Wir können deshalb auch nicht durch finanzielle Anreize die fehlende Anerkennung wettmachen oder allein durch Geld eine Mehrleistung erwarten.

Bedürfnisse (Motive)	Möglichkeiten der Bedürfnisbefriedigung durch Arbeit und Betrieb	Mögliche Folgen bei Befriedigung	Nichtbefriedigung
I. Grundbedürfnisse Grundbedürfnisse (physiologische Bedürfnisse), z. B. Nahrung, Wohnung, Ruhe, Selbsterhaltung	Lohn, Urlaubsregelung, Kantine, ärztliche Betreuung, verbilligte Einkaufs- und Wohnmöglichkeiten	körperliches Wohlbefinden	zwanghafte Befriedigung, bis hin zur Gewalt
II. Sicherheitsbedürfnisse z. B. Schutz vor Willkür, Drohung, Entbehrung	Sicherheit des Arbeitsplatzes, Einkommenssicherung, Alterversorgung, Versorgung bei Krankheit, Unfall und Alter	seelische Zufriedenheit	Selbsthilfe, Bildung von Initiativgruppen
III. Soziale Bedürfnisse z. B. nach Gesellschaft und Freundschaft, Zugehörigkeit zu einer Gruppe	Kommunikation am Arbeitsplatz, Information auch über nicht arbeitsplatzgebundene Informationen, Problemlösungsgespräche	soziale Ausgewogenheit, Geborgenheit	Widerstand, Reizbarkeit, keine Bereitschaft zur Zusammenarbeit
IV. Ich-Bedürnisse z. B. Respekt, Würde, Status, Anerkennung	Übertragung von Kompetenzen, verbale und materielle Anerkennung, Erlangung eines bestimmten Status oder Ehrentitel	ausgewogenes Selbstwertgefühl	Selten volle Befriedigung, Konkurrenzkampf
V. Bedürfnisse der Selbstverwirklichung z. B. Mitwissen, Mitdenken, Mitverantworten, Verwirklichung von Wertvorstellungen	Mitbestimmung bei der Arbeit, Erfüllung aufgrund der Arbeitsinhalte und Aufgabenstellung, Selbstverantwortung bei der Arbeitszeitregelung und Pausengestaltung, Aufstiegsmöglichkeiten	Selbstständigkeit, Freiheit	Verweigerungshaltung, Destruktion

● Die 2-Faktoren-Theorie nach Herzberg

Neben Maslow hat sich auch der Verhaltensforscher Frederik Herzberg mit den Motiven der Leistungsanreize beschäftigt. Kernfrage seiner Forschung war: Welche Kriterien können für die Zufriedenheit bzw. Unzufriedenheit von arbeitenden Menschen verantwortlich gemacht werden?

Als Antwort ermittelte er sogenannte Motivfaktoren, die sich unmittelbar aus der Arbeit ergeben und Hygienefaktoren, die sich daraus ergeben, unter welchen Bedingungen die Arbeit ausgeführt wird.

▶ Die wichtigsten **Motivfaktoren** sind demnach:

- Hohe Leistungs- und Erfolgserlebnisse durch die Arbeit
- Achtung und Anerkennung der Arbeitsleistung
- Interessante Arbeitsinhalte
- Verantwortlichkeit und Verantwortungsgefühl durch selbstständiges Arbeiten
- Entfaltungsmöglichkeiten des Wissens und Könnens bei der Arbeit
- Gewährung von Aufstiegschancen

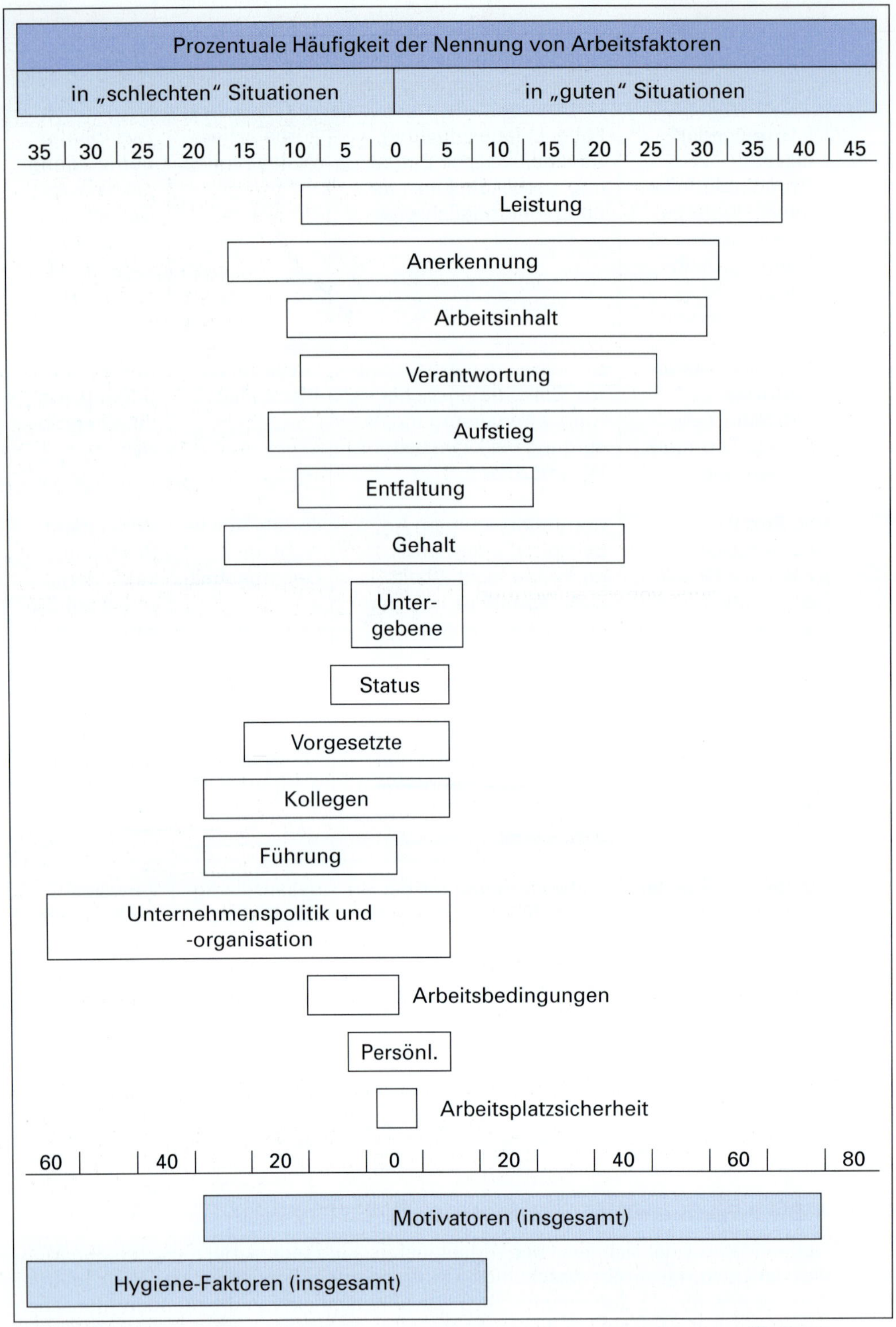

Abb.: Pittsburg-Studie nach Angaben von Herzberg unter 203 Technikern und Verwaltungsangestellten 1959

- Als **Hygienefaktoren** bezeichnet er:
  - Die Unternehmensphilosophie
  - Entlohnung
  - Beziehungsgeflechte zu den Mitarbeitern und Vorgesetzen
  - Betriebsausstattung und Arbeitsumgebung
  - Führungstechniken und -stile
  - Macht-, Status- und Kommunikationsstrukturen

In dieser Studie, die Herzberg unter Technikern und Verwaltungsangestellten in Pittsburg machte, belegte er seine Theorie und formulierte:

„Nur ein befriedigendes Ausmaß an Motivatoren – nicht aber an Hygiene-Faktoren – führt zur Arbeitszufriedenheit. Ein befriedigendes Ausmaß an Hygienefaktoren führt nur zum Zustand ‚Keine Unzufriedenheit', keineswegs jedoch zur Arbeitszufriedenheit, weil befriedigende Hygiene-Faktoren als ‚selbstverständlich' angesehen werden; daher auch die Bezeichnung Hygiene-Faktoren. Unbefriedigte Hygiene-Faktoren führen dagegen zu starker Unzufriedenheit mit der Arbeit.

Befriedigend gestaltete Motivatoren können die Leistungsbereitschaft fördern, befriedigend gestaltete Hygiene-Faktoren allenfalls Leistungsrückgang vermeiden."

Nach Herzberg führt die Verbesserung zwischenmenschlicher Beziehungen im Betrieb nicht zwangsläufig zur Leistungssteigerung. Arbeitserweiterungs- und Arbeitsbereicherungsmaßnahmen zur Schaffung interessanter Arbeitsinhalte hält er dagegen immer für leistungsfördernd. Die Aufmerksamkeit hat also den Motivationsfaktoren zu gelten. Hier kommt dem Industriemeister eine besondere Aufgabe zu.

Auswirkungen von **Motivatoren** bei starker Zufriedenheit	Folgen bei fehlenden **Motivatoren** und schwacher Zufriedenheit
– Hohe eigene Leistung – Anerkennung für die Leistung – Interessante Arbeitsinhalte – Übertragung von Verantwortung – Aufstieg – Möglichkeiten zur Selbstverwirklichung	– Schlechte eigene Leistung – Fehlende Anerkennung für die Leistung – Langweilige Arbeitsinhalte – Geringe Übertragung von Verantwortung – Nicht erfolgter Aufstieg – Schlechte Möglichkeiten zur Selbstverwirklichung
Hygienefaktoren bewirken bei starker Unzufriedenheit	**Mangelnde Hygienefaktoren bewirken bei schwacher Unzufriedenheit**
– Gutes Führungsverhalten – Gute Unternehmenspolitik und -organisation – Gute Beziehungen zu Gleichgestellten, Untergebenen und Vorgesetzten – Gute äußere Arbeitsbedingungen – Hohe Arbeitsplatzsicherheit – Gute Entlohnung – Hoher Status – Günstige persönliche Lebensumstände	– Schlechtes Führungsverhalten – Schlechte Unternehmenspolitik und -organisation – Schlechte Beziehungen zu Gleichgestellten, Untergebenen, Vorgesetzten – Schlechte äußere Arbeitsbedingungen – Mangelhafte Arbeitsplatzsicherheit – Niedrige Entlohnung – Geringer Status – Widrige persönliche Lebensumstände

Abb. Zwei-Faktoren-Theorie nach Herzberg

Fragen

1. Was verstehen wir unter Motivation?
2. Wie wird der Begriff der Arbeit aus psychologischer Sicht gesehen?
3. Wie sind Arbeitsaufgabe und Motive der Arbeitstätigkeit miteinander verbunden?
4. Welchen Einfluss hat die soziale Bewertung der Arbeitstätigkeit auf die Arbeitsmotivation?
5. Was bedeuten Handlungsspielraum und Qualifikation für Arbeitszufriedenheit und -motivation?
6. Welche Faktoren nennt Herzberg Motivatoren, welche Hygienefaktoren und wie hängen sie mit Arbeitszufriedenheit und -unzufriedenheit zusammen?
7. Welche Rolle spielt das Geld als Leistungsanreiz?
8. Welche Folgerungen leiten Sie aus diesen Erkenntnissen für Ihr Tun „vor Ort" ab?

2.3 Arbeitsorganisation und soziale Maßnahmen

2.3.1 Auswirkungen der Arbeitsorganisation auf Motivation und Leistung

Situation

„Humanisierung ist auch ein betriebswirtschaftliches Erfordernis. Der Betrieb hat ein ureigenes Interesse an motivierten Mitarbeitern, die in ihrer Arbeit menschliche Befriedigung erfahren und damit einen zusätzlichen Anreiz erhalten, sich aus eigenem Antrieb heraus für die Unternehmensziele einzusetzen."

(Bundesvereinigung der Deutschen Arbeitgeberverbände [BDA] in einer Erklärung zu gesellschaftspolitischen Grundsatzfragen, 1973).

● Humanisierung der Arbeit

Ziel ist eine „menschengerechte" Gestaltung, die sich auf drei wesentliche Bereiche erstreckt.

- Ergonomische Gestaltung der Arbeitsumwelt zur Sicherung der körperlichen Unversehrtheit des Mitarbeiters.
- Erweiterung des Arbeitsinhaltes mit der Zielsetzung, die Voraussetzungen für eine sich aus der Aufgabe selbst ergebende (intrinsische) Arbeitsmotivation zu schaffen. Sie ist eine Bedingung der Selbstverwirklichung in der Arbeit.
- Selbst- und Mitbestimmung im Arbeitsprozess.

● Gestaltung von Fließarbeit

Die Gestaltungsbemühungen der Fließbandarbeit konzentrieren sich im Wesentlichen auf die Reduzierung physischer und psychischer Belastungen sowie die Minderung sozialer Isolierung, die sich durch die ungünstige Anordnung der Arbeitsplätze ergeben kann. Zur **Reduktion der körperlichen Belastung** haben sich folgende Maßnahmen besonders bewährt:

- Zwischen den Arbeitsplätzen bzw. Bandabschnitten werden so genannte Puffer eingebaut, die eine Variation des Arbeitstempos zulassen.
- Die Bandgeschwindigkeit wird entsprechend festgelegter Tagesrhythmusintervalle an die physiologisch bedingten Schwankungen der Leistungsbereitschaft angepasst.
- Es werden häufiger Kurzpausen eingeschaltet.

▶ Maßnahmen zur Minderung der Monotonie

- Mehrere Takte werden zusammengefasst und erweitern somit das Arbeitsgebiet des Mitarbeiters.
- Die Mitglieder einer Bandgruppe wechseln nach bestimmten Intervallen die Arbeitsplätze.

Soziale Isolation der Beschäftigten lässt sich durch die Veränderung der räumlichen Anordnung der Bandarbeitsplätze vermeiden. Eine halbkreisförmige Anordnung begünstigt die visuelle und verbale Kommunikation der Mitarbeiter untereinander wesentlich besser als die Parallelanordnung. Werden teilautonome Arbeitsgruppen gebildet, so bestimmen die Gruppenmitglieder die Steuerung des Arbeitsablaufes nach individuellen Bedürfnissen. Das Band erfüllt dann nur noch die Funktion der Transporteinrichtung.

Neue Formen der Arbeitsorganisation

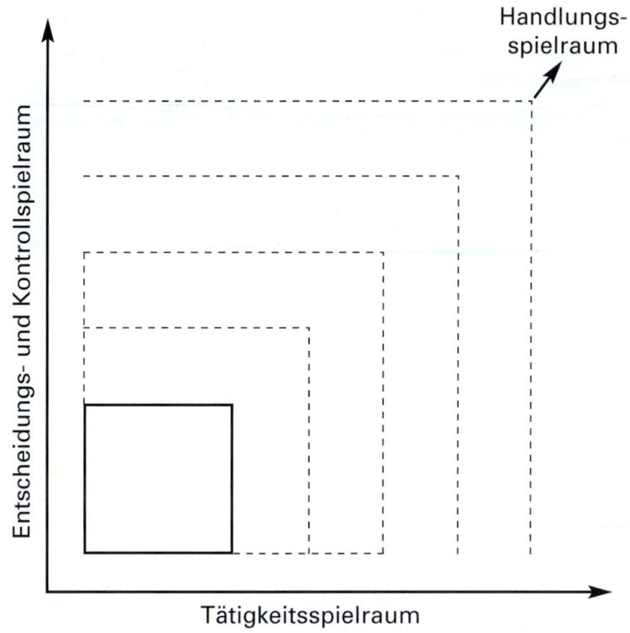

Die Bemühungen um die Veränderungen der Arbeitsorganisation hat in der Folge „neue Formen" der Arbeitsteilung hervorgebracht, die den Handlungsspielraum des Mitarbeiters horizontal und vertikal erweitern.

Abb.: Modell des Handlungsspielraums in der Abhängigkeit der Entscheidung und Tätigkeit nach Ulrich (1972, S. 266)

Aufgabenwechsel

Diese Organisationsform beinhaltet den Tausch von Arbeitsaufgaben innerhalb eines variablen Zeitraums zwischen Mitarbeitern mit etwa gleichem Qualifikationsniveau. Beispielsweise werden innerhalb einer Montagegruppe die Plätze gewechselt. Ziel dieses Systems ist die Verringerung der einseitigen Belastung und Monotonie. Außerdem stehen dann für einen Arbeitsplatz mehrere geübte Mitarbeiter zur Verfügung. Der wichtigste Vorteil des Aufgabenwechsels aus Mitarbeitersicht liegt in der Verringerung physischer und psychischer Belastungen. Eine höhere Qualifikation ist in begrenztem Umfang gegeben, da der Arbeitnehmer mehrere Arbeitsaufgaben beherrscht. Voraussetzung zum Gelingen dieser Methodik ist die gründliche Einarbeitung in alle Aufgabenkomplexe. Die Wahl von günstigen Wechselintervallen sowie die Berücksichtigung individueller Präferenzen sind ebenfalls wichtige Humanisierungselemente.

Aufgabenerweiterung

Diese Form bringt dem Mitarbeiter eine quantitative Vergrößerung des Arbeitsfeldes. Dadurch wechselt er nicht mehr über verschiedene Arbeitsplätze, sondern in seinen festen Arbeitsplatz werden die Tätigkeiten bisher verschiedener Arbeitsplätze integriert. Strukturell gleichen sich die Tätigkeiten. Das Qualifikationsniveau erhöht sich deshalb nur begrenzt. Auch hier ist in erster Linie eine Verringerung der einseitigen körperlichen Belastung und der Monotonie das Ziel. Die wirtschaftlichen Vorteile ergeben sich daraus, dass das Arbeitssystem geringer störanfällig wird. Aus einer besseren Identifikation mit der Aufgabe ergibt sich ein motivierender Effekt. Dies verbessert auch die Qualität der Arbeit.

Die Problematik des Job Enlargement liegt jedoch darin, dass die angestrebte Zielsetzung wesentlich davon abhängt, wie weit es gelingt, eine innere Zusammengehörigkeit der Aufgabenelemente herzustellen. Gelingt dies nicht, erscheint die Arbeit dem Menschen inhaltsleer und sinnlos. So entstehen durch eine Überforderung noch zusätzliche Belastungen.

Arbeitsbereicherung

Hier wird das Arbeitsfeld qualitativ vergrößert. Dazu werden in die zu verrichtenden Arbeitsaufgaben Kompetenzen integriert, die zuvor von einer hierarchisch höheren Stelle wahrgenommen wurden. Im Bereich der Fertigung können dies folgende Maßnahmen sein:

- Integration von Einrichterfunktionen
- Übertragung von Kontrollaufgaben
- Materialbeschaffung aus dem Lager

- Wartungsaufgaben
- Entscheidungsbefugnisse bezüglich der Verrichtungsweise der Arbeitsaufgabe

Allgemeine Zielsetzung der Arbeitsbereicherung ist die Aufhebung des klassischen Taylorschen Prinzips, der vertikalen Arbeitsteilung. Dadurch schafft sie die Voraussetzungen einer inhaltsbezogenen Motivation, die sich in der Steigerung der Quantität und Qualität ökonomisch auswirkt. Insbesondere werden durch Job Enrichment dadurch folgende soziale Ziele des arbeitenden Menschen realisiert.

- Autonomie und Selbstbestimmung
- Höherqualifikation mit der Folge größerer Arbeitsplatzsicherheit
- Selbstverwirklichung durch Einsatz und Entwicklung von Fähigkeiten
- Anerkennung und Prestige
- Belastungsreduktion durch ein ausgeglicheneres Anforderungsspektrum

Inwieweit sich diese Zielsetzungen jedoch verwirklichen lassen, hängt von der spezifischen Art dieser Arbeitsorganisation ab. So ist es erforderlich, den individuellen Konsequenzen dieser anspruchsvollen Arbeitsform besondere Aufmerksamkeit zu schenken. Eine langjährige Gewöhnung an einfache, inhaltsarme Tätigkeiten kann beim Arbeitenden eine Senkung seines Anspruchsniveaus und Beeinträchtigung seiner Umstellungs- und Lernfähigkeit bedingen. Diese erschwert eine Anpassung an komplexere Aufgabeninhalte, oder sie lassen ihm diese gar nicht mehr als wünschenswert erscheinen. Die Aufgabenbereicherung muss daher nach der Maßgabe der individuellen Disposition der Betroffenen als kontinuierlicher Lernprozess Schritt für Schritt gesteigert und den neuen Anforderungen angepasst werden.

Selbstgesteuerte Arbeitsgruppen

Eine spezielle Form der Arbeitsgestaltung ist die selbstgesteuerte Arbeitsgruppe. Sie erfüllt ihre Aufgaben nach von ihr selbst gesetzten Normen. Der Grad der Autonomie ist davon abhängig, welche Entscheidungen die jeweilige Gruppe selbstständig treffen kann bzw. darf. Der Gruppe können Entscheidungen in folgenden Bereichen übertragen werden:

- Sie entscheidet in Fragen von qualitativen und quantitativen Merkmalen des Produkts.
- Unter der Voraussetzung der Erfüllung der Grenzbedingungen entscheidet die Gruppe darüber:
  - Wo und wann sie arbeiten will.
  - Welche Zusatztätigkeiten von ihr erfüllt werden.
  - Welche Arbeitsmethode sie wählen.
  - Wer ihre Mitglieder sein sollen und wie die Aufgabenverteilung intern vorgenommen wird.
  - Wer ihr Führer sein soll, und welche Entscheidungsmacht übertragen wird.

Die einzige äußere Begrenzung des Entscheidungsfeldes der selbstgesteuerten Gruppe besteht in den vom Unternehmen vorgegebenen Grenzbedingungen. Da der Entscheidungsspielraum in einzelnen Fragen sehr eng oder weit gehalten ist, spricht man von teilautonomen Arbeitsgruppen. Betriebe, die sich für die Einrichtung von teilautonomen Arbeitsgruppen entscheiden, sind von den Vorteilen der gemeinsamen Optimierung des technischen und sozialen Systems überzeugt. Sie sehen die Vorteile gegenüber dem Job Enrichment darin, dass durch die Selbstorganisation die Entwicklung der „sozialen Kompetenz“ entscheidend vorankommt und folgende ökonomische **Vorteile** sich einstellen:

- Erhöhung der Flexibilität der Produktionsprozesse durch die Anhebung des Qualifikationsniveaus der Mitarbeiter, die so auch vielseitiger einsetzbar werden.
- Entlastung der formalen Organisation von Kontrolle und Koordination durch die Verlagerung dieser Funktionen in die Gruppen.
- Produktivitätssteigerung durch Verantwortlichkeit der Gruppe für das Einhalten der Produktionsnormen.
- Starke Identifikation der Gruppenmitglieder mit der Organisation, da sie sich als „gleichberechtigte“ Partner in der Organisation sehen.
- Senkung von Anlern- und Einarbeitungskosten, da die entsprechenden Funktionen von der Gruppe übernommen werden.

Folgende **Probleme** können sich aus dieser Gestaltungsform ergeben:

- Es werden hierarchische Strukturen gelöst, was bei formalen Führungskräften zu **Identitätskrisen** (Meisterkrise) führen kann.
- Es werden **Selbstständigkeit** und **Selbstbewusstsein** der Mitarbeiter gefördert und damit wird deren Anspruchsniveau bezüglich der Gestaltung der Arbeitssituation gehoben.
- Es entstehen **sozial-emotionale Zwänge**, die sich besonders bei Gruppenakkord negativ auswirken können.

Fragen/Aufgaben

1. Inwieweit haben Arbeitswissenschaft und Humanisierung der Arbeit einen Doppelcharakter?
2. Erläutern Sie den Zusammenhang zwischen „Humanisierung" und „Rationalisierung".
3. Was ist unter den „neuen Formen der Arbeitsgestaltung" zu verstehen?
4. Verdeutlichen Sie an Beispielen die einzelnen Formen der Arbeitsgestaltung, deren Prinzipien und Vor- und Nachteile.
5. Begründen Sie, warum sich teilautonome Arbeitsgruppen nur relativ selten in Betrieben durchsetzen.
6. Welche Konsequenzen ziehen Sie aus den obigen Erkenntnissen?

2.3.2 Soziale Maßnahmen, Motivation und Leistung

Situation

Ihr Betrieb entstand in den 50er Jahren. In den Werkshallen ist es sehr laut, oft ist die Luft verbraucht. An vielen Tagen herrscht eine triste Atmosphäre. Sie fragen sich, ob das von der schlechten Beleuchtung oder von der grauen Farbe kommt und welche Folgen das für die Kollegen hat.

Unter Umweltgestaltung versteht man die Gestaltung der unmittelbaren Umgebung des Arbeitsplatzes. Dabei sind folgende Faktoren wichtig: Klima, Lärm, Beleuchtung und Farbe.

• Klima

Das Klima ist eine nicht direkt messbare Größe. Es handelt sich um einen Sammelbegriff für solche physikalischen Größen, die den Wärmeaustausch des Körpers mit seiner Umgebung beeinflussen. Dazu gehören die Luft, ihre Temperatur, ihr Feuchtig-

Abhängigkeitsfaktoren		
Temperatur in °C	rel. Luftfeuchtigkeit in %	Arbeitsfähigkeit
21	40	größtes Wohlbehagen
	75	Arbeit ohne Unbehagen
	85	Wohlbehagen bei Ruhe
	91	Müdigkeit und Niedergeschlagenheit
24	20	kein Unbehagen
	65	Unbehagen
	80	Ruhe notwendig
30	25	kein Unbehagen
	50	Arbeit noch möglich
	65	Schwerarbeit unmöglich

keitsgehalt und die Geschwindigkeit der Luftbewegung sowie die Wärmestrahlung der Umgebung. Von den vier genannten Größen übt die Lufttemperatur die größte Wirkung auf den menschlichen Organismus aus.

Die Bestimmung des Behaglichkeitsbereiches ist eine subjektive Einschätzung. Behaglichkeit hängt nicht nur von klimatischen Bedingungen ab, sondern auch von Faktoren wie Lebensalter, Arbeitsbeanspruchung, Geschlecht, Bekleidung usw.

Raumklima		
Wärme	Luftbedarf	Feuchtigkeit
– Büroarbeit 20–21 °C – leichte Handarbeit im Sitzen 20 °C – leichte Arbeit im Stehen 18 °C – Schwerarbeit 17 °C – Schwerstarbeit 16 °C	– Zugfreiheit (max. 0,1 m/sek.) – Frischluft (berechnet nach m^3/Std. und Person) – ab 10–15 Personen: Klimaanlage empfohlen	– Optimum ca. 50 % – unterhalb der optimalen Temperatur: Steigerung der Feuchtigkeit – oberhalb der optimalen Temperatur: Senkung der Feuchtigkeit – Achtung: Gefahren bei Bronchien-Anfälligkeit

Abb.: Arbeitsmedizinisch ermittelte und empfohlene Werte

• Lärm

Unter Lärm wird der gesundheitsschädigende Schall verstanden, gemessen in Hertz (1 Hz = 1 Schwingung/s). Starker Lärm setzt die Leistungsfähigkeit des Menschen herab, wenn er von ihm als unangenehm empfunden wird. Extrem hoher Lärm kann zu Berufskrankheiten wie Lärmschwerhörigkeit und Lärmtaubheit führen. Das menschliche Ohr ist im Frequenzbereich zwischen 2000 und 5000 Hertz am empfindlichsten. Zum Vergleich: Die menschliche Stimme liegt im Frequenzbereich von 100 bis 300 Hz und ist damit zehnmal geringer.

Zur Lärmbekämpfung beziehungsweise zum Lärmschutz empfiehlt sich die Lärmbekämpfung an der Quelle:

- Austausch harter Materialien durch weiche
- Abkapselung von Lärmquellen, z. B. lärmdämmende Gehäuse anbringen
- Raumschalldämmung, z. B. absorbierende Deckenverkleidung
- Wenn der Lärm an der Quelle nicht gedämpft werden kann, dann ist ein individueller Gehörschutz erforderlich, z. B. Ohrenschutzgeräte

Auswirkungen von äußeren Einflüssen auf den Körper durch:	
Lärm und Schall	Vibrationen
Abhängigkeit der Einwirkungsdauer, Frequenzen und Schallpegel – psychische Wirkungen ab 30 phon – Hörschäden ab 90 phon – mechanische Schäden ab 120 phon	– körperliche Erschütterungen – vegetative Störungen durch außertaktliche, niedrige Frequenzen (20 Hz)

• Beleuchtung

Über 80 % aller Sinneseindrücke sind optischer Natur und müssen somit von den Augen aufgenommen werden. Dem Sehprozess kommt daher besonders unter ergonomischen Gesichtspunkten große Aufmerksamkeit zu. Gefordert wird eine adäquate Beleuchtung am Arbeitsplatz. Faktoren der Lichtplanung sind:

- Intensität der Beleuchtung
- Verteilung der Helligkeit
- Blendung
- Richtung von Licht und Schatten
- Reflexblendung
- Lichtfarbe und Farbwiedergabe

Faktoren der optischen Arbeitsplatzgestaltung		
Beleuchtungsart	Beleuchtungsstärken	Feuchtigkeit
– keine Dunkelräume – keine Blendung – kein Mischlicht – Raum- und Arbeitsplatzbeleuchtung trennen	– Orientierung: 15 Lux – große Details mit hohem Kontrast: 120 Lux – mittlere Details/Kontraste: 500 Lux – kleine Details mit kleinem Kontrast: 1000 Lux – sehr schwierige Sehaufgaben: 2000 Lux	– blau: beruhigend – grün: sehr beruhigend – rot: beunruhigend – orange: sehr anregend – gelb: anregend – braun: neutral bis anregend – violett: aggressiv-beruhigend

Farbe

Licht und Farbe sind untrennbar miteinander verbunden. Farben sind auf die Gestalt und Bestimmung von Räumen abzustimmen. Leichte, luftige Farben können Räume weiten, aber auch auseinander drücken oder verzerren. Unter Umständen erzeugen sie den Eindruck von Unbehaglichkeit. Tragende Teile im Raum sollten durch feste Farben klar erkennbar abgehoben werden. Zwar lässt sich zwischen dem Einsatz von Farbe im Betrieb und der Leistung kein unmittelbarer Zusammenhang herstellen. Eine richtige Farbanwendung wirkt aber indirekt auf das Leistungsniveau ein. Durch eine bessere Kennzeichnung von Gefahrenstellen kann man Unfälle verhindern. Farben erleichtern die Orientierung bei der Arbeit an Maschinen und Werkzeugen und kommen dem Wunsch des Arbeitenden nach einer angenehm gestalteten Umwelt entgegen.

Fragen/Aufgaben

1. Welche Formen der inhaltlichen Arbeitsgestaltung unter dem Aspekt der Humanisierung der Arbeit lassen sich unterscheiden?
2. Beschreiben Sie diese, und werten Sie ihren Humanisierungseffekt.
3. Nennen Sie Formen der Gestaltung der Arbeitsumgebung mit ihrer Zielsetzung.

Arbeitszeit

Situation

In den Pausen murren Ihre Mitarbeiter häufig über die starren Arbeitszeiten. Da viele von ihnen morgens immer im Stau stecken, möchten sie lieber eine Stunde früher beginnen. Was meinen Sie?

Als arbeitsbezogene Gestaltungsaspekte sind die Länge und Lage der Arbeitszeit. Zu beiden Faktoren gibt es gesetzliche Bestimmungen und tarifliche Vereinbarungen, sodass eine personalwirtschaftliche Gestaltung nur sehr eingeschränkt möglich ist.

– Länge der Arbeitszeit

Arbeitszeiten, die über den gesetzlich bzw. tariflich festgelegten Rahmen hinausgehen, bezeichnet man als Überstunden. Bei Mitarbeitern in leitenden Funktionen gilt die Arbeitszeitordnung (AZO) nicht. Sie werden vom Unternehmen als selbstverständlich vorausgesetzt. Überstunden sind zur Bewältigung von Auftragsspitzen bzw.

bei kurzfristigen Personalengpässen notwendig. Diese Mehrarbeitszeit wird i.d.R. gesondert entlohnt und ist nach dem BetrVG durch die Arbeitnehmervertretung mitbestimmungspflichtig. Sie hat wegen der Zulagen für viele Mitarbeiter einen Anreizwert.

Längerfristig können sich daraus jedoch Beeinträchtigungen der Arbeitsbereitschaft und Gesundheitsschäden ergeben. Ein besonderes Problem der Arbeitszeit ist die Teilzeitarbeit in drei Varianten: Aushilfe, Halbtags- und Saisonarbeit.

Teilzeitarbeitsformen gewinnen zunehmend für solche Personen an Bedeutung, die aus bestimmten Lebensumständen heraus keine Vollbeschäftigung eingehen können, den Kontakt zum Beruf jedoch nicht verlieren wollen. Es handelt sich hier meistens um folgende Gruppen:

- Frauen, die nach der Geburt eines Kindes im Berufsleben verbleiben wollen
- Schüler/Studenten zur Ergänzung des Lebensunterhalts und/oder Erwerb von beruflicher Praxis
- Ältere Arbeitnehmer zur Reduzierung der Belastung, die sich aus einer Vollbeschäftigung ergeben würde

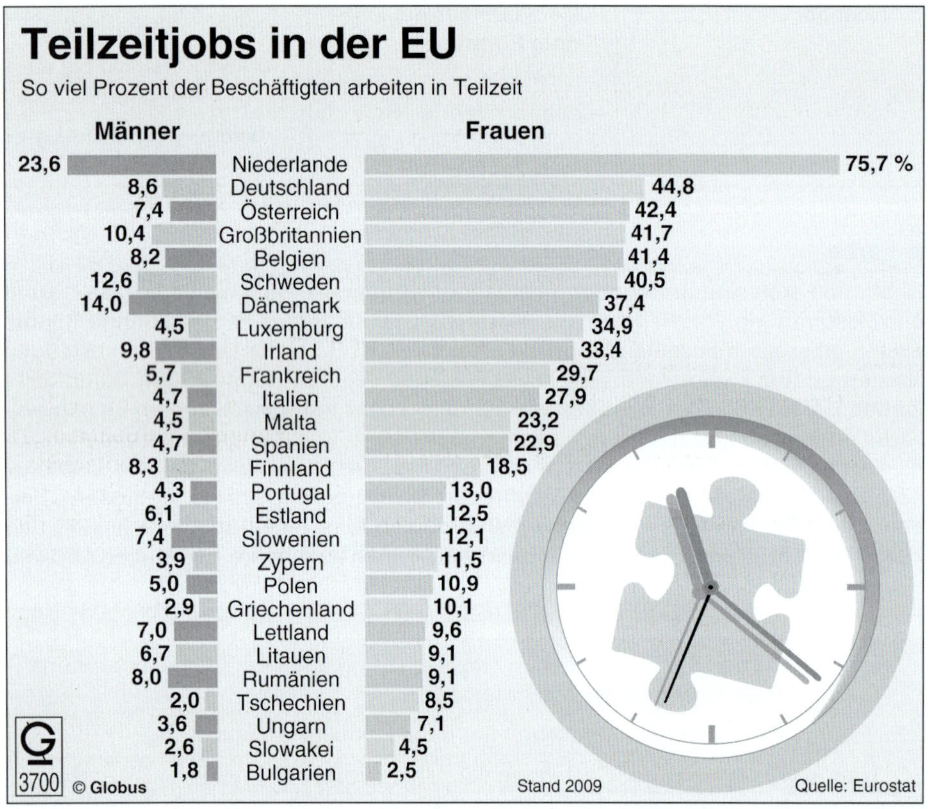

• Zu wenig Vollzeit-Arbeitsplätze

44,8 % der beschäftigten Frauen und 8,6 % der beschäftigten Männer in Deutschland arbeiten in Teilzeitjobs. Damit ist Deutschland in der EU nach den Niederlanden das Land mit den meisten Teilzeitbeschäftigten, während vor allem die neueren Beitrittsländer die niedrigsten Quoten haben.

Bei den Gründen, eine Teilzeitbeschäftigung anzunehmen, gibt es in Deutschland deutliche Unterschiede in Ost und West zwischen Männern und Frauen. Das klassische Bild – „Frauen arbeiten Teilzeit mit Rücksicht auf die Familie" – bewahrheitet sich nur in Westdeutschland. Hier haben zwei Drittel der Teilzeit arbeitenden Frauen ihre Arbeitszeit aus familiären Gründen reduziert. In den neuen Ländern steht bei den Frauen die schlechte Lage auf dem Arbeitsmarkt im Vordergrund: Es gibt einfach nicht genügend Vollzeitstellen. Ähnliches gilt für die Männer, die im Osten einer Teilzeitarbeit nachgehen. Auch hier ist für ein Drittel das fehlende Arbeitsplatzangebot der Grund für die Teilzeitarbeit.

Teilzeitarbeit aus sozialer Sicht	
Vorteile	Nachteile
• Verdienstmöglichkeit • Vermeidung – zumindest in gewissem Ausmaß – von Doppelbelastung mit Vollberuf und Haushalt • Pflege beruflicher Kontakte • Vermeidung von Qualifikationsverlusten • Erziehung der Kinder	• Kontaktprobleme, wenn Teil- und Vollzeitbeschäftigte zusammenarbeiten (mögliche Isolierung) • Entgelt und Aufwendungen sind relativ ungünstig (Arbeitsweg – Arbeitszeit)
Teilzeitarbeit aus ökonomischer Sicht	
Vorteile	Nachteile
• Größere Anpassungsfähigkeit gegenüber Schwankungen des Arbeitskräftebedarfs und größere Arbeitsintensität infolge geringerer Ermüdung der Mitarbeiter	• Höherer Koordinierungsbedarf und damit verbundene Störungen des Arbeitsablaufs

– Lage der Arbeitszeit

Hier geht es um Arbeitsbeginn, Schichtarbeit, Pausen, Urlaubs- und Freizeitregelungen. Die so genannte gleitende Arbeitszeit überlässt die Entscheidung über Beginn und Ende der Arbeitszeit innerhalb einer Bandbreite von ca. drei Stunden zur individuellen Disposition dem Mitarbeiter. Festgeschrieben ist für alle Mitarbeiter eine so genannte Kernarbeits- bzw. Kommunikationszeit, die zur Koordination arbeitsteiliger Leistungsprozesse notwendig ist. Die Modelle gleitender Arbeitszeiten unterscheiden sich darin, ob die tägliche, die wöchentliche oder nur die monatliche Gesamtarbeitszeit eingehalten werden muss. Einige Modelle erlauben dem Mitarbeiter die Schaffung von Zeitguthaben, über die er individuell entscheiden kann. Die Einrichtung gleitender Arbeitszeit ist an bestimmte technische und organisatorische Voraussetzungen gebunden. Sie ist nur dort möglich, wo der Mitarbeiter selbstständig und weitgehend unabhängig von anderen arbeiten kann.

Faktoren der Arbeitszeit und Leistung		
Allgemeine Erfahrungen	Leistungskurven	Pausen und Ermüdung
• Die Arbeitszeitverkürzung hat nicht notwendigerweise auch eine Minderung der Produktivität zur Folge. • Verkürzungen sind um so vorteilhafter, je schwerer die Arbeit ist. • Man hat kaum Produktivitätszuwachs bei einer Verlängerung der täglichen Arbeitszeit. • Zeitdruck ohne Leistungszuwachs.	• Generelle Tagesleistungskurve als Basis • Erhöhte Leistung als Teilzeit • Problematik der Schichtarbeit • Schlafstörungen • Seelische und soziale Störungen	• Ermüdungszunahmeprogression in der Zeit • Anfangserholung bei Pausen überstark • Längere Mittagspausen • Notwendige stündliche Kurzpausen

Selbstbestimmung der Arbeitszeit aus sozialer Sicht	
Vorteile	Nachteile
• Teilweise Aufhebung der Fremdbestimmung – Aufhebung des Prinzips der Pünktlichkeit • Verminderung psychischer und physischer Belastung aufgrund der Möglichkeit, Arbeitsbeginn und -ende den individuellen Leistungsdispositionen anzupassen: „Morgen-/Abend-Menschen" • Bessere Nutzung der Freizeit durch Ansammeln von Zeitguthaben sowie absolut mehr Freizeit durch Nutzung kürzerer Wegzeiten zu verkehrsarmen Tageszeiten	• Verdichtung der Arbeit durch Wegfall stillschweigend geduldeter Fehlzeiten, z. B. durch Verspätungen, Erledigung persönlicher Besorgungen während der Arbeitszeit • Statt der Pünktlichkeit erfolgt nun Zeitsummenkontrolle • Selbstüberforderung durch Arbeitszeitumschichtung mit dem Ziel, ein größeres Zeitguthaben anzusammeln

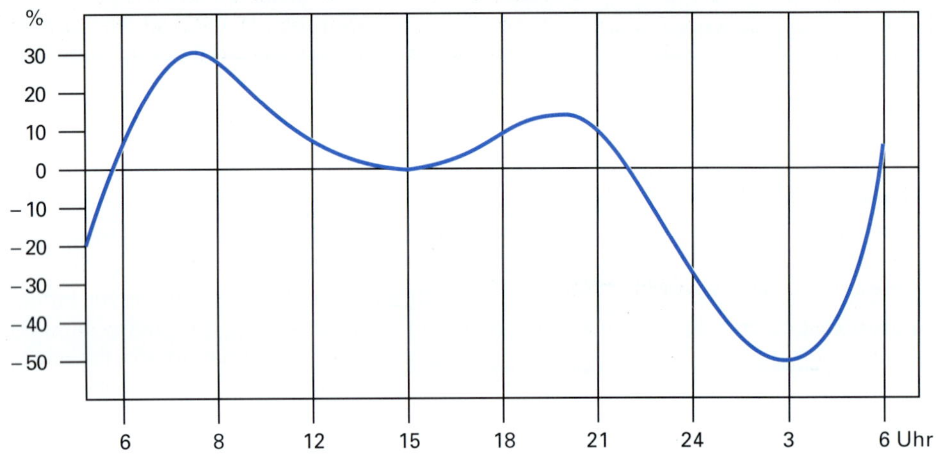

Abb. Biokurve: Verlauf der physiologischen Leistungsbereitschaft über 24 Stunden.

Selbstbestimmung der Arbeitszeit aus ökonomischer Sicht	
Vorteile	Nachteile
• Verminderung der bezahlten Fehlzeiten • Steigerung der Arbeitsleistung aufgrund der besseren Anpassung an die individuelle Leistungsrhythmik • Besseres Betriebsklima infolge der Lockerung des Pünktlichkeitsgebotes und des damit verbundenen Gefühls der Selbstbestimmung	• Gleitzeit stellt höhere Anforderungen an die flexible Handhabung des Arbeitsablaufes und an die zeitliche Koordination

• Nacht- und Schichtarbeit

Die Auslastung von Betriebskapazitäten und/oder eine Rund-um-die-Uhr-Bereitschaft für Dienstleistungen machen diese besondere Form der Arbeitszeit für einen großen Teil von Unternehmen und Organisationen unverzichtbar. Die Belastung durch Nacht- und Schichtarbeit liegt in der Störung des biologischen Tages- und Nachtrhythmus sowie der Ruhe- und Aktivitätsphasen. Untersuchungen haben ergeben, dass der menschliche Biorhythmus ein absolutes Leistungstief in den Nachtstunden zwischen zwei und vier Uhr aufweist. Um die besonderen Belastungen der Nacht- und Schichtarbeit abzumildern, empfehlen Arbeitsmediziner folgende Begleitmaßnahmen:

- die Gewährung eines freien Tages beim Wechsel von der Tag- und zur Nachtschicht und umgekehrt, um die körperliche Umstellung zu erleichtern
- die Abstimmung des Arbeitstempos auf den physiologischen Rhythmus, der besonders in den Nachtstunden stark verlangsamt ist
- die Verkürzung oder Aufteilung der Nachtschicht (z. B. auf nur 3 Tage)
- die Gewährung von Zusatzurlaub für Wechselschichtarbeiter

Erholungspausen sollen Ermüdungserscheinungen und Leistungsabfall auffangen. Über die Gestaltung dieser Kurzpausen gibt es viele arbeitsphysiologische und medizinische Untersuchungen. Sie kommen alle zu dem Ergebnis, dass die kurzen, aber häufig eingeschalteten 5- bis 10-Minuten-Pausen am wirkungsvollsten sind. Die Lage der Pausen kann auf zwei Arten geregelt sein:

- ▶ **Der Mitarbeiter** bestimmt selbst, wann er eine Pause einlegt, was voraussetzt, dass es organisatorisch machbar ist. Der Vorteil liegt darin, dass dies dem Mitarbeiter einen gewissen Freiheitsspielraum in der Arbeit gewährt. Als Nachteil hat sich herausgestellt, dass Mitarbeiter oft falsch einschätzen, wann sie aus physiologischen Gründen eine Pause einlegen sollten.
- ▶ **Das Unternehmen** legt die Erholungspausen nach arbeitsphysiologischen Erkenntnissen oder nach traditionellen Gegebenheiten fest. Der **Vorteil** ergibt sich aus den zusammenhängenden Arbeitsabläufen. Als **Nachteil** kann sich der psychologische Druck auswirken.

Fragen/Aufgaben

1. Nennen Sie Ansatzpunkte mit jeweiligen Vor- und Nachteilen der Gestaltung der Arbeitszeit!
2. Verdeutlichen Sie das Konfliktpotenzial, das sich aus einer betrieblichen Urlaubsfestlegung für Mitarbeiter ergeben kann.
3. Machen Sie alternative Vorschläge zur Pausenregelung und begründen Sie Ihre Aussagen.

● Soziale Leistungen

Situation

In Ihrer Firma geht seit einiger Zeit das Gerücht um, dass die Geschäftsleitung in diesem Jahr das Weihnachts- und Urlaubsgeld mindestens halbiert. Müssen Sie diese Maßnahme hinnehmen?

▶ Definition

Das an den Prinzipien der Anforderungs- und Leistungsgerechtigkeit entgeltorientierte Instrumentarium wird durch die sozialen Leistungen des Unternehmens ergänzt. Hierzu zählen alle Geld-, Sach- und Dienstleistungen sowie Nutzungsrechte, welche die Organisation neben dem vereinbarten Entgelt und ggf. Erfolgsanteil ihren gegenwärtigen oder auch früheren Mitarbeitern gewährt.

▶ Rechtliche Grundlagen der Sozialleistungen

Durch Gesetz vorgeschrieben sind z. B. Arbeitgeberanteile zur Sozialversicherung, Beiträge zur Berufsgenossenschaft, Lohnfortzahlung im Krankheitsfall, Leistungen aufgrund des Kindergeld-, Mutterschutz- oder Schwerbeschädigtengesetzes.

Durch Tarifvertrag oder Betriebsvereinbarung können z. B. Pensionszahlungen und Urlaubsgeld festgelegt sein.

Bei „freiwillig" gewährten Sozialleistungen kann trotz des Fehlens von entsprechenden Vorschriften oder Vereinbarungen ein Rechtsanspruch durch das Gewohnheitsrecht infolge von ursprünglich freiwillig gewährter Sozialleistungen entstehen, was die Dispositionsfreiheit des Unternehmens einschränkt.

▶ Freiwillige Sozialleistungen

Direkte Übertragung von Wirtschaftsgütern in Form von zur freien Verfügung stehenden Geldleistungen, z.B. Weihnachts- und Jubiläumsgelder, Pensionszahlungen, Kurbeihilfen oder Sachleistungen, z.B. kostenlose Überlassung von Eigenerzeugnissen.

Indirekte Leistungen, durch Übertragung von Nutzungsrechten an Sozialeinrichtungen, z.B. Kantine, Werkswohnung, Kindertagesstätte u.a.

▶ Bedeutung

Gerade die freiwilligen sozialen Leistungen geben dem Unternehmen einen großen Spielraum, um auf die Motivation der Mitarbeiter entsprechend zu reagieren bzw. diese zu beeinflussen. Sozialleistungen könnten z.B. vom Unternehmen als wirksames Wettbewerbsinstrument auf dem Arbeitsmarkt genutzt werden. Außerdem dienen sie dem Zweck der Leistungssteigerung. (z.B. durch eine engere Bindung der Mitarbeiter an das Unternehmen, die Belohnung von Betriebstreue, die Abnahme von Sorgepflichten).

Für viele Mitarbeiter stellen Sozialleistungen einen großen Anreiz dar, da sie ihnen zusätzlich zu dem Entgelt für erbrachte Leistungen „zustehen". Häufig wird ein Großteil der Sozialleistungen jedoch für selbstverständlich angesehen und verliert dadurch seine besondere Integrationskraft.

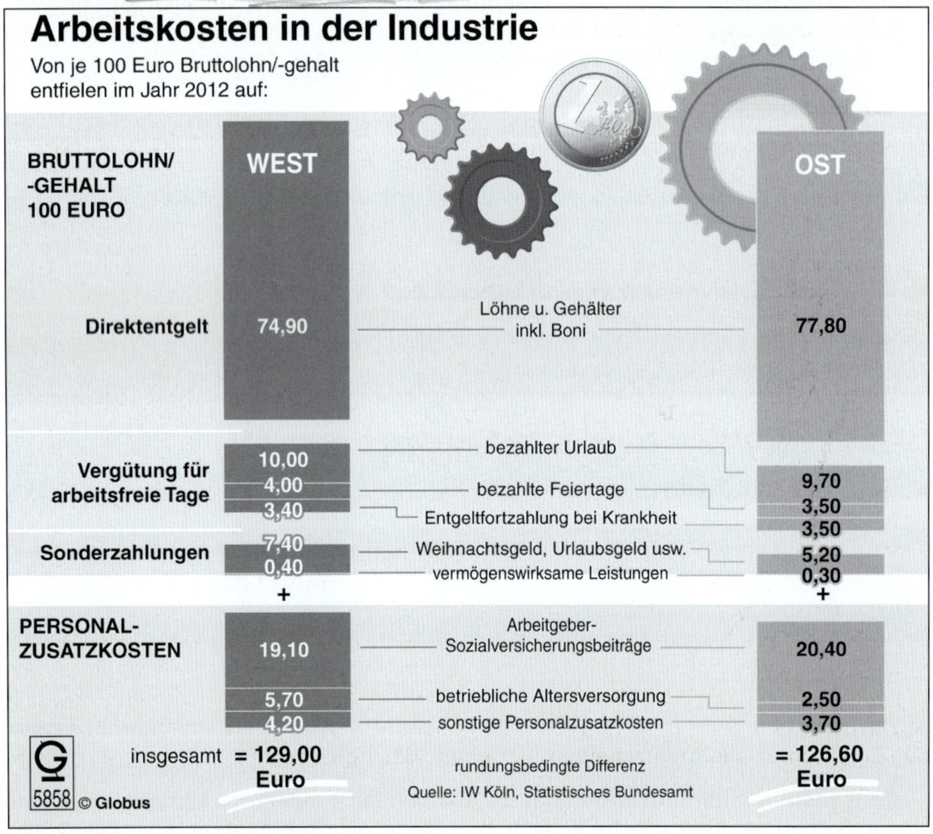

▶ Mehr als der Stundenlohn

Für jeweils 100 Euro, die ein Industrieunternehmen als Arbeitsentgelt zahlt, muss es noch einmal 29,00 Euro (West) und 26,60 Euro (Ost) als Personalzusatzkosten kalkulieren.

So fallen unter den „zweiten Lohn" die Lohnfortzahlung im Urlaub, an Feier- oder Kranktagen ebenso wie das Weihnachts- und Urlaubsgeld oder vermögenswirksame Leistungen.

Ein besonders großer Posten sind allerdings die gesetzlich vorgeschriebenen Arbeitgeberanteile zu den Sozialversicherungen.

▶ Erfolgsbeteiligungen

Darunter sind alle materiellen Leistungen des Arbeitgebers an die Mitarbeiter zu verstehen, die aus einer vertraglich zugesicherten Beteiligung am betrieblichen Erfolg resultieren. Der durch ein im Voraus festgelegtes Verfahren ermittelte Erfolgsanteil wird dabei zusätzlich zum vereinbarten Lohn und Gehalt gewährt.

▶ Motive der Erfolgsbeteiligung

Der Gewährung einer Erfolgsbeteiligung liegt meist ein Motivbündel zugrunde, das von allgemein gesellschaftspolitischen Zielvorstellungen bis zu ganz konkreten, rein ökonomischen Nutzenerwartungen reicht. In der Praxis wird heute häufig die individuelle Beteiligung angewendet, bei der der einzelne Mitarbeiter unmittelbar einen individuellen Erfolgsanteil erhält. Das Unternehmen sieht darin einen Leistungsanreiz.

Fragen/Aufgaben

1. Erläutern Sie den Zusammenhang zwischen Entgelt, Leistung und Zufriedenheit. Beachten Sie dabei die Erkenntnisse von Maslow und Herzberg.
2. Welche subjektiven Bewertungselemente beinhalten die Ermittlung der anforderungsbezogenen Lohnanteile?
3. Welches sind die Entscheidungstatbestände bei der Entwicklung eines Prämienlohnsystems?
4. Wie ist die soziale und ökonomische Effizienz des Prämienlohns gegenüber Zeit- und Akkordlohn zu beurteilen?
5. Worin besteht das Konfliktpotenzial der Leistungsbewertung? Welche Indikatoren individueller Leistung lassen sich unterscheiden?
6. Welche Arten von betrieblichen Sozialleistungen kennen Sie und welche Funktion erfüllen diese?
7. Zeigen Sie an Beispielen die unterschiedlichen Systeme der Erfolgsbeteiligung auf.

2.4 Sozialverhalten und Betriebsklima verbessern

Situation

In der monatlichen Abteilungsbesprechung zeichnet der Abteilungsleiter Striche und Kästchen auf das Flipchart und ordnet diesen die Namen der Mitarbeiter zu. Dadurch entsteht ein Plan, der verdeutlicht, wer wem gleichgestellt, wer untergeordnet und wer übergeordnet ist. Sie fragen sich, was dieser Plan soll und welche Auswirkung er auf Ihr Arbeitsverhältnis hat.

In allen Unternehmensorganisationen werden bestimmten Personen Funktionen und Kompetenzen zugeteilt. Kompetenzen und Befugnisse können als synonyme Begriffe verwendet und als Zuteilung von Rechten und Verantwortungen definiert werden. Bei der Zuweisung von Kompetenzen wird i.d.R. von oben nach unten vorgegangen, d.h. die Unternehmensleitung bzw. der/die Eigner haben die höchsten Kompetenzen. Dieses Kompetenzsystem ist aber auch von der Größe des Unternehmens und der Anzahl der Mitarbeiter abhängig. Über den Kauf und Verkauf des Unternehmens kann der Eigentümer allein entscheiden, bei einer Aktiengesellschaft ist dies eine Mehrheitsentscheidung der Aktionäre.

Ob ein Kunde einen Rabatt erhält, kann aber schon auf der Sachbearbeiterebene entschieden werden. Dies setzt jedoch voraus, dass der Sachbearbeiter hierfür die notwendige Kompetenz hat, ihm also von einem, mit der wiederum hierfür notwendigen Befugnis ausgestattetenten Entscheidungsträger diese Kompetenz zugeteilt wurde.

Hier sieht man also, dass z.B. der Sachbearbeiter die Entscheidungsbefugnis hat, einen Rabatt für einen Auftrag einzuräumen. Somit ist dieser Sachbearbeiter Entscheidungsträger. Der Sachbearbeiter trägt somit auch die Verantwortung für seine Entscheidung und die daraus erwachsenden Folgen seines Handelns. Entscheidung und Verantwortung sind somit untrennbar miteinander verknüpft.

● Aufbauorganisationen: Einlinien- und Stabliniensystem

Die **Einlinienorganisation** gilt als das klarste und somit einfachste System und ist durch eine Pyramidenstruktur gekennzeichnet. Sie folgt einem einfachen hierarchischen Konzept, bei dem jede Stelle nur einen Vorgesetzten hat und jedem Vorgesetzten mindestens ein Mitarbeiter unterstellt ist.

Diese Organisationsform ist sehr autoritär und stark auf den Vorgesetzten ausgerichtet. Sie neigt dazu, den Vorgesetzten aufgrund seiner hohen Stellung und dem damit verbundenen strengen Instanzenweg zu überlasten, denn jeder Mitarbeiter wendet sich bei Fragen, Meldungen u. ä. direkt an seinen unmittelbaren Vorgesetzten. Dies ist insbesondere dann der Fall, wenn die Kontrollspanne (sie gibt an, wie viele Mitarbeiter ein Vorgesetzter zu betreuen hat) zu hoch ist. Die Kontrollspanne in Verbindung mit der Unternehmensgröße ergibt die Anzahl der hierarchischen Leitungsebenen eines Unternehmens.

Die Linienorganisation ist die in Deutschland am häufigsten eingesetzte Form.

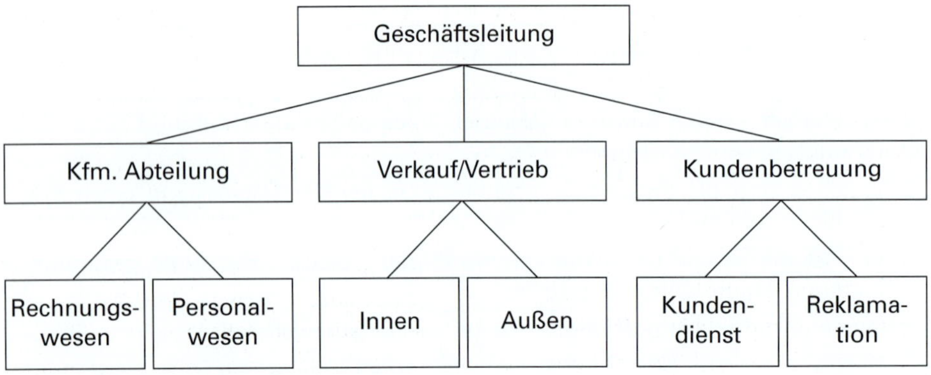

Abb.: Linienorganisation

▶ Stablinienorganisation

Um die Überlastung der Führungskräfte in Linienorganisationen zu mindern, wurde das Stabliniensystem entwickelt. Hier werden den Leitungsbereichen Stabsstellen zugeordnet, d.h. Fachabteilungen ohne Weisungsbefugnisse, aber mit Beratungsfunktion. Diese können dabei folgende Aufgaben haben: Beratung, Entscheidungsvorbereitung, Planung, Überwachung.

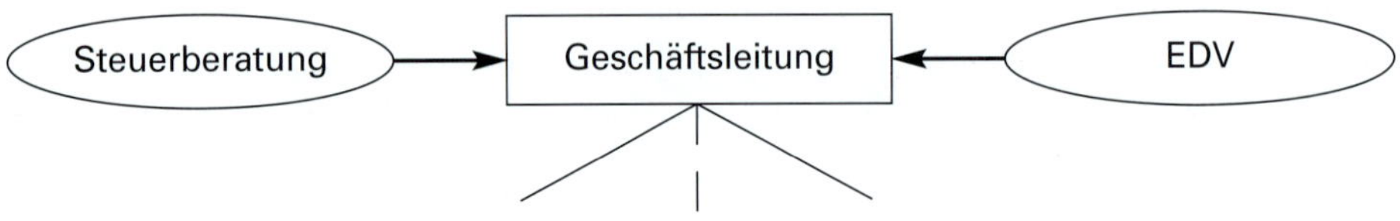

Abb.: Stablinienorganisation

Die Stäbe können je nach Bedarf sowohl Dienstleister von außen (z.B. Steuerberater) wie auch interne Berater (z.B. EDV) sein. Die Anweisungen, die aufgrund der Beratung der Stäbe getroffen werden, werden letztendlich von dem Geschäftsleiter an die Abteilungsleiter oder die nächsten Instanzen weitergegeben. Ansonsten gilt unterhalb der Stäbe das Liniensystem.

Heute spricht man auch vielfach von der so genannten „Macht der Stäbe". Damit ist der Spannungsbereich zwischen „Expertentum" und „notwendiger Disziplin" gemeint.

● Gruppenkonzepte

Seit einigen Jahren haben sich in der Praxis vielfach so genannte Gruppenkonzepte durchgesetzt. Dabei handelt es sich aus organisatorischer Sicht um ein Führungsinstrument. Das Unternehmen verzichtet auf die bisherige oft starre Führungshierarchie zugunsten von eher demokratischen Entscheidungsprozessen. Den bisher gewohnten Gruppenleiter mit der Fach- und Führungsverantwortung für die einzelnen Mitglieder der Gruppe gibt es nicht mehr. An seine Stelle tritt die Teamverantwortung jedes Einzelnen, die Gruppe beschließt zusammen und die Gruppe teilt Erfolg wie auch Misserfolg. Aus ihrer Mitte wählt sie einen Sprecher, der die Beschlüsse der Gruppe dem Vorgesetzten mitteilt.

● Organisationsformen

▶ Funktionalorganisation

Die Vorteile der klassischen Organisationsformen liegen in ihrer einfachen Darstellung. Die betriebliche Wirklichkeit hat sich jedoch nur selten eindeutig an diesen klassischen Modellen orientiert und ist eigene Wege gegangen. Mit komplexer werdenden Unternehmensstrukturen wurden entsprechende Modelle auch mehr und mehr an die Realität angeglichen. Unter diesen neueren Modellen ist vor allem das der Divisional- oder auch Spartengliederung hervorzuheben. Hier wird ein Unternehmen aufgrund seiner Sparten gegliedert. Diese Organisationsform ist überall dort zu finden, wo ein Unternehmen z.B. verschiedene Dienstleistungssparten hat. Sie ist in der Praxis am häufigsten im Bereich der Konsumgüterindustrie zu finden.

Divisionalorganisationen haben Stärken und Schwächen:	
Stärken	Schwächen
– größere Anpassungsfähigkeit – bessere Marktorientierung – höhere Unternehmenstransparenz – Motivation durch Ergebnisverantwortung – klare Zuständigkeiten – größere Mitarbeiteridentifikation	– Eigenleben der Geschäftsbereiche Vernachlässigung von Unternehmenszielen zugunsten von Geschäftsbereichszielen – größerer Bedarf an Führungskräften höhere Management- und Verwaltungskosten – geringe Nutzung von Synergien

▶ Matrixorganisation

Sie gliedert das Unternehmen nach Sparten. Danach wird über die vertikale Geschäftsbereichsorganisation eine horizontale Funktionalorganisation gestülpt. Die Matrixorganisation ist eine Weiterentwicklung der Divisionalorganisation, die das Unternehmen in Sparten nach Erzeugnissen, Erzeugnisgruppen, Erzeugniskombinationen und abgrenzbaren Kundengruppen gliedert.

Matrixorganisationen sind im Unterschied zur Projektorganisation auf Dauer angelegt. Grundüberlegung ist, dass bei Koordinationsaufgaben, die auf der nächsten gemeinsamen höheren Hierarchieebene entschieden werden müssen, die Aufgaben nacheinander von verschiedenen Ebenen der Ranghierarchie behandelt werden, wobei auf jeder Stufe die einzelnen Aspekte eine unterschiedliche Gewichtung erhalten.

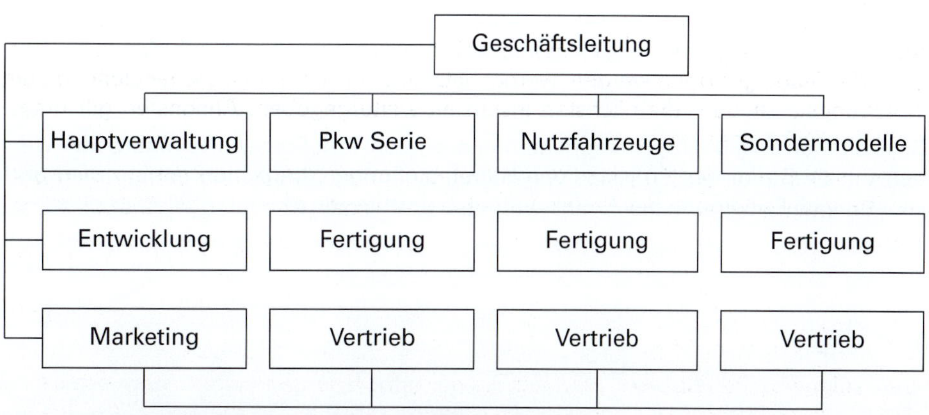

Abb.: Matrixorganisation eines Automobilkonzerns

Des Weiteren sind so genannte Zentralabteilungen für sämtliche Geschäftsbereiche des Unternehmens tätig. Solche Zentralabteilungen sind z.B. Personalwesen, Rechnungswesen oder zentrale EDV. Um die Matrixorganisation anwenden zu können, müssen folgende Voraussetzungen gegeben sein:

- Großunternehmen
- großes Führungskräftepotenzial
- klare Regelungen von Kompetenzen
- Marketingorientierung
- unterschiedliche Produktgruppen

• Projektmanagement

Projekte sind zeitlich begrenzte, einmalige Aufgabenstellungen. Hierzu gehören z.B. große Bauvorhaben, Gründung eines Tochterunternehmens und Einführung eines neuen EDV-Systems.

Das Projektmanagement ist dabei für die zielgerichtete Durchführung eines Projekts verantwortlich. Dabei wird für eine konkrete Aufgabe aus unterschiedlichen Fachbereichen zur Zielerreichung Know-how zur Verfügung gestellt. Hierzu werden für diese spezielle Aufgabe Mitarbeiter abgestellt. Nach Art und Umfang des Weisungsrechts, das der Projektleiter besitzt, kann folgende Unterscheidung durchgeführt werden:

Reine Projektgruppe: In ihr werden die Mitarbeiter des Projektes dem Projektleiter lediglich förmlich unterstellt.

Einfluss-Projektgruppe: Hierbei besitzt der Projektleiter keine Weisungsbefugnis. Er ist mit einer Stabstelle vergleichbar, die Mitarbeiter bleiben weiterhin der Linie unterstellt.

Matrix-Projektgruppe: Die Kompetenzen des Projektleiters sind auf fachliche Weisungen begrenzt. Die Gruppenmitglieder arbeiten zum Teil an dem Projekt und teilweise an ihrer eigentlichen Aufgabe.

Organisatorisch kann eine Projektorganisation wie folgt aussehen:

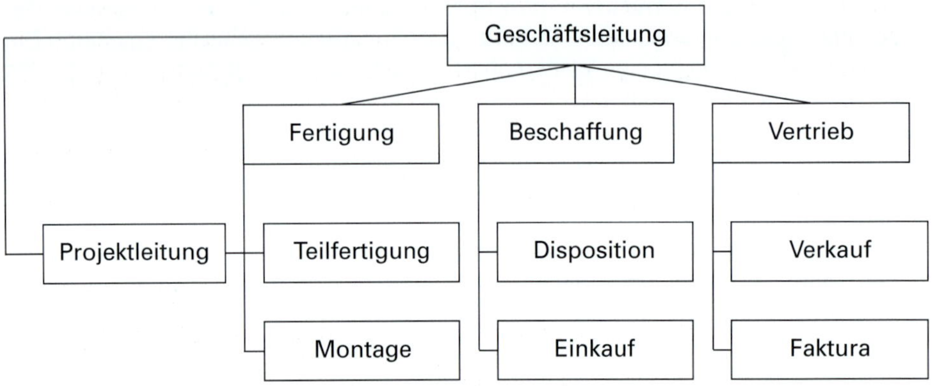

Abb.: Matrixorganisation eines Automobilkonzerns

Bei kleineren Projektgruppen spricht man auch von Task Forces. Die Mitarbeiter werden für die Dauer des Projektes den Hauptabteilungen/-bereichen entnommen und kehren nach Erledigung des Projektauftrages dorthin zurück.

3 Gruppenverhalten

Merkmale der Gruppe
Sie besteht aus mehreren, überschaubaren Personen,
Mitglieder pflegen soziale Kontakte untereinander,
gemeinsame Normen und Werte werden angesteuert,
es besteht eine äußere Abgrenzung,
es gibt ein Wir-Bewusstsein,
der Binnen- und Außenkontakt ist unterschiedlich ausgeprägt,
die Existenz einer Gruppe ist relativ dauerhaft.

3.1 Gruppendynamik

In Gruppen entwickelt sich eine eigene Art des Verhaltens und des Zusammenlebens, das steuernde und gegensteuernde Kräfte freisetzt. Dieser Prozess wird als Gruppendynamik bezeichnet. Diese Dynamik hat ihre jeweils eigene Ausprägung, beginnend in den unterschiedlichen Phasen der Gruppenbildung:

Gruppendynamik	
Gruppenphasen	Gruppendynamische Aspekte
1. Orientierungsphase	Unsicherheit, Zurückhaltung, Erproben, Abtasten
2. Positionskampf/Kontrolle	Rollenverteilung, Hierarchien, Strukturen, Rangordnungen
3. Vertrautheit/Intimität	Sicherheit, Geläufigkeit, Zwanglosigkeit, Übereinstimmung
4. Differenzierung	Individualität, Eigenverantwortung, maximale Leistung
5. Trennung/Ablösung	Veränderung, Auflösung, Auseinandergehen

In einer Gruppe bilden sich meistens bestimmte Rollen heraus, die der Industriemeister durch genaue Beobachtung kennen sollte. Diese Rollen beeinflussen die Beziehungen der Mitglieder. Typische **Rollen** sind:

Führer	Er lenkt und entscheidet für die Gruppe. Er bestimmt das Gruppengeschehen, verteilt Rollen und Aufgaben. Er hat eine gewisse Machtposition.
Star	Er hat eine Vorzeigerolle. Er ist Vorbild und hat den größten Einfluss.
Küken	Es ist eine beschützenswerte, bemitleidete Person. Vorherrschend sind Unerfahrenheit und manchmal Naivität.
Clown	Er steht im Mittelpunkt durch die Erregung von Aufmerksamkeit durch Humor, Witz und Albernheit. Oft will er damit eigene Schwächen überdecken.
Sündenbock	Er wird für Fehler und Schwächen in der Gruppe verantwortlich gemacht. Er hat eine Ventilfunktion, ist „Blitzableiter“ und „Papierkorb“.
Mitläufer	Er passt sich dem Gruppengeschehen an. Er ist „farblos“ und bejaht kritiklos alle Entscheidungen durch Vorgesetzte. Sein Verhalten ist unauffällig und „gruppenkonform“.
Außenseiter	Er hat sich innerlich von der Gruppe „abgehängt“ und „ausgeklinkt“. Er zeigt wenig Identifikation mit ihr und ihren Entscheidungen, ist der Individualist in der Gruppe und kann weder eine Führungs- noch eine Alphaposition einnehmen.
Kritiker	Er stellt grundsätzlich alle Entscheidungen infrage. Er macht auf „Schwachstellen“ aufmerksam und hat oft eine unbeliebte Rolle.

Der Industriemeister sollte besonders zu dem Führer und dem Star ein gutes Verhältnis aufbauen, um mit deren Hilfe den Gruppenprozess zu steuern.

3.1.1 Formelle und informelle Gruppen

Formelle Strukturen werden in Betriebsorganisationen meist vorgegeben und fixiert (Positionen, Stellenausschreibungen, Organigramme). Informelle Strukturen sind nicht vorgegeben. Sie entstehen häufig auf dem Hintergrund der zwischenmenschlichen Beziehungen, geprägt von Sympathie, Antipathie und Bedürfnissen. Sozialer Ort der Bildung von informellen Gruppen sind gemeinsame Freizeitbeschäftigungen, außerbetriebliche Veranstaltungen, Sitzordnungen in Kantinen, Betriebsausflüge und Pausenräume.

Zielsetzungen, Aufbau und Struktur sind in formellen und informellen Gruppen verschieden. In Betrieben können sich in den formellen Gruppen informelle bilden.

Vorteile der Gruppenarten	
Formell	Informell
– Geregelte, zielorientierte, straff organisierte Arbeitsabläufe führen zum Leistungsmaximum – Überschaubarkeit – Sicherheit – Kompetenzerweiterung – Sachorientierung	– Minimale Regelung, Eigenverantwortlichkeit und geringe Kontrolle führen zur Sozialität – Wir-Gefühl – Geringe Reibung – Zwischenmenschliche Beziehung – Persönliche Bedürfnisse
Gefahren der Gruppenbildung	
– Kälte, Unwohlsein – Abwehr, Misstrauen – Mobbing – Ellenbogenhandeln – Egoismus	– Desorientierung, Abgrenzung – Subgruppenbildung – Hackordnung – Führungslosigkeit – Mangelnde Leistungsmotivation

Ziel einer Betriebsgruppe ist ein Höchstmaß an Formalität, verbunden mit betriebsinternen, informellen Beziehungen. Es gibt aber auch betriebsintern verschiedene Ausprägungsgrade an Formalität und Informalität. Überzogene Formalität wirkt sich ebenso negativ auf die Leistungen der Mitarbeiter aus wie eine chaotische Informalität. Wenn Normen und Formalitäten nicht mehr eingehalten werden, dann müssen Betriebsleitung und Mitarbeiter Konsequenzen ziehen:

Betriebsleitung	**Mitarbeiter**
Standardisierungen von Arbeitsabläufen mit nicht standardisierten Planungen und Strukturen in Einklang bringen. Reglementierungen auf ein Mindestmaß reduzieren. Offene Kontrollen zulassen. Anreize für Mitarbeiter schaffen. Eng mit dem Betriebsrat kooperieren. Vertrauensbildende Maßnahmen zu Mitarbeitern praktizieren. Zukunftsperspektiven im betrieblichen Team entwickeln. Informationskanäle zwischen Leitung und Mitarbeitern öffnen oder ausbauen.	Mit allen Zusammenarbeit suchen. Leistungsorientierte Grundeinstellungen erkennen lassen. Größere Entscheidungsspielräume produktiv nutzen. Hohe Motivation und Identifikation mit der betrieblichen Arbeit zeigen. Mehr Verantwortung übernehmen. Ein Höchstmaß an Selbstständigkeit entwickeln. An Fort- und Weiterbildung teilnehmen. Formelle und informelle Kommunikationskanäle nutzen.

Fragen/Aufgaben

1. Worin unterscheiden sich die formelle und die informelle Gruppe?
2. Welche Gründe für die informelle Gruppenbildung kennen Sie?
3. Welche Vorteile bringt die Gruppenzugehörigkeit bei Mitarbeitern?
4. Beschreiben Sie die Aspekte, die zur Erreichung von Zielen führen.
5. Welche Folgen kann eine abnehmende Formalität in Betriebsgruppen haben?
6. Mit welchen Folgen muss man bei überzogener Formalisierung in Gruppen rechnen?

3.1.2 Bedeutung zwischenmenschlicher Beziehungen

Besonders die informelle Gruppe ist geeignet, zwischenmenschliche Beziehungen aufzubauen und ein positives Betriebsklima zu schaffen. Oft können durch eine informelle Gruppe auch Spannungen und Konflikte entstehen, die sich negativ auf die Zielerreichung auswirken.

Spannungen und Konflikte:	Folgen → Binden und Lähmen von:
– Machtkämpfe	– Leistungsbereitschaft
– Aggressionen	– Kreativität
– Antipathien	– Motivation
– Meinungsverschiedenheiten	– Hilfsbereitschaft
– Sündenbockrollen	– Flexibilität
– Ausgrenzung	

Der Industriemeister ist hier durch eine kluge Gruppenführung gefordert:

Verhaltensweisen des Industriemeisters
Konflikte offen austragen Auf Gruppenzusammensetzung Einfluss nehmen Eingespielte Gruppen nicht auseinanderreißen Verantwortung übertragen, selbstständiges Entscheiden fördern Sachlich konstruktive Kritik üben, Hilfsbereitschaft und Offenheit zeigen

3.1.3 Einfluss der Gruppen auf Einstellungen und Verhalten

Situation

Sie hören, dass jemand folgendes Zitat benutzt: „Eine Gruppe ist mehr als die Summe ihrer Mitglieder!"

Aufgabe

Überlegen Sie: Was ist damit gemeint? Welche Konsequenzen ziehen Sie aus dieser Erkenntnis?

Menschen verändern ihre Einstellung und ihr Verhalten in Gruppen. Vier Quellen bewirken eine Verhaltensänderung:

Quellen der Verhaltensänderung	
Persönliche Anteilnahme	Beteiligt sich der Einzelne aktiv am Gruppenprozess, so erhöht sich bei ihm die Akzeptanz von Gruppenentscheidungen und Gruppenaktivitäten.
Öffentliche Verpflichtung	Bei Anwesenheit mehrerer Gruppenmitglieder muss sich der Einzelne dem Gruppengeschehen anpassen.
Soziale Unterstützung	Einzelentscheidungen werden gefestigt, wenn die Zustimmung anderer Mitglieder vorliegt.
Normorientierung	Erkennt der Einzelne die Notwendigkeit von Gruppennormen, werden seine Entscheidungen für oder gegen ein bestimmtes Verhalten klarer und eindeutiger.

Positive Gruppeneinflüsse schaffen die beste Voraussetzung für einen leistungsfähigen, betriebsorientierten Mitarbeiter, negative wirken zerstörend:

Einflüsse der Gruppen	
Positiv	Negativ
– Konstruktiv-kritische Mitarbeit – Geringe Krankheitsrate – Identifikation – Zwischenmenschliche Wärme – Leistungssteigerung – Bereitschaft zu Extraleistungen	– Abgrenzung – Nörgelei, Unzufriedenheit – Ausklinken – Burn out – Leistungsformalismus (nur so viel wie nötig!) – Neid, Spott, Sarkasmus

3.1.4 Einflüsse der Führungskraft auf informelle Gruppen

Die Bildung von informellen Gruppen ist von Sympathien, von der Zeit und dem Anstoß von außen abhängig. Der Industriemeister kann diesen Bildungsprozess beeinflussen.

- **Möglichkeiten der Einflussnahme** sind das Aufbrechen von Reserviertheit, Voreingenommenheit, unausgesprochenen Ängsten, negativen Erfahrungen und Vorurteilen.
- **Ziel der Einflussnahme**: Verständnis, Hilfsbereitschaft, Selbstregulierung und Wohlwollen.

Der Industriemeister sollte Mitglied der Gruppe werden, denn er bringt fachliche, soziale und persönliche Kompetenzen ein. Die im Gruppenprozess erworbenen Verhaltensnormen schaffen Sicherheit und Wohlbefinden. Werden sie verinnerlicht, ist die Basis für eine Erfolg versprechende Teamarbeit gelegt.

Fragen

1. Wozu führen Spannungen und Konflikte in Gruppen häufig?
2. Welchen Einfluss können Sie als Industriemeister auf Gruppen nehmen?
3. Wie wirken sich positive und negative Gruppenereignisse auf den Mitarbeiter aus?
4. Welche positiven Wirkungen gehen von Verhaltensnormen im Gruppenprozess aus?

3.2 Selbstregulierung teilautonomer Arbeitsgruppen

Subgruppen, die sich selbst regulieren, bekommen ihre Legitimation auf der Basis der Verbesserung der betrieblichen Leistung. Sie reduzieren die Kosten und steigern die Qualität.

Bisher gibt es keine gesicherten Erkenntnisse über die nicht erwünschten, negativen Auswirkungen von Gruppenbildung und Gruppenarbeit in der betrieblichen Praxis. Es gibt vielfältige Ursachen, die zu „Leistungsblockern" werden.

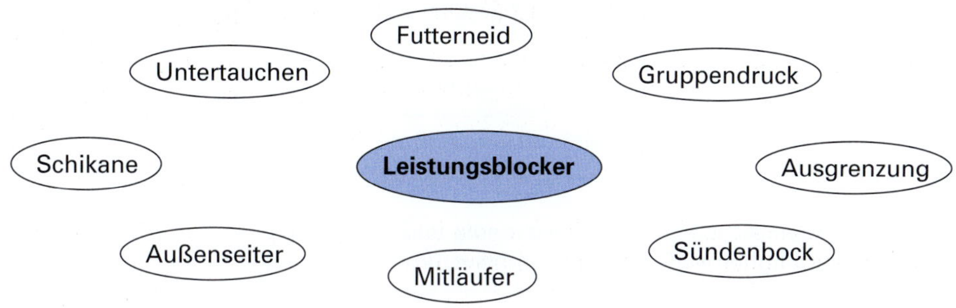

Der Einsatz von Gruppen in Betrieben muss daher ständig auf den Prüfstand des Erfolgs gestellt werden. Betriebliche Gruppenarbeit zu „evangelisieren", d.h. sie als die „Wahrheit" in den „Himmel" zu heben, ist gefährlich und kontraproduktiv. Sie ist eine begrüßenswerte, leistungsfördernde Form des Arbeitens, in der die Sozialkompetenz aller Gruppenmitglieder zur Leistungssteigerung und Humanisierung von betrieblicher Arbeit beitragen soll.

4 wichtige Regeln müssen dabei beachtet werden:

Regel 1: Mitarbeiter müssen gruppenfähig sein!

Voraussetzung ist, dass die Verantwortlichen, auch der Industriemeister und die Mitarbeiter, gruppenfähig sind oder es durch betriebsinterne Schulung werden können.

Aspekte der Gruppenfähigkeit

- Innere Zustimmung zur Gruppenarbeit.
- Akzeptanz sich an Absprachen und Regeln zu halten.
- Fähigkeit eigene Interessen einzubringen oder zurückzustellen.
- Bewusstsein für den Gruppenerfolg mitverantwortlich zu sein.
- Bereitschaft sich selbst in eine Effektivitätskontrolle einzubringen.
- Offenheit sich den notwendigen Weiterentwicklungen zu stellen.

Diese Grundlagen basieren auf der Methoden-, Persönlichkeits- und Sozialkompetenz. Sie werden heute zunehmend in allgemein bildenden wie auch berufsbildenden Schulen und Hochschulen trainiert. Die inner- und überbetriebliche Fort- und Weiterbildung muss durch permanentes Training, Simulation von Ernstsituationen, projektorientiertem Arbeiten und handlungsorientierten Übungen die Mitarbeiter schrittweise an diese „Schwelle" führen.

Sie sind der Schlüssel zu fach-, methoden- und sozialkompetenten Mitarbeitern, die Multiplikatoren sein können.

Regel 2: Selbstregulierung setzt ein neues Bild von Arbeit voraus!

Arbeit und deren Ergebnisse gehören nach wie vor zu den sozialen Gütern und unterliegen einem rasanten Wandel. Jede Veränderung trägt zu einem neuen Verständnis bei:

Veränderungen	Folgen
Abhängigkeit Rigoroser Preiskampf Öffnung nach Europa und Asien Globalisierung Konkurrenzverhalten Übergänge von der produzierenden zur Dienstleistungsgesellschaft	Neue Anforderungs- und Qualifikationsprofile Teilautonome Arbeitsgruppen im Sinne der Deregulierung und Entgrenzung von Arbeit (Zeit, Raum, Arbeitsmittel)

Eigenschaften teilautonomer Arbeitsgruppen
Bis zu einem Dutzend Mitarbeiter in einem Betrieb. Sie arbeiten über einen längeren Zeitraum zusammen. Sie fertigen ein komplettes Produkt. Sie planen eine Dienstleistung selbstständig und führen sie aus. Sie haben ein hohes Maß an Eigenverantwortung.

Pilotfunktionen haben Erfahrungen aus der Automobilindustrie (besonders in skandinavischen Ländern), dem Maschinenbau und der Metallindustrie.

Regel 3: Subgruppen regulieren sich selbst!

Die Selbstregulierung von Subgruppen bildet einen hohen Anspruch an die Motivation, die Persönlichkeit und die Fähigkeiten und Kenntnisse der Mitarbeiter und Verantwortlichen.

Arbeitsleistungen unterliegen betrieblichen Rahmenbedingungen wie Kosten, Zeit, Quantität, Qualität, Vermarktung und Dienstleistung. Diese Vorgaben sind zwingend und stehen oft den Erwartungen der Subgruppen an ihre Selbstregulierung spannungsgeladen gegenüber, weil diese den Vorstellungen und Interessen der Gruppenmitglieder nicht entsprechen.

Selbstregulierung braucht aber einen **Freiraum**, der durch Vorgaben, einschließlich der vor- und nachgeschalteten Abteilungen, nicht eingeschränkt werden darf. Verantwortlich gestaltet wird dieser Freiraum von den Gruppenmitgliedern selbst, was eine hohe Akzeptanz und Identifikation mit dem betrieblichen Ziel zur Folge hat.

Gegenseitige Kontrollen und Evaluationsgespräche sind der Boden für die Entwicklung von hohen Leistungsstandards. Mitarbeiter als „Einzelkämpfer“ müssen umlernen, damit sie nicht als ständige Konfliktherde die gesamte Arbeit und damit den hohen Leistungsstandard in Frage stellen.

Aspekte der Einflussnahme		
Vereinbarte, überantwortete Zielsetzung (Menge, Arbeitsgüte), Ort der Arbeit, Arbeitszeit		
Arbeitsverteilung	Arbeitsstrukturierung	Arbeitsmethode
↓ Interne Aufgabenverteilung	↓ Mitgliederauswahl	↓ Wege zur Produktion/ Dienstleistung

Regel 4: Selbstregulierung braucht ein erweitertes Meisterbild!

Der Meister muss die Zusammenarbeit mit teilautonomen, sich selbst regulierenden Subgruppen lernen und übend praktizieren.

Traditionelles Meisterbild		Neues Bild des Meisters
Vorgesetzter		Berater
Ansprechpartner		Moderator
Entscheidungsträger	**Erweiterung**	Manager
Verantwortungsträger		Vermittler
Weisungsbefugter		laner

Das traditionelle Meisterbild steht nicht im Gegensatz zum modernen Gruppenmanagement in selbstregulierenden Arbeitsgruppen, sondern muss nur erweitert werden, indem der Meister die neuen Fähigkeiten zum moderieren teilautonomer Arbeitsgruppen trainiert.

Neue Aufgaben des Meisters:

Berater →	Kommunikationskanäle öffnen und nutzen. Interaktionen mit allen Beteiligten ermöglichen. Handlungsalternativen anbieten. Von der defizit- zur erfolgsorientierten Beratung.
Moderator →	Gesprächsanlässe, -termine absprechen. Selbstreflexionen fördern, unterstützen. Fremd- und Selbstwahrnehmung im betrieblichen Kontext schärfen.
Manager →	Betriebsinterne und persönliche Ressourcen erschließen. Vernetzungen und Verbindungen knüpfen. Planung des Mitarbeitereinsatzes unterstützen. Mitarbeitergesteuerte Arbeitsprozesse begleiten.
Mediator →	Belastende Situationen präventiv erkennen. Konflikte schlichten, Streitgespräche führen. Zur konstruktiven Weiterarbeit motivieren.
Planer →	Strategien und Arbeitsorganisationen entwickeln. Betriebsinternen Kenntnissen produktiv nutzen. Leistungsevaluation, Qualitätssicherung anstreben. Rahmenbedingungen schaffen, anpassen.

Persönlichkeitsprofil des Meisters

- Er kann formulieren, darstellen, gestalten
- Er kann koordinieren, organisieren, beschließen
- Er ist belastbar, kreativ und loyal
- Er besitzt Menschenkenntnis

Aufgabe

Wählen Sie eine der Eigenschaften aus dem obigen Persönlichkeitsprofil aus, die Ihnen persönlich am wichtigsten erscheint. Begründen Sie Ihre Entscheidung.

Vorteile teilautonomer Arbeitsgruppen
Sozial: – Hohe Arbeitsmotivation – Zufriedenheit unter den Mitarbeitern – Hohe Identifikation mit Unternehmen und Produkt – Streben nach Qualifizierung über Weiter- und Fortbildung – Betriebsfrieden und -harmonie – Humanisierung der Arbeit – Von der Fremdkontrolle zur Eigenkontrolle – Aufwertung des Arbeitsplatzes durch erweiterte Befugnis
Ökonomisch: – Verbesserung der Qualität von Arbeit und Produkt – Geringere Fehlzeiten und Abgänge der Mitarbeiter – Reduzierung von Arbeitsmängeln – Flexiblere Einsatzpläne – Konkurrenzfähigkeit auf den Märkten

Betriebe, die bereits über einschlägige Erfahrungen mit teilautonomen Arbeitsgruppen verfügen, sehen auch die Gefahren.

Gefahren
Stress der Mitarbeiter durch hohe Verantwortungsbereiche Einflussverlust für Interessensgruppen (Gewerkschaften) Anwesenheits- und Leistungsdruck Missbrauch der Verantwortung bis in die unterste Betriebsebene Informalität endet in einer lockeren Arbeitssteuerung

4 Führungsgrundsätze und Führungsverhalten

Situation

In einer Fachzeitschrift lesen Sie, was der Geschäftsführer eines größeren Industriebetriebes zu den Erwartungen an einen Industriemeister sagt:

„Die Meister in unserem Unternehmen tragen die Verantwortung, die qualitativen, technischen, sozialen und betriebswirtschaftlichen Ziele zu erreichen. Die wichtigste Aufgabe unserer Meister sehe ich in der Mitarbeiterführung. In Zukunft sollen nur solche Meister eingesetzt werden, die nicht nur technische, sondern auch psychologische Vorraussetzungen mitbringen."

Sie fragen, wie Sie Fähigkeiten erwerben, welche heute an eine Meisterposition gestellt werden.

4.1 Führung und Verantwortung

Die betriebliche Sozialordnung besteht im Wesentlichen darin, durch ein hierarchisches Weisungssystem alle Mitarbeiter zu einer produktiven wirtschaftlichen Einheit zusammenzuführen. In diesem System spielen die „Männer/Frauen der Mitte" eine besondere Rolle. Professor Dahrendorf charakterisiert ihre Aufgabe so: „Management und Arbeiter zu vermitteln, die Brücke hinüber und herüber zu bilden, ist nun die besondere Funktion der Männer in der Mitte der Sozialordnung des Betriebes. Diese bilden insofern das Scharnier der formellen Organisation, dessen reibungsloses Funktionieren oft genug über Produktionserfolg und Betriebsklima, damit über die sinnvolle Integration des Betriebes entscheidet."

4.1.1 Grundsätze zielorientierten Führens

Alle Ziele leiten sich aus den strategischen Unternehmenszielen ab. Die Oberziele einer Planungsperiode werden üblicherweise für ein Jahr für die jeweiligen Bereiche festgelegt, z.B. Entwicklung, Einkauf, Produktion, Vertrieb.

Sie umfassen folgende Kategorien:

- **quantitativ**: z.B. 1 Millionen Einheiten pro Maschine
- **qualitativ**: Verringerung der Reibungsverluste innerhalb der Wertschöpfungskette durch bessere Abstimmung mithilfe zielorientierten Führens.

Der **Zielprozess** umfasst folgende Aspekte:

1. Zielebenen	2. Zielkategorien		3. Zielgespräche
Unternehmensziele führen ↓ zu Bereichs-, Divsionalzielen führen ↓ zu Abteilungszielen führen ↓ zu Gruppenzielen	• quantitative und • qualitative Ziele	Teamziele und Individualziele	• Zielvereinbarung • Meilensteingespräche • Zielerreichungs-/ Beurteilungsgespräche (Basis für die nächste Zielvereinbarung)

1. Zielebenen
Top-Down-Prozess: Zuerst müssen die strategischen Unternehmensziele definiert sein, aus denen sich dann die Bereichsziele ableiten usw.

2. Zielkategorien
Je nach betrieblicher Situation, Arbeitsorganisation (z.B. Teamarbeit, teilautonome Arbeitsgruppen) und individuellem Reifegrad der Mitarbeiter wird der Industriemeister sowohl quantitative als auch qualitative Ziele mit dem Mitarbeiter und dem Team (Teamziele) vereinbaren.

3. Zielgespräche
Drei Gesprächstypen sollen im Laufe eines Jahres realisiert werden:

Zielvereinbarungsgespräch (Empfehlung: ca. 1 Stunde Gesprächsdauer), dann sollte unterjährig das **Meilensteingespräch** stattfinden (Empfehlung: mind. 2 Gespräche, bei denen der Industriemeister ein Feedback hinsichtlich des Zielerreichungsgrades gibt und vom Mitarbeiter erhält, mindestens 30 Minuten Gesprächsdauer). Gegen Ende der Zielperiode findet das **Zielerreichungs- oder Beurteilungsgespräch** statt, das je nach Zielerreichungsgrad zu einem Anerkennungsgespräch oder einem Kritikgespräch werden kann (Empfehlung: ca. 1–1,5 Stunden Gesprächsdauer).

Dieses Gespräch kann unmittelbar zum nächsten Zielvereinbarungsgespräch führen.

Ferner ist zu berücksichtigen, dass die Ziele von Ebene zu Ebene immer differenzierter werden und auf der konkreten Zielvereinbarungsebene folgende Eigenschaften haben sollten:

- herausfordernd
- motivierend
- erreichbar
- konkret
- messbar
- Strategie unterstützend
- die individuelle Entwicklung des Mitarbeiters fördernd

Die Grundsätze, wie Ziele formuliert werden sollten, lassen sich in folgender 5er-Formel ausdrücken:

S + M + A + R + Te Ziele

1. **S: Spezifisch**
   Was genau soll erreicht werden (qualitatives und quantitatives Ergebnis, Zustand usw.)
2. **M: Messbar**
   Wie kann die Zielerreichung gemessen werden?
   Wie kann Feedback gegeben werden, ob das Ziel auch erreicht wurde?
3. **A: Attraktiv**
   Ist das Ziel herausfordernd und spannend?
4. **R: Realistisch**
   Sind die Ziele im vorgegebenen Zeitrahmen, unter den vorhandenen Umständen überhaupt erreichbar?
5. **T: Terminiert**
   Bis zu welchem Zeitpunkt sollen die vereinbarten Ziele erreicht werden?

Der Industriemeister ist eine Führungskraft. Darum soll er, wie alle anderen Führungskräfte, für die Formulierung der Ziele die folgenden Aspekte beachten:

- Sie sollen der „5er-Formel" entsprechen,
- untereinander kompatibel und abgestimmt sein,
- den Wertschöpfungsprozess unterstützen,
- den Unternehmenszweck erfüllen (Gewinn erwirtschaften) und
- Arbeitsplätze sichern oder gar neue entstehen lassen.

Die Geschäftsführung vereinbart in individuellen Zielvereinbarungsgesprächen die Ziele jedes führenden Mitarbeiter (Bereichs-, Abteilungsleiter, Industriemeister). Basis dieser Vereinbarungen ist der Grundsatz, dass alle Aktivitäten im Unternehmen der Erreichung der strategischen Unternehmensziele dienen (kurz-, mittel- und langfristig). Das setzt zielorientiertes Führungsverhalten voraus.

Situation

Vier Industriemeister unterhalten sich über Führung:

A: „Führung bedeutet, anderen gegenüber Härte zeigen zu können."

B: „Nein, Führung heißt für mich eher, andere Menschen begeistern zu können."

C: „So ein Quatsch, Führung heißt, den Leuten zu sagen, wo es langgeht."

D: „Hm. Führung heißt doch motivieren und Motivation erhalten."

In Anlehnung an Lutz v. Rosenstiel kann man Führung wie folgt definieren:

Führung ist zielorientierte, soziale Einflussnahme auf Menschen, um die Unternehmensziele zu erreichen.

Ein wesentliches Kennzeichen von Führung ist die Absicht einer Person, auf das Verhalten anderer Menschen Einfluss zu nehmen. Führung ist vorrangig im Berufsalltag zu finden, wenn es um die Zusammenarbeit mehrerer Personen in Arbeitsgruppen, Abteilungen der Projektteams geht. Führung spielt aber auch im privaten Bereich eine Rolle, so etwa im Sportverein oder in politischen Parteien. Sie ist immer dann nötig, wenn sich Personen zusammenfinden, um gemeinsam eine Aufgabe zu erledigen.

Innerhalb von Betrieben ist die Führung einer bestimmten Person zugewiesen. Verantwortlich für die Zuweisung der Führungsfunktion sind Entscheidungen und Anweisungen übergeordneter Personen, z. B. des nächst höheren Vorgesetzten, der Personalabteilung oder der Geschäftsführung. Das unterscheidet die Führungskraft in betrieblichen Organisationen wesentlich von offenen Personengruppen. Die Autorität des Führenden erwächst dort aus informellen Gruppenprozessen.

- **Führungsziel**

Das **Führungsziel** ergibt sich in der Regel aus der gemeinsamen Aufgabe:

Der Industriemeister beauftragt z.B. einen seiner Mitarbeiter, ein bestimmtes Ersatzteil zu besorgen, oder er vereinbart mit seinem Vorgesetzten, einen besonders engagierten Mitarbeiter in Zukunft gezielt in seiner beruflichen Weiterentwicklung zu fördern.

Führung ist also ein Prozess der zielorientierten sozialen Einflussnahme auf Menschen zur Erfüllung gemeinsamer Aufgaben in einer strukturierten Arbeitssituation innerhalb einer Organisation.

Führung spielt sich normalerweise im direkten Kontakt von Führungskraft und Mitarbeiter ab. Wichtigstes Hilfsmittel dabei ist die Kommunikation. In erster Linie ist damit die Sprache gemeint. Neben dem gesprochenem Wort spielen aber auch Verhaltensweisen eine wesentliche Rolle. Denkt man nur an das nachdenkliche Stirnrunzeln des Industriemeisters, wenn ein Mitarbeiter schon wieder fünf Minuten zu spät kommt ... Führung erfolgt aber auch indirekt durch „verdinglichte Kommunikation" in Form von „Papier und Technik" (vgl. v. Rosenstiel 1992). Unter dem Oberbegriff „Papier" lassen sich alle schriftlichen Arbeitsanweisungen und Vorschriften zusammenfassen, die von verantwortlichen Personen verfasst wurden. Außerdem schafft im Betrieb die verwendete Technik Tatsachen. So kann z.B. die Einführung eines neuen Computerinformationssystems einer bestimmten Person automatisch zu mehr Einfluss verhelfen.

Fragen

1. Was versteht man unter zielorientierter Führung?
2. Was unterscheidet Führung in Organisationen von der im privaten Bereich?
3. Beschreiben Sie den Zielprozess.
4. Welchen Einfluss haben technische Hilfsmittel auf die Führung?

4.1.2 Sachliche und persönliche Aspekte: Aufgaben einer Führungskraft

Situation

Unsere vier Industriemeister unterhalten sich wieder.

A: „Die technische Entwicklung verläuft wahnsinnig schnell. Erst gestern habe ich da wieder in der Zeitung von einem neuen Verfahren gelesen."

B: „Manchmal möchte ich den ganzen Kram einfach hinwerfen und kündigen. Ich kann mir viele technische Details einfach nicht mehr merken."

C: „Ja, und zu alledem kommt noch, dass wir uns auch noch um Themen wie Führung, Motivation und solchen neumodischen Quatsch kümmern sollen."

D: „Eure Sorgen möchte ich haben. Wozu habe ich denn meine Spezialisten in der Gruppe? Die haben das nötige Fachwissen. Ich schau' einfach, dass aus dem Ganzen eine runde Sache wird ..."

Was ist denn nun die „eigentliche" Aufgabe des Industriemeisters? Viele sehen ihre Überlegenheit immer noch in ihrem Fachwissen. Dies rührt zum Teil aus der langen Tradition, in der sich der Meister durch Fachwissen und technische Erfahrung auszeichnete. Deshalb glauben viele Führungskräfte auch heute noch, die meisten Detailaufgaben selbst erfüllen zu müssen. Für manche Industriemeister ist der Satz charakterisierend: „Wer sich auf andere verlassen muss, der ist verlassen." „Muss eine Führungskraft auch heute noch ‚der' Spezialist sein?" Nachstehende Abbildung soll bei der Beantwortung dieser Frage helfen.

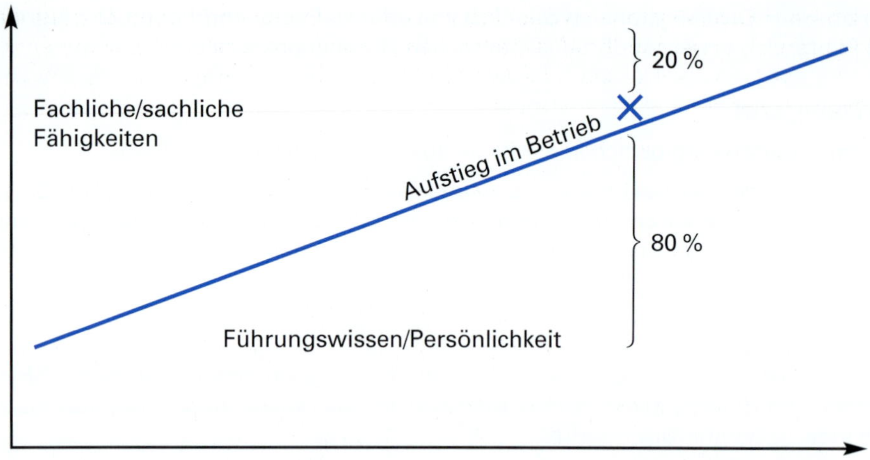

Die diagonale Linie stellt die Gesamtkompetenz einer Führungskraft während ihres Aufstiegs im Betrieb dar. Wesentlich für den Aufstieg sind zwei verschiedene Kompetenzen, dargestellt durch die beiden Achsen in der Grafik: Die senkrechte Linie stellt das Fachwissen dar, die waagerechte steht für das Führungswissen/Persönlichkeit. Mit kontinuierlichem Aufstieg im Unternehmen – entlang der Diagonalen von links unten nach rechts oben – verkleinert sich der Anteil des Fachwissens an der Gesamtkompetenz des Industriemeisters. Sein Führungswissen/Persönlichkeit hingegen wird immer wichtiger. Führungskräfte brauchen also keine Spezialisten zu sein. Es ist Aufgabe und Funktion ihrer Mitarbeiter, darüber zu verfügen. Sie sollen sich intensiv mit ihrem Fachgebiet beschäftigen, um ständig auf dem Laufenden zu sein. Freilich ist es eine wesentliche Aufgabe der Führungskraft – eben ein Teil ihrer Führungsfunktion – den Mitarbeiter bei seiner laufenden Qualifizierung und Weiterbildung zu unterstützen. Dies bedeutet aber, dass sich die Führungskraft insbesondere hinsichtlich psychologisch-pädagogischer Fragen auch weiterentwickeln muss.

Manche Führungskräfte verhalten sich nach wie vor wie Multitalente. Sie meinen, sie müssten auf allen Gebieten Spezialisten sein, was ihnen natürlich nur in den seltensten Fällen gelingt. Dadurch verbrauchen sie aber einen Großteil ihrer Energie damit, zumindest nach außen hin den Anschein der Allwissenheit zu wahren. Für Spezialistentätigkeiten sind Führungskräfte viel zu teuer.

Situation

Von dem amerikanischen Firmengründer Henry Ford ist folgender Satz überliefert, den er zu einer seiner Führungskräfte sagte: „Ich sollte Sie entlassen, denn Sie vergeuden mein wertvolles Geld mit Tätigkeiten, die ein Mitarbeiter mit einem Bruchteil Ihres Gehaltes genauso gut erledigen könnte."

Wenn Führungskräfte keine Fach-Spezialisten sind, was sind sie dann? Führungskräfte sollen universelle Führungsaufgaben wahrnehmen. Hierzu benötigen sie vorrangig Führungswissen, das aus einer anderen Perspektive ebenfalls Spezialwissen ist: Sie sollen sich zu Führungsspezialisten entwickeln. Eingangs wurde die provozierende Frage gestellt, ob die Führungskraft ein kompetenter Spezialist oder oberflächlicher Universalist sein soll. Die Antwort darauf lautet: „Die Führungskraft – ein kompetenter Führungsspezialist und Fach-Universalist." Das direkte Fachwissen der Führungskräfte soll nicht wie bei den Spezialisten in die Tiefe gehen, sondern in die Breite. Es muss Methoden- und Grundsatzwissen über die Tätigkeiten der Mitarbeiter sein. Dadurch sollen sie folgende Aufgaben erfüllen:

Aufgaben des Industriemeisters

- Spezialisierte Mitarbeiter richtig einsetzen,
- sie bei ihren Aufgaben unterstützen,
- bei Problemstellungen beraten,
- sie individuell in ihren Leistungen beurteilen.

Wie können Universalisten und Spezialisten zusammenarbeiten? Führungskräfte sind die Nabe im Rad, welche die Mitarbeiter – als Speichen dargestellt – zusammenhält. Die Nabe ist Universalist, die Speichen sind Spezialisten. Gemeinsam erledigen sie die anstehenden Aufgaben.

(Erinnern Sie sich noch an die Aussage von Industriemeister D?)

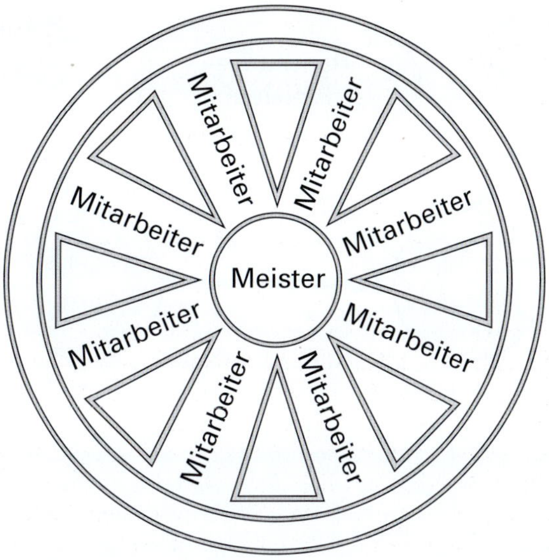

Fragen

1. In welchem Verhältnis stehen Fach- und Führungswissen im Laufe des beruflichen Aufstiegs eines Industriemeisters?
2. Welche Folgen hat es, wenn sich der Industriemeister als „Multispezialist" verhält?
3. In welchem Bereich soll der Industriemeister Spezialist werden?

Aufgabe

Wollen Sie selbst testen, in welchem Maß Sie Spezialist oder Universalist sind? Dann beantworten Sie folgende Fragen:

a) Mein Arbeitstag? ....
 – Wie viel % meiner Zeit investiere ich derzeit in Führungsaufgaben? ....
 – Wie viel % investiere ich in Spezialistentätigkeiten? ....

b) Ideales Ziel meines Arbeitstags ist? ....
 – Wie viel % meiner Zeit möchte ich in Führungsaufgaben investieren? ....
 – Wie viel % möchte ich mit Spezialistentätigkeiten verbringen? ....

c) Welche Aufgaben erledige ich selbst, die ich an meine Mitarbeiter delegieren könnte? ....

d) Welche früheren Erfahrungen hindern mich daran, meinen Mitarbeitern mehr Aufgaben zu übertragen? ....

e) Haben diese alten Erfahrungen auch heute noch Geltung? ....

f) Welche unterstützenden Weiterbildungsmaßnahmen brauchen meine Mitarbeiter, um weitere Aufgaben zu übernehmen? ....

g) Welche Weiterbildung brauche ich, um meine Führungsaufgaben optimal auszufüllen? ....

• Sachliche Aspekte: Phasen des Führungsvorgangs

Die gravierenden Veränderungen der letzten Jahre haben dazu geführt, dass immer mehr Aufgaben der oberen Hierarchien nach unten delegiert werden, z.B. Lean Production und Gruppenarbeit. Dadurch nimmt der Entscheidungsspielraum in den Abteilungen zu. Gleichzeitig werden auch Planungs- und Kontrollfunktionen integriert, die vormals an andere Hierarchien vor- bzw. nachgelagert waren.

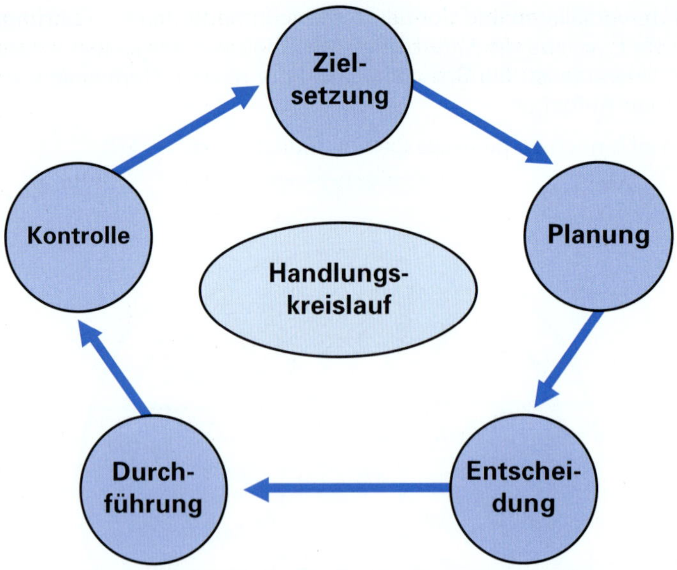

Aufgaben der Führungskraft
Ziele bestimmen
• Übergeordnete Zielvorgaben mit der Geschäftsführung abstimmen • Diese auf ihre Realisierbarkeit hin überprüfen • Grobziele in Detailziele umsetzen
Abläufe planen
• Ziele mit den Mitarbeitern abstimmen • Zielvorgaben in konkrete Planungen überführen • Zeitpläne erstellen, kritische Phasen und Termine erkennen • Planung der notwendigen technischen und personellen Ressourcen
Entscheidungen treffen
• Anstehende Entscheidungen rechtzeitig erkennen • Informationen sammeln und strukturieren • Alternativen darstellen mit Vor- und Nachteilen • Mitarbeiter in Entscheidungen einbeziehen und diese gemeinsam treffen • Getroffene Entscheidungen nach innen und außen vertreten
Durchführung überwachen
• Anstehende Arbeiten verteilen • Einzelne Arbeitsschritte initiieren • Verschiedene Arbeiten koordinieren und gegenseitig abstimmen • Auftretende Probleme rechtzeitig erkennen und eingreifen
Ergebnisse kontrollieren
• Qualität der Arbeitsergebnisse kontrollieren • Ergebnisse mit den Zielvorgaben vergleichen • Ursachen für die Soll-Ist-Abweichungen finden und nach Lösungen suchen • Diese Lösungen in die neuen Ziele und Planungen einbeziehen • Mitarbeitern und übergeordneten Stellen Rückmeldung geben

Die Phasen des Handlungskreislaufes gehen ineinander über und bilden dabei eine Einheit. Gleichzeitig unterliegt dieser Prozess aber einer laufenden Veränderung. Der lässt sich am besten mit dem Schema eines Regelkreises vergleichen.

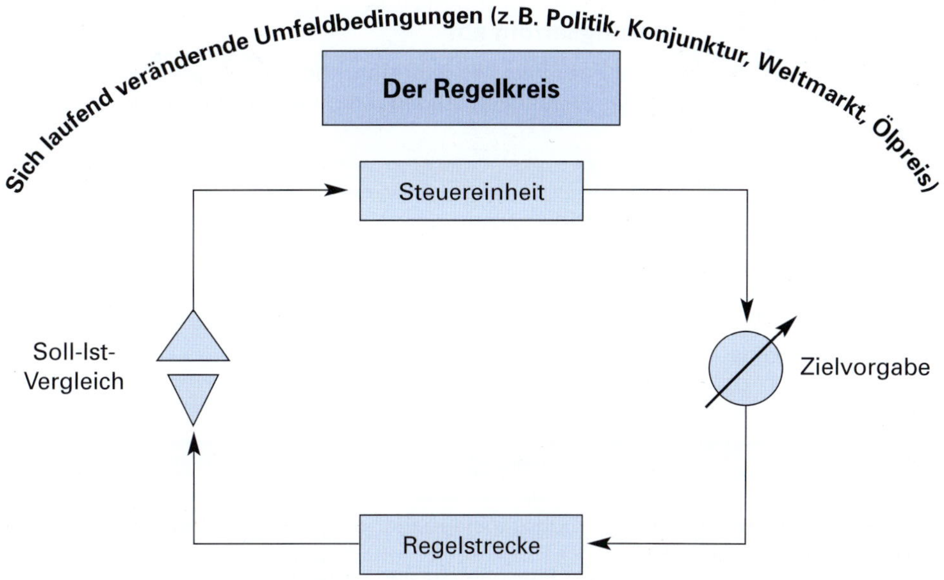

Vorgegebene Ziele müssen in der Praxis umgesetzt werden. Dabei treten oft Schwierigkeiten auf. Im anschließenden Soll-Ist-Vergleich erkennt man Abweichungen. Diese gehen anschließend als neue Daten in den neuen Kreislauf ein.

Fragen

1. Welche Folgen hat Lean Production auf die Führungsaufgaben des Industriemeisters?
2. Welche fünf großen Führungsaufgaben hat der Industriemeister?

● Persönliche Aspekte: Voraussetzungen für den Führungserfolg

Situation

„Eine gute Führungskraft erkennen wir daran, dass sie Erfolg hat."

Wenn wir Führungskräfte fragen, was sie unter Führungserfolg verstehen, so sagen diese meistens, „… dass die vorgegebenen Ziele erreicht werden."

Es gibt wirtschaftliche Zielgrößen, die es zu erreichen gilt, z. B. vorgegebene Produktionsziffern oder Qualitätswerte.

Neben den rein sachorientierten Zielen geht es immer auch um das Erleben und Verhalten der Mitarbeiter und deren Bedürfnisse. Wichtig ist ihre Arbeitszufriedenheit.

Aspekte der Arbeitszufriedenheit
– Betriebsklima
– Fluktuationsrate und Krankenstand
– Bereitschaft, Überstunden zu leisten
– Bereitschaft, Kollegen bei Problemen zu unterstützen
– Mut, sich den Rat der Führungskraft zu holen
– Anzahl der Verbesserungsvorschläge
– Grad der Identifikation der Mitarbeiter mit den Zielen des Betriebes
– Offener Umgang mit Information
– Motivation, sich persönlich weiterzubilden

Im Betrieb sollten diese Führungsgrundsätze und Zielvorgaben offen diskutiert und schriftlich formuliert werden. Entscheidend ist aber, dass sie in der Praxis mit Leben erfüllt werden.

▶ Wovon hängt der Führungserfolg ab?

Er hängt vom Vorgesetzten ab, von der Situation und den Mitarbeitern. Einigen Führungskräften gelingt das erstaunlich gut, anderen nicht. Dafür gibt es eine Vielzahl von Gründen.

Einflussgrößen des Führungserfolgs
• Die **Persönlichkeit** des Führenden und seine Verhaltensweisen • Die **Situation** • Die **Mitarbeiter**

Situation		
Merkmale der Person	Führungsverhalten	Mitarbeiter
	Führungserfolg	

▶ Führungseigenschaften

Situation

Lassen Sie uns hierzu wieder einmal ein Gespräch fünf befreundeter Monteure verfolgen, die in verschiedenen Abteilungen des Betriebes beschäftigt sind:

A: „Also unser Meister ist eine geborene Führungskraft ...“

B: „Ja, das stimmt ... Euer Meister ist aber auch die ideale Persönlichkeit. Er hat einfach angeborene Autorität. Dazu ist er fleißig, offen, intelligent, und er kümmert sich immer um euch.“

C: „Ach, unser Meister, mit dem ist das so eine Sache: Der ist völlig unberechenbar und launisch. Der verhält sich immer anders. Das kommt eben von seinem Charakter. Der ist eben so. Damit müssen wir uns abfinden.“

D: „Unser Meister hat auch seine Macken. Vor allem am Montagmorgen. Da darfst du dem nicht über den Weg laufen. Aber seitdem er die Führungskurse in der Akademie besucht, merke ich schon, dass sich was verändert. Er gibt sich Mühe, uns besser zu verstehen.“

E: „Ja, das ist mir auch schon aufgefallen, aber ich denke mir, der wird auch an seine Grenzen stoßen, wenn der Alte (= Prokurist Dr. Knauser) wieder seinen Rappel kriegt.“

Die Ansicht der Monteure A, B und C steht für die Meinung, erfolgreiches Führungsverhalten sei Folge einer angeborenen Charaktereigenschaft: Entweder er hat's oder er hat's nicht. Konsequenterweise versuchten viele, „DIE“ Eigenschaften einer Führungskraft zu identifizieren. Meist wurden folgende Eigenschaften erwähnt:

– Intelligenz	– Kontaktstärke	– ethische Gesinnung
– Durchsetzungsvermögen	– Autorität	– Gelassenheit
– Gerechtigkeit	– Kreativität	– Sensibilität
– Belastbarkeit	– Entscheidungsfähigkeit	– Selbstbewusstsein

Am Ende einer Unmenge von Studien stand aber nur Ratlosigkeit. Die Eigenschaften, die in einer Studie als ausschlaggebend angepriesen wurden, entpuppten sich bei einer anderen als unwichtig oder sogar unnötig für den Führungserfolg.

Eigenschaften einer Führungskraft
– **Die** immer gültigen Führungseigenschaften gibt es nicht. – Führungseigenschaften bedingen niemals allein das Verhalten. Sie wirken immer in Kombination mit der Situation und den Mitmenschen, die auf das Verhalten einwirken. – Selbstverständlich gibt es auch eine **Basisqualifikation**: Ein Mindestmaß an Intellektueller und emotionaler Ausstattung. Es ist die Fähigkeit, sich auszudrücken und dem anderen zuhören zu können. Die Führungskraft sollte „kommunikative Kompetenz" und „emotionale Intelligenz" haben.

Was sind die Eigenschaften und wofür werden sie gebraucht?
– Oft definieren wir uns über Eigenschaften: Der Industriemeister ist überempfindlich, die Kantinenwirtin ist selbstbewusst, die neue Freundin ist intelligent. – Eigenschaften sind nicht unmittelbar beobachtbar. Es sind Wesensmerkmale, die wir in einem anderen annehmen, ohne sie direkt zu erkennen. Wir schließen auf Eigenschaften, wenn wir bei einem Menschen bestimmte Verhaltensweisen häufig beobachten. Wenn z.B. jemand schwierige Aufgaben erfolgreich löst, so schreiben wir ihm Intelligenz zu und erklären dann die Intelligenz zur Ursache dafür. – Eigenschaften helfen, die Menschen besser zu verstehen.

▶ Führungsverhalten

Das Führungsverhalten drückt sich in bestimmten Aktivitäten der Führungskraft aus. Der Industriemeister muss z.B. Ziele klar formulieren, eindeutige Anweisungen geben usw.

▶ Merkmale und Einflussgrößen der Führung

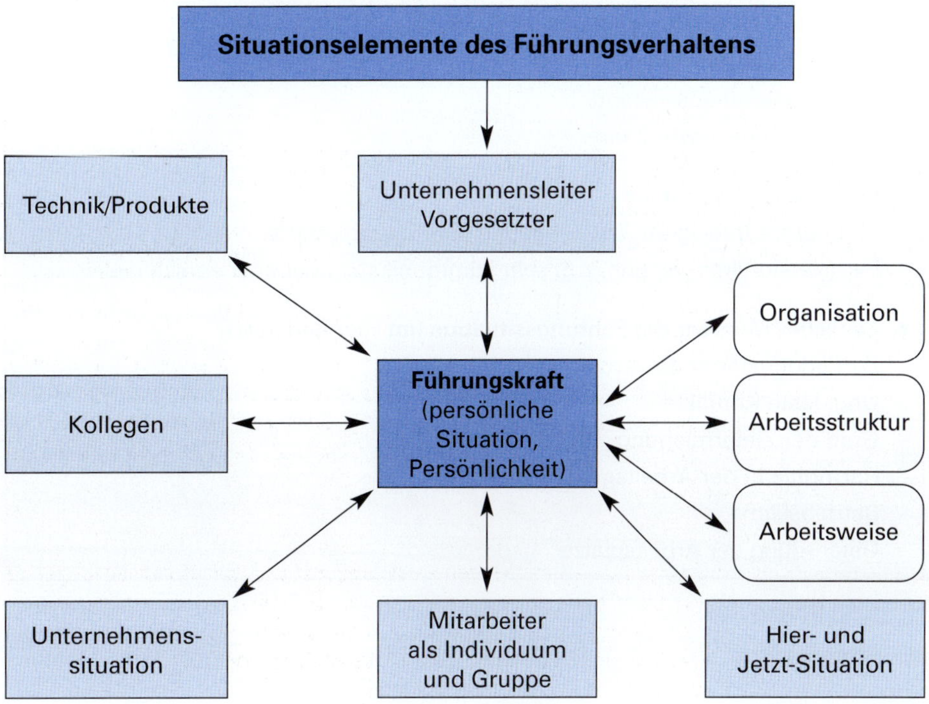

Bedingungen der Führungssituation (Beispiele)

- **Unternehmensleitung**
  - Unterstützung durch den Vorgesetzten und die Geschäftsführung
  - Zusammenarbeit mit dem Betriebsrat
  - Führungsphilosophie der Geschäftsführung

- **Aufbauorganisation**
  - Größe der Abteilungen (Anzahl der Mitarbeiter)
  - Struktur der Abteilungen (Aufgabenverteilung)
  - Verzahnung mit vor- und nachgelagerten Abteilungen
  - Verteilung der Kompetenzen und Weisungsbefugnisse

- **Ablauforganisation**
  - Informationsfluss zwischen den Abteilungen
  - Klare Abgrenzung der Verantwortlichkeiten
  - Bereichsübergreifende Kooperation

- **Mitarbeiter**
  - Fachliche Qualifikation
  - Motivation
  - Alter und Betriebszugehörigkeit
  - Geschlecht, Nationalität, kultureller Hintergrund

- **Technik, Produkt**
  - Technischer Standard
  - Eingesetzte Produktionsverfahren
  - Technische Hilfsmittel
  - Grad der Automatisierung und Mechanisierung
  - Bedeutung der menschlichen Arbeitskraft

- **Unternehmenssituation**
  - Größe (Mitarbeiter, Umsatz)
  - Branche, Markt, Produkt
  - Aktuelle Gewinnsituation

- **Persönliche Situation der Führungskraft**
  - Familie, Lebenspartner
  - Alter, Gesundheitszustand
  - Ziel für die nächsten Jahre

- **Persönlichkeitsstruktur**
  - Emotionale Intelligenz, z.B. Empathie (Einfühlung), Härte
  - Extraversion/Introversion, z.B. sehr kommunikativ oder eher verschlossen

- **Zeitliches Moment der Führungssituation (im Hier und Jetzt)**
  - Zufriedenheit mit der Arbeit
  - Ungelöste Konflikte
  - Grad der Zielerreichung
  - Harmonie in der Arbeitsgruppe
  - Betriebsklima
  - Gefährdung der Arbeitsplätze

Viele dieser hier beispielhaft genannten Situationsvariablen kann der Industriemeister nicht oder nur wenig beeinflussen. Der „Einfluss der Situation" spielt aber auch aus einer anderen Sicht eine bedeutende Rolle.

Situation

Beispiel: Industriemeister P arbeitete lange Zeit in einem großen Zulieferbetrieb der Automobilindustrie. Bei der Anschaffung von neuen Anlagen bezog er seine Mitarbeiter in den Entscheidungsprozess ein. Diese fühlten sich dadurch in ihrer Kompetenz ernst genommen und trugen mit vielen Anregungen zur optimalen Entscheidung bei. Auch seine Geschäftsführung war mit der selbstständigen Arbeitsstruktur in seinem Team sehr zufrieden.

Als er Ähnliches bei seinem neuen Arbeitgeber, einem kleinen mittelständischen Unternehmen, auch versucht, stößt er auf Ablehnung: Seine Mitarbeiter fühlen sich dadurch überfordert, und der Firmeninhaber bittet ihn, doch mehr „Führungsstärke" zu zeigen.

Fragen/Aufgaben

1. An welchen Ober-Zielen orientiert sich der Führungserfolg?
2. Wie äußert sich Arbeitszufriedenheit beim Mitarbeiter?
3. Was sind die drei zentralen Einflussgrößen für den Führungserfolg?
4. Nennen Sie die „Basisqualifikationen" des Industriemeisters.
5. Welche betrieblichen Bedingungen beeinflussen die Führungssituation?

▶ Menschenbild und Führungsverhalten

Der klassische Eigenschaftsbegriff ist nur in sehr begrenztem Umfang dazu geeignet, das Führungsverhalten zu erklären. Eine bessere Möglichkeit ist der so genannte kognitive Ansatz, also die Vorstellung, dass das Verhalten des Menschen von inneren Werten und Einstellungen geleitet ist. Die Inhalte der Werte und Einstellungen wurden dabei durch die persönlichen Lernerfahrungen vermittelt.

Werte → **Einstellungen** → **Verhalten**

Zwei Beispiele zur Verdeutlichung:

Wert	Einstellung	Verhalten
Vertrauen	Ich bin o.k., du bist o.k.	Ich verlasse mich auf dich.
Misstrauen	Ich bin o.k., du bist nicht o.k.	Ich muss dich kontrollieren.

Der amerikanische Forscher McGregor hat dieses Konzept auf den Berufsalltag übertragen. Seine These lautet: Das Handeln einer Führungskraft wird von ihren Grundwerten und Einstellungen geleitet. Das Verhalten können wir nur verstehen bzw. ändern, wenn wir die Einstellungen und Werte kennen. McGregor hat hierfür ein Gegensatzpaar von Werten zusammengestellt, die er als „Theorie X bzw. Y" bezeichnet.

Theorie zum Arbeitsleben	
X	Y
Der Mensch hat einen angeborenen *Widerwillen gegen die Arbeit* und versucht, sich vor ihr zu drücken.	Der Mensch sieht in der Arbeit ein wichtiges Feld der *Selbstverwirklichung*.
Der Mensch möchte *Verantwortung vermeiden*. Er möchte von anderen geführt werden.	Nicht die finanziellen Anreize sind für die Menschen entscheidend, sondern die Befriedigung seiner Ich-Bedürfnisse und seines Strebens nach Selbstverwirklichung.
Die meisten Menschen müssen *kontrolliert* – und somit fremdbestimmt – werden, damit sie ihren Beitrag zum Erreichen bestimmter Ziele leisten.	Wenn sich der Mitarbeiter mit den Zielen der Organisation identifiziert, sind Kontrollen von außen überflüssig, weil Selbstkontrolle und eigene Initiative entwickelt werden.
Die meisten Menschen haben *wenig Ehrgeiz* und wünschen sich in erster Linie Sicherheit.	*Einfallsreichtum, Kreativität und Verantwortungsbewusstsein* sind weit verbreitete Eigenschaften. Sie werden jedoch in den meisten Organisationen kaum aktiviert.

Situation

Aus dem Gespräch von zwei Industriemeistern können Sie leicht die jeweiligen Theorien ableiten:

A: „... Nullen, nichts als Nullen sind um mich ... Da war ich nur mal drei Tage krank, und schon herrscht hier das Chaos ... Also wirklich, wenn ich hier nicht alles selbst mache ..."

B: „Schau sie an, die Jungs ... Eben bin ich mal für ein paar Tage nicht da, und trotzdem läuft hier alles wie geschmiert. Aber den roten Teppich, den hätten sie bei meiner Rückkehr wenigstens rausholen können ..."

Aus den Grundeinstellungen erwachsen auch völlig verschiedene Verhaltensweisen des Vorgesetzten. Meister A wird eher zu einem sehr autoritären Führungsstil neigen, während Meister B seine „Jungs" eher an der langen Leine führt.

Fatal daran ist, dass beide Meister – und in diesem Fall geht es ja speziell um Meister A – auch noch felsenfest davon überzeugt sind, dass ihre Einstellung die einzig richtige ist. Auf Nachfragen erhält man oft die Antwort, dass die Praxis dies ja immer wieder beweise. Schuld daran ist das Phänomen der „selbsterfüllenden Prophezeiung". Die Einstellung und das Verhalten der Führungskraft führt bei den Mitarbeitern wiederum zu genau den Verhaltensweisen der Führungskraft. Der verantwortungsbewusste Industriemeister soll sich als Führungskraft auch mit seinen eigenen Einstellungen und Werten beschäftigen. Reflexion und Erkenntnis ist dann der erste Schritt auf dem Weg zur Änderung des Verhaltens.

Situation

Industriemeister A: „Alle Menschen sind faule Esel."

- *Deshalb kümmert er sich auch selbst um die wichtigen technischen Details der neuen Maschinen, denn seine „Esel" verstehen das ja sowieso nicht.*
- *Da er die Details nicht erklärt, kommt es bei der Bedienung der Maschine durch die Mitarbeiter immer wieder zu Fehlern.*

Das ist für Industriemeister A der Beweis, „dass er eben nur von Eseln umgeben ist".

Fragen/Aufgaben

1. Was besagt der so genannte kognitive Ansatz?
2. Nennen Sie zwei gegensätzliche „Einstellungspaare der Theorie Y und X"
3. Was verstehen wir unter einer „selbsterfüllenden Prophezeiung" im Führungsalltag?

Aufgabe

Sie können die nachfolgende Übung nutzen, um Ihr Führungsverhalten zu überdenken. *Sinnvoll ist sie allerdings nur dann, wenn Sie dabei ganz ehrlich und offen zu sich sind. Vermeiden Sie die Orientierung an dem „sozial erwünschten Verhalten".*

Unten sehen Sie eine Linie, deren Enden die beiden gegensätzlichen Positionen der Theorie **X** und **Y** darstellen. Markieren Sie nun auf dieser Linie Ihren Standpunkt durch einen Punkt „●".

Theorie X ◀———————————————▶ **Theorie Y**

Beantworten Sie nun die folgenden Fragen:

1. Welche prägenden Erfahrungen fallen Ihnen spontan ein, die zu dieser Einstellung passen?
2. Wie äußern sich diese Einstellung in Ihrem täglichen Führungsverhalten?
3. Wo sehen Sie Stärken und Schwächen dieser Einstellung?
4. In welchen Situationen/Bereichen schützt Sie diese Einstellung vor unliebsamen Enttäuschungen?
5. In welchen Situationen verhindert diese Einstellung neue positive Erfahrungen?
6. Mit welchem Kollegen bzw. Freund möchten Sie sich einmal darüber austauschen?
7. Welche Schritte können und wollen Sie sich vornehmen, um Ihre Einstellung ein wenig mehr in Richtung „Y" zu verändern?

▶ Beurteilung von Führungsverhalten

Es gibt eine Reihe von Möglichkeiten, das Führungsverhalten zu beurteilen.

Informationsquellen zur Beurteilung des Führungsverhaltens

- Eigene Beobachtungen
- Befragung des Betroffenen
- Aussage des Vorgesetzten
- Meinung der Mitarbeiter
- Unabhängige Beobachter

Aufgabe

Schätzen Sie sich bitte selbst ein! Was überwiegt?

Die so genannte Aufwärtsbeurteilung hat sich als vielversprechender Weg erwiesen. Eine kleine Auswahl von Fragen wird im Laufe dieses Kapitels vorgestellt. Zentrale **Beschreibungsdimensionen** sind die **Mitarbeiter- und Aufgabenorientierung.** Sie sind unabhängig voneinander: Wenn eine Führungskraft in einer der beiden Dimensionen hohe Werte erreicht, ist damit in keiner Weise etwas darüber ausgesagt, welche Höhe der Wert in der anderen hat.

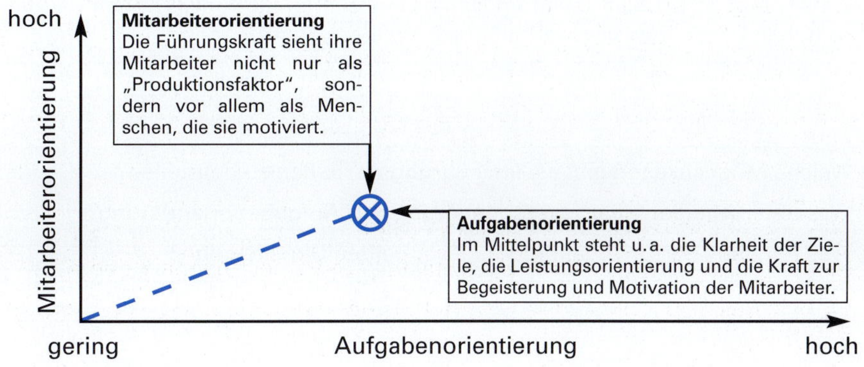

Aufgabe

Überlegen Sie sich, wie die **Ihnen unterstellten Mitarbeiter** auf die folgenden Aussagen reagieren würden.

Mitarbeiterorientierung	**Punkte**
1. Er kritisiert uns auch in Gegenwart anderer Personen. (1) oft (2) recht häufig (3) manchmal (4) selten (5) fast nie	
2. Er ist freundlich zu uns, wir kommen „an ihn ran". (1) fast nie (2) selten (3) manchmal (4) oft (5) recht häufig	
3. Es kann vorkommen, dass er persönlichen Ärger oder „Ärger von oben" auch an uns auslässt. (1) oft (2) recht häufig (3) manchmal (4) selten (5) fast nie	
4. Auch wenn er einen Fehler entdeckt, bleibt er freundlich. (1) fast nie (2) selten (3) manchmal (4) oft (5) recht häufig	
5. Er behandelt uns taktvoll und höflich. (1) fast nie (2) selten (3) manchmal (4) oft (5) recht häufig	
Ergebnis: Ø	

Falls Sie einen Durchschnittswert über 4,0 erreichen, zeichnen Sie sich durch eine sehr hohe Mitarbeiterorientierung aus. Das gilt natürlich nur, wenn Sie zu sich ganz ehrlich waren.

Aufgabenorientierung	**Punkte**
1. Er bemüht sich, auch langsam arbeitende Mitarbeiter zu größeren Leistungen zu ermuntern. (1) fast nie (2) selten (3) manchmal (4) oft (5) recht häufig	
2. Er weist seinen Mitarbeitern ganz bestimmte Aufgaben zu. (1) fast nie (2) selten (3) manchmal (4) oft (5) recht häufig	
3. Er legt großen Wert darauf, dass Termine genau eingehalten werden. (1) gar nicht (2) kaum (3) etwas (4) relativ stark (5) sehr stark	
4. Durch seine Aktivität reißt er uns mit. (1) gar nicht (2) kaum (3) etwas (4) relativ stark (5) sehr stark	
5. Er passt die Arbeitsgebiete den Fähigkeiten und Leistungsmöglichkeiten seiner Mitarbeiter genau an. (1) fast nie (2) selten (3) manchmal (4) oft (5) recht häufig	
Ergebnis: Ø	

Auch hier gilt wie bei der Mitarbeiterorientierung: Wenn Sie davon ausgehen können, dass Ihre Mitarbeiter Ihnen im Durchschnitt über 4,0 Punkte geben würden, dann haben Sie im Führungsverhalten auch die nötige Aufgabenorientierung.

Fragen

1. Welche Möglichkeiten gibt es, um Führungsverhalten zu beurteilen?
2. Was unterscheidet Mitarbeiterorientierung von Aufgabenorientierung?
3. Was folgt aus der Unabhängigkeit dieser beiden Dimensionen?

4.1.3 Führungsstile und Leistung

Die Amerikaner R. R. Blake & J. S. Mouton haben ein Trainingsverfahren für Führungskräfte entwickelt. Im Mittelpunkt steht ihr **Verhaltensgitter**, durch das verschiedene Führungsstile beschrieben werden. Sie gehen davon aus, dass jede Führungskraft ihre Meinung darüber hat, in welchem Verhältnis diese beiden Faktoren zueinander stehen sollten. An dieser Meinung orientiert sich dann das Grundmuster des Führungsverhaltens. **So entstehen typische, immer wiederkehrende Verhaltensweisen in Führungssituationen, die wir als *Führungsstil*** bezeichnen.

In der folgenden Abbildung sind fünf typische Führungsstile beschrieben. Im Führungsstil-Gitter ist 9 der höchste, 1 der niedrigste Wert. Dieses Führungsmodell wird von uns um die situative Komponente erweitert, d.h. der Führungsstil (kooperativer Stil/Situation Manager) orientiert sich in seiner Ausprägung an der Situation und am Reifegrad der Mitarbeiter.

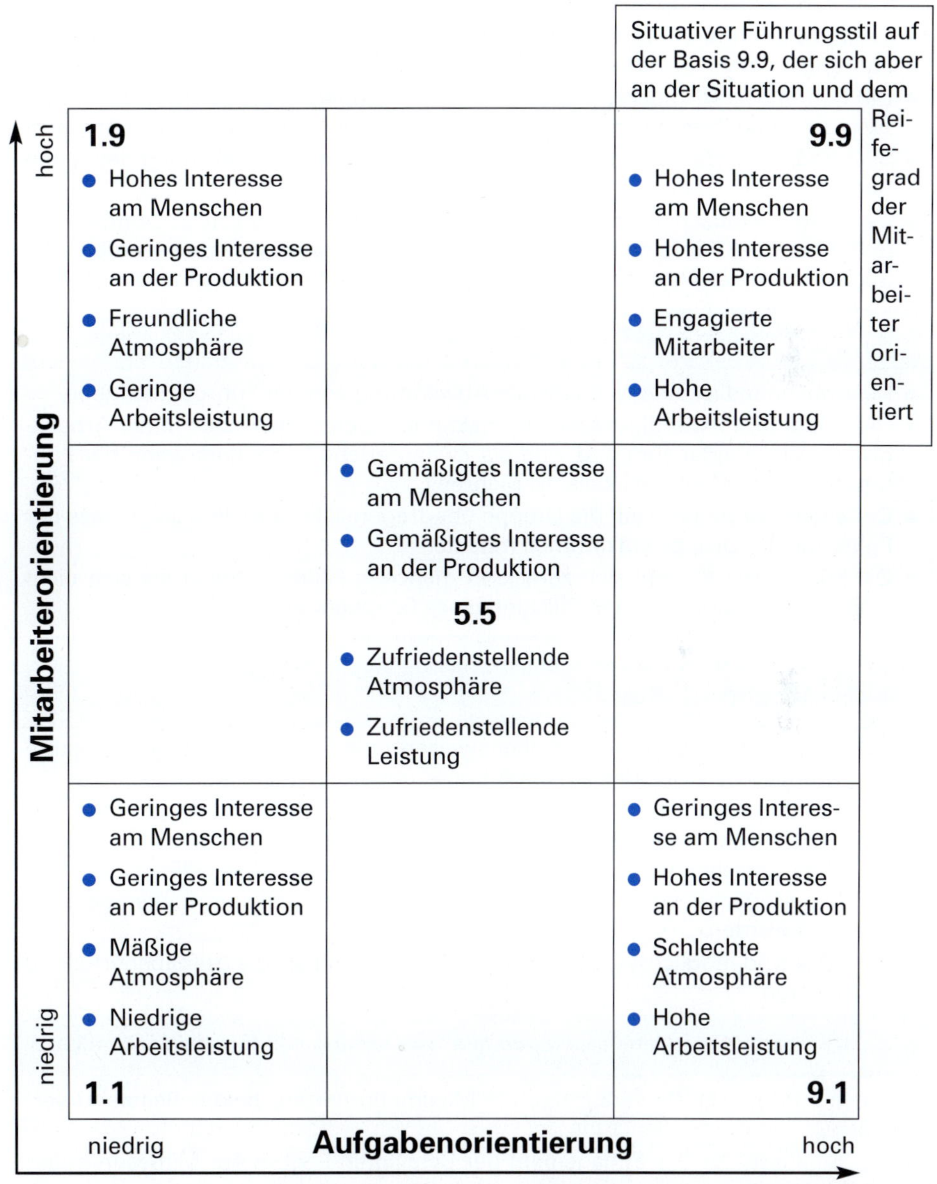

Die oben dargestellten und auf der nächsten Seite beschriebenen Führungsstile stellen Reinformen dar, die so sicherlich nicht in der Praxis zu finden sind. In der Regel findet man Mischformen, die jedoch einem der fünf großen Führungsstil-Gruppen zuzuordnen sind. Das Führungsverhalten sollte die Motivation der Mitarbeiter stärken, um die Leistungsfähigkeit zu steigern. Kritisch lässt sich deshalb die Frage stellen, ob es nur darum geht, dass zufriedene Mitarbeiter bessere Leistungen bringen („glückliche Kühe geben mehr Milch"). Das Führungsverhalten des Industriemeisters trägt sowohl zur Verbesserung der Leistung als auch des Betriebsklimas bei. Es dient also sowohl dem Betrieb, als auch dem Mitarbeiter.

Das „9/1"-Verhalten – der autoritäre Führungsstil (Task Manager)
• Kennzeichen ist eine starke Betonung der **Aufgabenqualität**. Ob das Verhalten auch von anderen akzeptiert wird, ist dabei unwichtig. • **Sachkenntnis** ist das zentrale Zeichen persönlicher Fähigkeiten. Alles ist unwichtig, was die Sach-Fähigkeiten des Einzelnen behindert, und muss bekämpft werden. • Auch **Arbeitsgruppen** stellen eine Bedrohung dar, denn dort muss der eigene Einfluss mit anderen geteilt werden. • Das entsprechende Entscheidungsverhalten zeigt einen starken Wunsch nach Selbstständigkeit. Zugleich entsteht aber **Angst vor Fehlschlägen** in einer Gruppe und der Versuch, sich gegenüber Einflüssen durch die Gruppe zu schützen.
Das „9/1"-Verhalten – der karitative Führungsstil (Country-Club-Manager)
• Er konzentriert sich auf die „menschlichen" Aspekte, die von der autoritären Führungskraft völlig vernachlässigt werden. • Die Führungskraft möchte vor allem von den anderen akzeptiert werden, und zwar aufgrund ihrer menschlichen Qualitäten, nicht wegen der Sachkompetenz. • Sachfragen werden eher heruntergespielt oder sogar als Bedrohung des guten Betriebsklimas erlebt. • Der starke Wunsch nach gegenseitiger Unterstützung, nach Zusammenhalt und Akzeptanz führt dazu, dass Konflikte möglichst vermieden werden. Die Sachebene einer Auseinandersetzung verschwindet hinter der menschlichen.
Das „1/1"-Verhalten – der Laissez-faire-Führungstil (Impowerished Manager)
• Kennzeichnend ist eine weitgehende Abwendung von der Führungsaufgabe. • Die ständige Notwendigkeit zum Kontakt mit anderen Menschen in der Arbeitsgruppe ist unangenehm und wird als Zwang erlebt, besonders wenn der Führende anderer Meinung ist als die Mehrheit. • Der eigene Ärger wird auf die Gruppe übertragen. Das Verhalten zeigt, dass der Führende der Gruppe entkommen möchte. • Die Führungskraft zieht sich zurück. In manchen Fällen beteiligt sie sich nicht einmal an den notwendigen Pflichten eines Gruppenmitglieds.
Das „5/5"-Verhalten – der wohlgemeint-halbherzige Führungsstil (Middle-of-the-Road-Manager)
• Führungskräfte mit diesen Verhaltensweisen neigen zu einer Art gemäßigtem Kompromiss zwischen den beiden Anforderungen. • Entscheidungen sollen vor allem schnell und reibungslos getroffen werden. • Die Mehrheitsabstimmung wird als gutes Mittel gesehen, um den Widerspruch zwischen Entscheidungsqualität und Akzeptanz durch die Beteiligten zu überwinden. Möglichst viele Vorgehensweisen sollen geschäftsordnungsmäßig organisiert werden. • Konflikte sind möglichst unpersönlich zu lösen, damit sie die Aufgabenerfüllung nicht stören.
Das „9/9"-Verhalten – der kooperativ-situative Führungsstil (Situation Manager)
• Diese Führungskräfte versuchen, die Maximalforderung beider Seiten zu vereinen. • Der Schlüssel für das Engagement der Beteiligten liegt in der Mitbestimmung der Mitarbeiter. • Je mehr Mitbestimmung, desto besser werden Ideen und Gefühle ausgedrückt, und desto höher ist die Entscheidungsqualität. • Eine Vielzahl von Vorgehensweisen kann zwar geschäftsordnungsmäßig organisiert sein, spontane Entscheidungen und Änderungen werden aber nicht als Bedrohung erlebt, sondern als kreative Herausforderung. • Wichtig ist, dass sich die Beteiligten mit dem Ablauf des Entscheidungsprozesses befassen und Konflikten nicht ausweichen. • Je nach Situation und Reifegrad der Mitarbeiter sollte das entsprechende Führungsverhalten realisiert werden.

Fragen/Aufgaben

1. Was verstehen wir unter Führungsstil?
2. Welche fünf Führungsstile lassen sich unterscheiden?
3. Was unterscheidet den karitativen vom kooperativen Führungsstil?
4. Welchem Führungsstil ordnen Sie sich zu?
5. Lassen Sie sich von einem Gruppenmitglied/Kollegen zuordnen!

4.1.4 Grundsätze und Vorteile kooperativen Führens

Fakten

- Die Demokratisierung in den westlichen Industrienationen hat zu einem verstärkten Wunsch nach Mitbestimmung geführt.
- Der gesellschaftliche Wertewandel seit Ende der 60er Jahre bewirkt einen erhöhten Anspruch des Einzelnen an die Arbeit. Sie ist nicht mehr nur Mittel zum Geldverdienen, sondern dient auch der Selbstverwirklichung.
- Durch die Einbindung in Entscheidungsprozesse fühlt sich der Mitarbeiter verstärkt für das Ergebnis mitverantwortlich. Die Motivation und die Arbeitszufriedenheit steigen.
- Die erhöhte Motivation setzt neue Energien frei. Die Mitarbeiter zeichnen sich durch besonderes Engagement und eine hohe Kreativität aus. Die Qualität insgesamt steigt.
- Kooperatives Führungsverhalten führt auch zu einem Zusammenwachsen der Gruppe und zu einem erhöhten „WIR"-Gefühl. Jeder steht für den anderen ein, springt ein, „wenn Not am Mann ist". Die Leistung steigt.
- Kooperativ-situatives Führen basiert dennoch grundsätzlich auf dem Zielvereinbarungsprozess und dem Delegationsprinzip.

Das wesentliche Moment der modernen Führung ist die Orientierung an der Situation und am Reifegrad der Mitarbeiter. Deshalb ist es möglich, dass auch Verhaltensweisen Erfolg versprechen, die vom kooperativen Führungsstil abweichen. Praxisorientierte Kritiker greifen demzufolge das „Wahrheitsmonopol" der kooperativen Führung an. Sie weisen darauf hin, dass es für die Führungskraft vielmehr darauf ankommt, erst die jeweilige Situation zu erkennen, um dann die richtige Form des Führungsverhaltens zu wählen.

4.1.5 Einflüsse und Auswirkungen kooperativ-situativen Führens

- Haben die Mitarbeiter bereits das nötige Fachwissen, um die anstehenden Aufgaben adäquat zu lösen?
- Verfügen die Mitarbeiter bereits über nötige „soziale" Kompetenz und menschliche Reife, um mit Gruppenkonflikten konstruktiv umgehen zu können? (Welche Weiterbildungsmaßnahmen sind nötig, um dies gegebenenfalls nachzuholen?)
- Hat die Führungskraft die nötige „soziale" Kompetenz und menschliche Reife, um den hohen Anforderungen gerecht zu werden, die der kooperative Führungsstil an sie stellt? (Welche Weiterbildungsmaßnahmen sind nötig, um dies gegebenenfalls nachzuholen?)
- Gibt es bei anstehenden Entscheidungen ein maßgebliches Qualitätserfordernis? Ist vermutlich eine Lösung besser als die andere?
- Ist die Akzeptanz der anstehenden Entscheidung durch die Mitarbeiter entscheidend?
- Liegen genügend Informationen vor, um eine korrekte Entscheidung zu treffen?
- Inwieweit ist durch außergewöhnlichen Zeitdruck der Zwang gegeben, den Entscheidungsprozess abzukürzen?
- Insgesamt stellt sich für den Industriemeister die Frage, inwieweit die Organisationsform der teilautonomen Arbeitsgruppen auf der Basis des kooperativ-situativen Führens die höchste Leistungs- und Qualitätssteigerung ermöglicht.

▶ **Teilautonome Arbeitsgruppen**

Sie wurden erstmals bei Volvo erprobt und werden als Kleingruppen verstanden, denen ein kompletter Aufgabenzusammenhang übertragen wird. Alle Tätigkeiten und Abläufe sind von ihnen zu entscheiden. Sie sind führerlos und arbeiten eigenverantwortlich. Die klassische Führungsrolle des Industriemeisters ändert sich zu einer Funktion als **Moderator und Katalysator**. Er greift situativ ein.

Effekte der teilautonomen Gruppenarbeit

- Die Qualität der Produktion steigt.
- Die Einstellung zur Arbeit verbessert sich.
- Fehlzeiten und Fluktuation gehen zurück.
- Die Identifikation mit der Aufgabe steigt.

Die Funktion des Industriemeisters

- Er steht der Gruppe mit seinem Fachwissen als Berater zur Seite.
- Bei Entscheidungsprozessen fungiert er als neutraler Moderator, der den Ablauf von Gruppenprozessen strukturiert.
- Im Falle von Konflikten zwischen mehreren Gruppen übernimmt er die Funktion eines Schlichters.
- Er unterstützt und berät die Gruppen bei Verhandlungen mit übergeordneten Dienststellen.

Durch das Konzept der teilautonomen Arbeitsgruppen verändert sich die Funktion und Rolle des Industriemeisters. Einige Aufgaben entfallen. Dafür kommen neue Funktionen hinzu. Der Industriemeister muss diese neue Rolle aktiv gestalten.

Als Fazit kann man festhalten, dass kooperativ-situatives Führen Folgendes ermöglicht:

- Flexibles Reagieren auf sich ständig ändernde Situationen im Produktionsprozess, bei situativ größtmöglicher Beteiligung der Betroffenen.
- Die Bereitschaft zur Mit- und letztendlich zur Selbstverantwortung.

Fragen/Aufgaben

1. Was sind die Vorteile des kooperativ-situativen Führungsstils?
2. Mit welchem Argument greifen Kritiker ihn dennoch an?
3. Beschreiben Sie die wichtigsten Effekte teilautonomer Arbeitsgruppen.
4. Entscheiden Sie sich für einen Führungsstil und begründen Sie ausführlich Ihre Meinung.

4.2 Der Industriemeister

4.2.1 Stellung/Rolle

Der Industriemeister ist Bindeglied in der betrieblichen Hierarchie zwischen Unternehmensleitung und den ausführenden Mitarbeitern. In dieser Funktion fällt ihm die Rolle zu, die betrieblichen Ziele und die Erwartungen der Mitarbeiter in Einklang zu bringen. Als Mann der Mitte ist er aber nicht dafür da, die verschiedenen Tätigkeiten der im unterstellten Mitarbeiter zu koordinieren. Als Teil unternehmerischer Macht hat er auch disziplinarische Gewalt. Als „verlängerter Arm des Managements" konkretisiert er die Anordnungen von oben, passt sie den besonderen Bedingungen seines Bereiches an oder übersetzt sie in eine für die betroffenen Arbeiter verständliche Form.

Aufgrund dieser Funktion machen sich viele Meister Einstellungen und Argumentationen des Managements zu eigen. In einer Studie wurde festgestellt, dass sich die

Meister mehrheitlich eher mit „oben" identifizieren, sich gleichzeitig jedoch als Unparteiische sehen. Diese Haltung begünstigt die Notwendigkeit des Meisters, mit seinen Argumenten und seinem Verhalten die Zustimmung der ihm unterstellten Arbeitnehmer zu bekommen. Gleichzeitig leitet er die Anregungen, Beschwerden und wichtigen Informationen nach oben weiter. Diese Gleichzeitigkeit von Herrschen und Dienen, die Rolle eines Puffers zwischen „oben" und „unten", erzeugt nicht selten den so genannten Meisterkonflikt. Er ist Interessenvertreter ihm unterstellter Arbeitnehmer und verlängerter Arm des Managements.

● Rollenkonflikte

Viele Konflikte erwachsen dem Meister aus der Erwartungshaltung der Mitarbeiter einerseits und der Unternehmensleitung andererseits. Eine Grundbedingung besteht darin, dass der Meister in einem abhängigen Führungsverhältnis steht, bei dem er einerseits „Geführter", andererseits „Führender" ist.

Rollenerwartungen		**Rollenkonflikte**
– Fachwissen		– Entgelt
– Kooperative Führung	Vorgesetzte	– Arbeitsentgelt
– Kommunikation	und	– Arbeitsinhalte
– Delegation	Mitarbeiter	
– Motivation		

4.2.2 Funktionen und Anforderungen

Widersprüchliche Forderungen von Unternehmensleitung und Mitarbeitern ergeben sich aus Überstunden, Lohnforderungen, Urlaubsansprüchen und Arbeitsinhalten. Hier sollte sich der Meister auf folgende Regeln der kooperativen Führung besinnen:

- gemeinsame Besprechung der anstehenden Probleme (Partizipation)
- gerechten Ausgleich anbieten
- Aufträge und Aufgaben verständlich, sachlich und klar vorstellen
- Mitarbeiter gerecht einsetzen
- Standfestigkeit zeigen
- mit gutem Beispiel vorangehen

Aufgaben		
Unmittelbar produktionsorientiert	Führen von Menschen	Planen, Vorbereiten, Organisieren
– Arbeit planen, vorbereiten und an Mitarbeiter verteilen – Mitarbeiter anweisen und unterweisen – Durchführung der Arbeiten steuern und überwachen – Leistungsbereitschaft und Leistungsfähigkeit der Mitarbeiter fördern – Gruppenzusammenhalt fördern – Mitarbeiter ihren Fähigkeiten entsprechend einsetzen – Mitarbeiter über die Ziele des Unternehmens informieren – Interessen der Mitarbeiter vertreten – Interesse an ihren persönlichen Verhältnissen zeigen – Mitarbeiter beurteilen		

Das Schwergewicht seiner Tätigkeit verlagert sich zunehmend von den rein technischen Arbeiten zur mitarbeiterorientierten Führungsfunktion.

4.2.3 Verantwortung

In der betrieblichen Stellung zwischen Unternehmensleitung und ausführenden Mitarbeitern muss er die vorgegebenen Ziele erfüllen und gleichzeitig die Erwartungen der Mitarbeiter berücksichtigen. Er muss betriebliche Ziele (Sachaufgaben) und die Erwartungen der Mitarbeiter (Zufriedenheit) in Einklang bringen.

Zu diesen Aufgaben gehören also Einsatz, Anleitung und Überwachung der Mitarbeiter. Sie bilden gewissermaßen den Schwerpunkt seines Aufgabenbereiches. Deshalb ist es erforderlich, dass er die geeigneten Führungsmittel ergreift.

• Wirkung des Führungsverhaltens

Schlechte Mitarbeiterführung hat regelmäßig negative Auswirkungen, denn Mitarbeiterverhalten ist stets eine Reaktion auf das Führungsverhalten. In diesem Sinne muss ein Meister mit folgenden Reaktionen rechnen:

Folgen schlechter Mitarbeiterführung
– Fluktuation
– mangelnde/keine Indentifikation mit den betrieblichen Zielen
– mangelhafte Koordination
– geringe Aktivität
– Unzufriedenheit
– Flucht in die Krankheit
– seelische Probleme (Alkoholismus)
– Einengung freier Entscheidung
– mangelnder Wille zur Zusammenarbeit
– schlechtes Betriebsklima
– geringe Produktivität

Aufgaben

1. Beschreiben Sie Aufgabengebiete, die sich aus der Mitarbeiterführung ergeben.
2. Begründen Sie die Bedeutung der Mitarbeiterführung in einem Industriebetrieb.
3. Verdeutlichen Sie die besondere Stellung des Industriemeisters in der Betriebshierarchie.
4. Zeigen Sie an einem Beispiel die Konfliktträchtigkeit der Industriemeisterrolle.

4.3 Grundlagen und Entwicklung der Autorität

Situation

Als Industriemeister bekommen Sie eines Tages den Auftrag, Ihre Abteilung umzustrukturieren. Ihre Bedenken bezüglich den zu erwartenden Schwierigkeiten werden mit der Bemerkung abgetan: „Dann beweisen Sie einmal Ihre Autorität." Sie fragen sich, was genau damit gemeint ist.

Der Begriff Autorität ist aus dem lateinischen auctoritas abgeleitet. Autorität wird allgemein mit Begriffen wie Einfluss, Geltung, Vollmacht und Vorbild gleichgesetzt. Grundsätzlich verstehen wir unter Autorität die Einflussmöglichkeiten einer Person, Gruppe oder Institution und ihrer Repräsentanten auf andere Personen und Sozialbeziehungen aufgrund von Kompetenzen und Überlegenheit. Autorität bedeutet in diesem Zusammenhang Macht, die sich aus erworbenen und zugestandenen Faktoren ergibt.

4.3.1 Formen und Auswirkungen der Autorität

- **Amtsautorität** ergibt sich aus der Position und der ausgeübten Tätigkeit. Dem Industriemeister gestattet sie die Durchsetzung von Aufträgen. Ein Vorgesetzter verhält sich nach allgemeinem Verständnis autoritär, wenn er vom Mitarbeiter eine widerspruchs- und bedingungslose Unterordnung sowie eine kritiklose Anerkennung seines Autoritätsanspruches verlangt. Oft berufen sich Vorgesetzte bei Schwierigkeiten und fehlender Überzeugungskraft auf ihre Amtsautorität. Diese Vorgesetzten missbrauchen dabei gelegentlich ihre Stellung durch persönlichen Zwang, Androhung von Strafen, Schikanen und Machtanwendung. Das führt zu Konflikten mit den Mitarbeitern. Die Berufung auf die Amtsautorität wird immer dann übel genommen, wenn sie unter Umständen ausgeübt wird, in denen ihre Notwendigkeit nicht einsichtig ist.
- **Sachautorität** ergibt sich aus den Kenntnissen, Fähigkeiten und Fertigkeiten, die der Industriemeister für seine Aufgaben mitbringt.
- **Persönliche Autorität** gründet sich auf der Wesensart und den Verhaltensweisen, die von den Mitarbeitern als nachahmenswert angesehen werden. Sie sichert dem Vorgesetzten lang anhaltende und nachwirkende Anerkennung und Wirksamkeit durch die Vorbildfunktion. Dabei spielen die sittliche Haltung, der alltägliche Umgang mit anderen und das Vertrauen, das er dabei erwirbt, eine ausschlaggebende Rolle. Als zukünftiger Industriemeister sollte man dabei bedenken, dass der Weg zur Persönlichkeit einem Entwicklungs- und Reifeprozess unterliegt. Der sicherste Weg dazu ist ein „lebenslanges" Bemühen um Selbstfindung und Selbsterziehung.

Voraussetzungen der persönlichen Autorität
– Selbstvertrauen und Selbstsicherheit. Diese gewinnt man, indem man sich schwierigen Aufgaben stellt und sie erfolgreich löst, z. B. die Meisterprüfung – Kommunikationsbereitschaft und Kontaktfähigkeit – Freundlichkeit im Umgang mit Vorgesetzten und Mitarbeitern – Verzicht auf die Amtsgewalt beim Handeln – Glaubhaftes/authentisches Verhalten

- **Gegensätze der formalen und persönlichen Autorität**

Autorität	
formal übertragen	persönlich erworben
Macht	Vertrauen und Fachwissen
Mittel	
– Befehl – Drohung – Zwang – Strafe – Angst	– Gerechtigkeit – Zuverlässigkeit, Hilfsbereitschaft – Ehrlichkeit – Fairness – vorbildliches Verhalten – berufliche Erfahrung, Urteilsvermögen – Initiative
Auswirkung auf die Mitarbeiter	
– Gehorsam – Unterwürfigkeit, Unselbstständigkeit – Passivität – Widerstand	– Überzeugung und Akzeptanz – Identifikation mit den Unternehmenszielen – Selbstständigkeit

4.3.2 Fach-, Methoden- und Sozialkompetenz

Von Industriemeistern erwarten Geschäftsleitung und Mitarbeiter folgende Kompetenzen:

Fachkompetenz erwächst aus dem Fachwissen und der Erfahrung des Vorgesetzten. Solide Ausbildung und kontinuierliche Weiterbildung sichern hier Ansehen und Anerkennung. Das Vorbild in Wissen und Können überzeugt die Mitarbeiter unmittelbar.

Methodenkompetenz ist die Fähigkeit, Probleme zu erkennen und systematisch zu lösen. Das gilt sowohl für sachliche als auch menschliche Fragen.

Sozialkompetenz benötigt der Industriemeister, um aus seinen Mitarbeitern ein Team werden zu lassen, das kollegial zusammenarbeitet. Durch sein Einfühlungsvermögen überwindet er Spannungen oder lässt sie gar nicht erst entstehen.

Lernkompetenz ist die Fähigkeit, Wissen und Können zu erwerben.

Soziale Kompetenz	
Inhalte	Ziele
– Gedanken, Gefühle und Einstellungen wahrnehmen können – sich situations- und personenbezogen verständigen können – zur Verständigung bereit sein	– Menschenführung – Kommunikation – Entwicklung von Gemeinschaften – Persönlichkeitsentwicklung

Fragen/Aufgaben

1. Welches Ziel ist der Autorität in der betrieblichen Praxis zugrunde gelegt?
2. Beschreiben Sie wesentliche Elemente der Autoritätsformen.
3. Welche Voraussetzungen gewährleisten einem Industriemeister persönliche Autorität?
4. Warum gehört die Sozialkompetenz zu den Schlüsselqualifikationen einer Führungskraft?

4.3.3 Entwicklung der eigenen Persönlichkeit

Situation

Einem brütenden Huhn wurde eines Tages ein Adlerei untergeschoben. Das Huhn brütete seine Küken und so auch den jungen Adler aus. Der Adler wuchs mit den jungen Hühnern auf dem Hühnerhof auf. Er lernte zu gackern, zu scharren und zu picken, wie das das Hühnervolk so tut. Eines Tages, als der Adler schon alt war, stand er mit einer Henne zusammen und sah am Himmel einen Adler kreisen. Er fragt die Henne: „Sag mir, was ist das für eine schöner Vogel?“ Die Henne antwortet: „Das ist der König der Lüfte, aber mach dir nichts draus, unsereins kommt da sowieso nie hin.“

Warum ist das Thema „Persönlichkeit“ und die Entwicklung derselben schon seit Jahrtausenden für die Menschheit so spannend? Das Orakel zu Delphi verkündete die Anweisung: „Erkenne Dich selbst!“ Auftrag und Aufgabe zugleich. Mit diesem Thema beschäftigen sich verschiedene Wissenschaftler, u.a. die „Differentielle Psychologie“, die sich mit den verschiedenartigen Ausprägungen von Merkmalen beschäftigt, die jeden Menschen zu einem einmaligen Individuum machen.

Doch was ist Persönlichkeit? Der Begriff wird aus dem lat./etrusk. abgeleitet als „Maske“, das „Darüberliegende“. Je deckungsgleicher die „Maske“ und das, was sie verhüllt, sind, umso stärker ist die Strahlkraft der Persönlichkeit. Es geht also auch um Echtheit, Glaubwürdigkeit und darum, dass Innen und Außen im Einklang sind. Dann entsteht „Wirkung“, die Faszination der Persönlichkeit.

Der Begriff „Persönlichkeit“ beschreibt somit immer auch etwas Vielschichtiges, das sich vereinfacht so darstellen lässt:

Eisberg-Modell		
Ebenen 1	Sichtbares Verhalten	10 % sichtbar
2	Einstellungen und Werte	90 % unsichtbar
3	Rolle	
4	Selbstkonzept	
5	Charakterliche Eigenschaften/ Dispositionen	

Abb.: 5 Ebenen der Persönlichkeit

Wie bei einem Eisberg ist bei der Persönlichkeit die sichtbarste Ebene das wahrnehmbare Verhalten. Dieses wird aber massiv von den weniger oder gar nicht sichtbaren Ebenen darunter beeinflusst. Oft wird aus dem Verhalten eines Menschen auf dessen Persönlichkeit geschlossen. Wie wir wissen, ist dies jedoch häufig ein Trugschluss.

Wie kann man seine Persönlichkeit entfalten oder entwickeln? Und: Wie kann der Industriemeister zur Persönlichkeitsentwicklung seiner Mitarbeiter beitragen?

Der Zugang ergibt sich über eine bewusste Wahrnehmung:

- Das Verhalten, das sich hier als Summe der Ebenen 2–5 des Eisberg-Modells ergibt, lässt einen Menschen in einer bestimmten Situationen immer wieder ähnlich oder auch immer ganz anders handeln lassen. Es können sich also Stärken und Schwächen im Verhalten des Menschen herausbilden. Ziel der klassischen Persönlichkeitsentwicklung ist es, das zu sein, was man eigentlich ist bzw. sein könnte. Vom Sein zum Schein! Ein höchst aktuelles Thema, wo heute der Schein das Wichtigste zu sein scheint („Die Verpackung ist wichtiger als der Inhalt").
- Die **Ebene der Einstellungen und Werte** lässt sich durch eine Erkundung dessen, „was einem wirklich wichtig ist", klarer erkennen. Ein Klassiker in der Selbsterkundung ist der „Karriereanker" des amerikanischen Organisationspsychologen Edgar Schein. Seine zentrale Fragestellung: Was bevorzuge ich für berufliche Entscheidungen bezüglich folgender Entscheidungsparameter:
  - Fach- und Sachkenntnisse
  - Managementfähigkeiten
  - Autonomie/Unabhängigkeit
  - Sicherheit/Stabilität
  - Arbeit zum Wohle anderer/zielorientiertes Engagement
  - Die reine Herausforderung
  - Lebensweise
  - Unternehmerisches Denken

Peter Senge (Die 5te Disziplin, 2002) weist einen anderen Zugang zu dieser Ebene. Aus einer Liste von 80 Begriffen lässt er nach und nach bei einer Selbstbefragung zuerst die 10 wichtigsten persönlichen Werte definieren, die dann nach und nach bis auf einen Wert reduziert werden.

Fragen

1. Wenn Sie auf fast alles verzichten müssten, was möchten Sie auf gar keinen Fall entbehren?
2. Was ist der zentralste Wert, der auch Ihre Einstellung zum Leben und Ihrem Beruf prägt (z. B. Geld, Macht, Liebe)?

- Die **Ebene der Rolle** umfasst das Selbstverständnis in dem Sinne, wie man welche Rollen als zugewiesenes oder erwartetes Verhalten an sich selbst sieht. Im Berufsleben ist dies untrennbar von der jeweiligen Position oder Stellung, die man hat, abhängig. Der Geschäftsführer hat andere Rollen als z. B. der Industriemeister zu übernehmen und Mitarbeiter in der Verwaltung andere als die in der Produktion. Doch unabhängig von der formalen Beschreibung, was man von einem Positionsinhaber aus einer Stellen- oder Funktionsbeschreibung als Handlungsanweisung entnehmen kann, wird diese Position von jedem anders ausgefüllt werden. Dies hängt u. a. auch damit zusammen, über welches Rollenrepertoire man verfügt. Um kooperativ-situativ zu führen, sollte man als Führungskraft z. B. in Anlehnung an das von Klaus Antons entwickelte „klassische Rollenkonzept" von den 27 definierten Rollen mindestens 15 realisieren können. Das Spektrum reicht von Aufgabenrollen (z. B. Analysieren) über Erhaltungsrollen (z. B. Loben) und Aufbaurollen (z. B. konstruktiv Kritisieren) bis zu aggressiven Rollen (z. B. echte Emotionen wie Wut, Ärger, Freude). Ein in der Wirtschaft gängiges Modell stammt von Maccobby (1977), das Auskunft darüber gibt, wie Führungskräfte ihre Rollen definieren:

  - **Fachmann** („Craftsman")
    Sein Selbstwertgefühl basiert auf seinem Fachwissen und seiner Disziplin. Ihm liegt die strukturierte Projektarbeit, gleichwohl gewinnt er hohe Befriedigung durch das Lösen von Aufgaben in seinem Arbeitsbereich generell. Er ist der Perfektionist, der begeistert an der Entwicklung von technisch überlegenen Produkten arbeitet.
  - **Spielmacher** („Games man")
    Er sieht seine persönliche ebenso wie seine betriebliche Situation als ständigen Wettbewerb, in dem er prinzipiell gewinnen muss und will. Er kämpft hart aber fair, mit kalkulierbarem Risiko. Er gilt als flexibel und ist bereit zu Innovationen. Bei aller Individualität ist er trotzdem kooperativ und zur Teamarbeit fähig.
  - **Firmenmensch** („Company man")
    Er fühlt sich als Teil des Unternehmens, dessen Regeln er strikt einhält. Für ihn ist die weitere Entwicklung und der Erhalt des Unternehmens oft wichtiger als die eigene Karriere. Mitarbeiter wie er sind somit ganz wichtige Stützen des Unternehmens. Er ist gleichwohl eher in administrativen Funktionen bis zur mittleren Managementebene als in Spitzenpositionen zu finden, da ihm Risikobereitschaft und Karriereenergie nicht so viel bedeuten und diese Fähigkeiten ihm auch nicht unbedingt zur Verfügung stehen.
  - **Dschungelkämpfer** („Jungle fighter")
    Er ist eine Kämpfernatur, dem nichts zu viel ist. Dabei bricht er mit allen Konventionen und Traditionen, er missachtet Spielregeln, wenn es ihm, der Sache und dem Unternehmen nützt. Sein Dominanzstreben in allen Bereichen basiert auf einem gut ausgeprägten Selbstbewusstsein, das er benutzt, um seine persönlichen Netzwerke mit dem Ziel auszubauen, für sich selbst und für seinen Unternehmensbereich möglichst viel zu erreichen.

  (Vgl. Maccoby, Michael, „The Gamesman", 1977)

Frage

> Wie schätzen Sie sich spontan ein? Eher als Fachmann, als Spielmacher, als Firmenmensch oder als Dschungelkämpfer?
>
> In der Praxis ist eine Kombination verschiedener Typen wahrscheinlich.

- Das **Selbstkonzept** stellt den vierten Zugang zur eigenen Persönlichkeit dar. Wissenschaftlich sind hier die Einstellungen des Individuums zu sich selbst hinsichtlich Kognitionen, Emotionen und Verhalten gemeint. Wesentliche Fragen, die man sich stellen sollte, wenn man seine Persönlichkeitsstrukturen erkennen will, sind:

  - Wer bin ich?
  - Wie bin ich?

  Dabei sollte man sich speziell auf Wahrnehmung, Gedanken, Einstellungen und Bewertungen über sich selbst konzentrieren. Wesentlich sind die einschneidenden Erfahrungen im Lebensverlauf, die das Selbstkonzept bestimmen, sowie wichtige Interaktionen mit Eltern, Geschwistern, Mitschülern, Lehrern, Ausbildern, Vorgesetzten usw.

Für die eigene Entwicklung gilt: Selbstkonzepte sind erlernt und können auch wieder verlernt oder „umgeschrieben“ werden. Das ist ein positiver auf Entwicklung hin ausgerichteter Ansatz:

Bewusstmachen des eigenen Selbstkonzeptes (Stärken, Schwächen, Normen, Werte, Rollen, Eigenschaften) und Entwickeln eines positiven Selbstkonzeptes (z. B. Selbstannahme „Ich bin so und ich stehe zu mir!“ oder Arbeit mit sich selbst „Ich nehme mir vor, meine eigenen Gedanken zu entwickeln und zu äußern!“).

▶ **Dispositionen** (Verhaltensmöglichkeiten) und **charakterliche Eigenschaften** stellen die tiefste und wohl am schwierigsten zu beeinflussende Ebene dar. Hier manifestiert sich die Individualität auch in Form von angeborenen Potenzialen und Defiziten. Doch kennt man seine eigenen Talente und Möglichkeiten wirklich?

Ziele sind auf dieser Ebene:

- diese Fähigkeiten kennen zu lernen und auszubauen
- zu entdecken, inwieweit die Potenziale und Dispositionen konstruktiv-positiv oder destruktiv verankert wurden. Denn jede Disposition zur Stärke kann in ihrer Übertreibung zur Schwäche oder zum Negativen werden.

Aufgabe

Beschreiben Sie Ihre 3 größten Schwächen und Stärken!

• Persönlichkeitsmerkmale

Ein wesentlicher Zugang zu dieser Ebene wurde durch den großen Psychologen C. G. Jung geschaffen. Ein erster Zugang zu der Tiefenschicht der Persönlichkeit und wie man den Grundtypus erkennen kann, läuft über die Bearbeitung folgender Begriffspaare.

Aufgabe

Kennzeichnen Sie, was für Sie selbst zutrifft.

Extraversion	**Introversion**
aktiv	reflektierend
außen	innen
gesellig	reserviert
Leute	Privatsphäre
viele	wenige
ausdrucksvoll	ruhig
Breite	Tiefe
Denken	**Fühlen**
Kopf	Herz
objektiv	subjektiv
Gerechtigkeit	Harmonie
kühl	sorgend
unpersönlich	persönlich
kritisierend	anerkennend
analysierend	sich einfühlen
präzise	überzeugend
Prinzipien	Werte
Empfindung	**Intuition**
Details	Muster
Gegenwart	Zukunft
Praxis	Vorstellung
Tatsachen	Neuerung
Reihenfolge	Zufall
Richtung	Ahnung
Wiederholung	Abwechslung
genießen	erwarten
Anstrengung	Einfall
bewahren	verändern

Beurteilung	Wahrnehmung
organisierend	flexibel
Struktur	Fluss
Kontrolle	Erfahrung
entscheidend	Neugierig
schließend	öffnend
planend	wartend
Schlusspunkte	Entdeckungen
produktiv	aufnehmend

Abschließend stellt sich die Frage, welche Teile der Persönlichkeit der Industriemeister ausprägen muss, um die relevanten Entwicklungsprozesse bei einzelnen Mitarbeitern und Teams voran zu bringen.

4.3.4 Erwartungen an den Industriemeister

Situation

Sie stellen immer wieder fest, dass Sie sehr schnell aus der Haut fahren und Dinge äußern, die Ihnen später wieder Leid tun. Sie merken, dass dieser Umstand Ihnen zu schaffen macht. Was wollen Sie dagegen tun?

Der Industriemeister steht im Spannungsfeld der Anforderungen zwischen Unternehmensleitung und Mitarbeiter. Daraus ergeben sich viele Erwartungen.

Erwartungen		
Mitarbeiter	Vorgesetzte	Meisterkollegen
– Mitarbeiterorientiertes Verhalten – Fachkompetenz zur Erreichung des Gruppenzieles – Hilfe bei Auseinandersetzungen mit höheren Stellen – Toleranz, Respekt vor ihrer Persönlichkeit, Aufgeschlossenheit, Gerechtigkeit bei Auseinandersetzungen und Objektivität bei Beschwerden – Information bei wichtigen Problemen und Entscheidungen – Rückmeldung über ihre Leistungen	– Autoritätsorientierung, d.h. problemlose, unauffällige und leicht lenkbare Mitarbeiter – Arbeitshaltung und Leistungsqualität: Die übertragene Arbeit soll gewissenhaft ausgeführt werden – Identifikation mit der Arbeit – Kollegialität und Kontaktbereitschaft, d.h. aufgeschlossen, kontaktbereit und aktiv zur Schaffung eines guten Betriebsklimas beitragen – Vorbildfunktion – Integre, loyale Persönlichkeit	– Einhaltung der Kompetenzen – Gewährleistung des Informationsflusses – Gegenseitiges Vertrauen – Wertschätzung und Hilfsbereitschaft

Die wichtigsten Einflussfaktoren auf das betriebliche Verhalten des Menschen sind:

- **Die persönliche Verfassung**: Die körperliche, geistige und seelische Fitness wirkt sich positiv oder negativ auf das Verhalten aus.
- **Die Arbeitsaufgabe**: Je besser die Inhalte auf die Fähigkeiten und Interessen abgestimmt sind, desto positiver wirken diese auf das Verhalten. Wichtig ist dabei, dass man den Grad der Unter- bzw. Überforderung bei sich erkennt und rechtzeitig entgegensteuert.

- **Die Arbeitsumgebung**: Sehr unterschiedliche Einflüsse wirken sich auf das Wohlbefinden aus. Viele Faktoren lassen sich nicht ändern. Man sollte jedoch das verbessern, wozu man in der Lage ist, und den Rest bewusst hinnehmen. Ist dieser Rest jedoch unerträglich, dann sollte man die Stelle wechseln.

Führen ist immer häufiger von Antinomien, also von unauflösbaren Widersprüchen geprägt. Besonders die vielen unterschiedlichen Erwartungen, die an den Industriemeister gestellt werden, scheinen häufig nicht miteinander vereinbar. Der Industriemeister kann sich so nach einem harten Arbeitstag nur vor einer weiteren, zu starken Belastung schützen, indem er durch ein gutes Selbst- und Prioritätenmanagement die Erwartungen von Betrieb und Familie ausgleicht. Ansonsten kommen die Forderungen und Wünsche von Frau und Kindern nach einem ansprechbaren und handlungsfähigen Mann und Vater zu kurz.

Selbstmanagement

Vor Arbeitsbeginn

- Erholsamer Schlaf, gutes Frühstück und ohne Hast zur Arbeitsstelle gehen
- Überprüfung des Tagesplanes und Zeitplanabstimmung mit den Mitarbeitern
- Positive Grundstimmung zur eigenen Person und zu den Mitarbeitern

Während der Arbeit

- Weitsichtige realistische Arbeitsvorbereitung und Terminplanung
- Komplizierte und wichtige Dinge nicht aufschieben
- Ungeplante impulsive Aktivitäten vermeiden
- Angefangene Arbeiten sinnvoll abschließen
- Rechtzeitig Pausen einlegen
- Menschenfreundlichen Umgangston pflegen

Nach der Arbeit

- Ordnung des Arbeitsplatzes
- Ergebnis- und Selbstkontrolle durchführen
- Zeit zur Entspannung einplanen
- Probleme nicht unter allen Umständen alleine lösen wollen

Weitere Impulse: Hilfen zur eigenen Zeitplanung

Erfolgreiche Führungskräfte haben eines gemeinsam: Sie wissen, dass Zeit weder vermehrbar noch speicherbar ist. Sie nutzen daher ihre Zeit bewusst und systematisch. Dazu machen sie eine Zeitinventur und klären:

- Kann diese Tätigkeit weitergegeben werden?
- Wie wichtig sind diese Tätigkeiten?
- Warum kommt es zu Zeitverlusten?
- Weshalb verbraucht diese Arbeit so viel Zeit?

Wenn man diese Fragen immer ehrlich beantworten und entsprechend handelt, dann wird man bald viel Zeit für wesentliche Dinge gewinnen und dem Stressfaktor Zeit entschieden begegnen.

Allgemeiner Stress lässt sich fast immer dann bewältigen, wenn man folgende Strategien anwendet:

- **Erhöhung der Stresstoleranz**
  Dazu muss die Führungskraft sich einer Stresssituation bewusst stellen, d.h. psychische und physische Reserven aufbauen.
- **Überprüfung des persönlichen Normen- und Wertesystems**
  Die Führungskraft muss sich kritisch mit den eigenen Zielen und Normen auseinandersetzen und dabei ihre Grenzen kennen lernen. Sie sollte nur Aufgaben übernehmen, die ihrem Leistungsvermögen entsprechen und ihre fachliche und persönliche Kompetenz durch dauernde Lernprozesse verbessern.

- **Verbesserung des persönlichen Arbeitsverhaltens**
  Hierfür müssen realistische Ziele und Prioritäten gesetzt werden.
- **Überprüfung des Rollen- und Selbstkonzeptes**
  Die Führungskraft muss klären, welche Antreiber (z.B. „Mach's allen recht!", „Sei immer hilfsbereit!" ...) welchen „Erlaubern" („Du darfst auch mal Nein sagen!", „Lass die Probleme dort, wo sie herkommen!"...) gegenüber stehen.
- **Entspannung und Muße**
  Arbeitsfreie Zeit soll nicht mit weiteren Stresssituationen angereichert werden. Aktive, aber mäßige Freizeitaktivitäten, z.B. Hobby und Sport, entspannen besser als völliges Nichtstun.

Aufgaben

1. Beschreiben Sie verschiedene Einflussfaktoren Ihres Verhaltens.
2. Zeigen Sie Wirkungszusammenhänge zwischen Ihrem Handeln und bestimmten Stressfaktoren.
3. Machen Sie Vorschläge zur Stressbewältigung in betrieblichen Situationen.

Situation

In einem Maschinenbaubetrieb werden in der Dreherei ein Meister, zwei Vorarbeiter sowie zwanzig Facharbeiter und Angelernte beschäftigt. Der Industriemeister Müller ist dem Betriebsleiter direkt unterstellt. Die Facharbeiter bzw. Angelernten werden im Einzelakkord bezahlt. Für die Reparatur defekter Maschinen ist eine Instandhaltungsabteilung zuständig. Der dieser Abteilung vorgesetzte Betriebsschlosser ist ebenfalls dem Betriebsleiter direkt unterstellt. Oft fallen zwei Maschinen gleichzeitig aus. Dann kommen zwei Arbeiter gleichzeitig zum Betriebsschlosser und verlangen die unverzügliche Reparatur. Der ist in solchen Fällen regelmäßig in einer schwierigen Situation. Der zu kurz gekommene Arbeiter geht meistens zum Meister und beschwert sich über den Schlosser, weil dieser ihm nicht die Maschine reparieren wolle. Da Meister Müller seine Arbeiter vor Lohnausfall schützen will, setzt er den Schlosser unter Druck. So gibt es ständig Reibereien um die Frage, welche Maschine er zuerst reparieren soll. Industriemeister Müller ist schließlich der ständigen Streitereien überdrüssig und fragt sich, was er unternehmen kann, um Konflikte dieser Art aus der Welt zu schaffen.

Fragen/Aufgaben

Untersuchen und diskutieren Sie die Problemsituation unter folgender Aufgabenstellung:

1. Welche Probleme der Rollenerwartung haben die Beteiligten: Schlosser, Meister, Arbeiter, Betriebsleiter?
2. Unter welchen Beurteilungs- bzw. Interessenstandpunkten kann das geschilderte Problem von den jeweiligen Beteiligten gesehen werden?
3. Welche Maßnahmen schlagen Sie dem Industriemeister Müller vor?

5 Anwendung von Führungsmethoden und -techniken

5.1 Delegation von Aufgaben

5.1.1 Kriterien für den Einsatz von Mitarbeitern

Situation

Walter Balsam hat seine Ausbildung kürzlich überdurchschnittlich gut abgeschlossen. Meister Müller traut ihm viel zu. Als ein Engpass aufgrund von Urlaub und Krankheit in der Produktionsgruppe Maier eintritt, braucht Meister Müller dringend Ersatz. Jedoch ist dieses Team sehr leistungsorientiert und arbeitet in einem hochtechnisierten Aufgabenfeld. Ob er Walter Balsam in dieser schwierigen Situation dort einsetzen kann?

Das Delegieren von Aufgaben und Verantwortung, auch im Rahmen des Zielvereinbarungsprozesses (vgl. Kap. 4.1), wird erst dann effizient, wenn die entsprechenden Voraussetzungen geschaffen werden.

Voraussetzungen
Allgemeine Organisation
– Betriebs- und Organisationsmittel (Räume, Ausstattung, Kapital usw.) – Klare Organisationsstruktur (Zuständigkeiten) – Genaue Stellenbeschreibung, Funktionsbeschreibung – Klare Zielvorgaben – Organisations- und Stellenplan (Organigramm der Aufbauorganisation) – Ermessens- und Entscheidungsspielräume im Rahmen der übernommenen Handlungsverantwortung – Fähigkeit, Entscheidungen zu treffen und zu verantworten
Forderungen an Führungskräfte
– Umfassende Information – Konzentration auf Führungsfunktion, Mitarbeiter: Beratung, Kontrolle – Mitarbeiter richtig einschätzen: Wer kann was? – Ziele und Ergebnisse besprechen: Beurteilung – Zielorientiert planen, koordinieren und organisieren – Mitarbeitern vertrauen und tolerant sein: Partnerschaft – Konstruktive Kontrolle: Kritik und Anerkennung
Anforderungen an die Mitarbeiter
– Fachliche Kompetenz (Fähigkeiten und Fertigkeiten/Kompetenzen des Mitarbeiters) – Wille zur Übernahme von Verantwortung, Eigeninitiative und Selbstständigkeit – Ganzheitlich und unternehmerisch orientiert denken – Kooperationsfähigkeit, auch mit Vorgesetzten – Fachliche Fähigkeiten und Fertigkeiten – Belastbarkeit

Vorteile	
für Führungskräfte	für Mitarbeiter
– Mehr Zeit für konzeptionelle Aufgaben (neue Ideen) – Entwicklung der Mitarbeiter zu Führungskräften – Bessere Beurteilung von Mitarbeitern – Zielgerichtetere Entwicklung	– Sinnhaftigkeit der Arbeit wird intensiver erlebt – Eigene Ideen einbringen und realisieren können – Seinen Fähigkeiten und Bedürfnissen nach eingesetzt werden und damit auch bessere Leistungen bringen – Eigene Entwicklung voranbringen – Zufriedenheit steigt

Stellenbeschreibung/Anforderungs- und Eignungsprofil

Ein wesentlicher Punkt zur effizienten Delegation und Bewältigung von Aufgaben (bereichen) ist die Stellen- bzw. Aufgabenbeschreibung und das Anforderungsprofil. Sie sollen der Orientierung für Vorgesetzte und Mitarbeiter dienen. Voraussetzung ist die schriftliche Beschreibung der Stellen und der damit verbundenen Funktion, der notwendigen Kompetenzen und Verantwortlichkeiten. Folgendes sollte festgehalten werden:

- Bezeichnung der Stelle
- Hierarchische und organisatorische Einbindung
- Die mit der Stelle verbundenen Ziele
- Vertretungsregelungen
- Aufgaben, Kompetenzen und Verantwortlichkeiten

Stellenbeschreibungen bedürfen der ständigen Anpassung an die Produktionsprozesse und betrieblichen Zielsetzungen. Sie sollten jährlich überprüft und auch im Gespräch mit den Stelleninhaber überarbeitet werden. Wichtiger Bestandteil ist das Anforderungs- und Eignungsprofil. Dieses ist die genaue Beschreibung der Kompetenzanforderungen bezogen auf folgende Aspekte:

- Fachliches Wissen und Können (z.B. Ausbildung/Erfahrung)
- Anforderungen an Arbeitsleistung und Arbeitsverhalten
- Verantwortung für die eigene Arbeit, für andere, für Sicherheit
- Soziale Kompetenzen (z.B. Teamfähigkeit)
- Belastung (geistig und muskular)
- Umgebungseinflüsse, z.B. Klima, Staub, Lärm, Hitze, Nässe

Die inhaltliche Stellenbeschreibung und das zugehörige Anforderungs- bzw. Eignungsprofil hat eine Reihe von Vorteilen:

- Der Mitarbeiter weiß Bescheid über die wesentlichen Tätigkeiten seines Aufgabenfeldes, Rechte/Pflichten bzw. Kompetenzen und Verantwortung.
- Der Vorgesetzte kann die Erreichung der Ziele objektiver kontrollieren und Nahtstellen im Arbeitsprozess besser koordinieren.
- Doppeltätigkeiten, Defizite und Kooperationsbereiche sind leichter identifizierbar.
- Die Personaleinsatz-, Nachfolgeplanung und Weiterbildung lässt sich aufgrund objektiverer Daten effizienter realisieren.
- Durch Stellenbeschreibung und Anforderungsprofil lassen sich Stellenbesetzungen und eingehende Bewerbungen schneller und besser bearbeiten.

Problematisch ist jedoch, dass sowohl Stellenbeschreibung als auch Anforderungsprofile niemals detailliert genug sein können. Sie müssen aber auf das Wesentliche beschränkt sein. Dadurch entstehen Interpretationsprobleme und der Ansatzpunkt für mögliche Konflikte. Folgende Formulierung ist sehr hilfreich: „Der Stelleninhaber ist verpflichtet, Aufgaben durchzuführen, die hier nicht aufgeführt sind, wenn sie dem Wesen nach zu seiner Stelle gehören." Die Kunst der Führung besteht darin, das schriftlich Festgehaltene in der jeweiligen Situation optimal zu realisieren. Dazu sind

Mitarbeitergespräche notwendig. Der Vorgesetzte muss kommunizieren, informieren, fördern und Rückmeldung geben.

5.1.2 Ziele und Grundsätze des Delegierens

● Ziele

Die Komplexität der Funktionszusammenhänge im Betrieb nimmt zu, Aufgaben müssen auf mehrere Schultern verteilt werden. Delegation ist ein Führungsmittel zur Erreichung von Zielen.

Entscheidend ist jedoch, **wie** und an **wen was** delegiert wird. Ziel sollte hierbei für den Vorgesetzten sein, die Mitarbeiter möglichst selbstständig und eigenverantwortlich handeln zu lassen.

● Definition

Delegation ist die Zuordnung/Übertragung von Aufgaben (Aufgabenbereichen) bei gleichzeitiger Übertragung von Verantwortung und entsprechender Kompetenz.

Neben umfassenden Tätigkeiten (Aufgaben) werden aber auch kleinere Arbeiten delegiert. Man unterscheidet zwischen folgenden Möglichkeiten:

- *Dauer-Delegation* = kontinuierliche Übernahme von Aufgaben und daraus resultierender Arbeiten und Entscheidungen.
- *Ad-hoc-Delegation* = sofortige und kurzfristige Übernahme und Erledigung von Arbeiten.

Prinzipiell ist alles delegierbar, was auf der jeweils nächsten unteren Ebene entschieden und ausgeführt werden kann. Entscheidungen müssen also nicht mehr allein vom Leiter eines Funktionsbereiches getroffen werden, sondern von den Mitarbeitern. Delegiert man aus der Haltung des kooperativ-situativen Führungsstils heraus, so hat das für die Mitarbeiter folgende Konsequenzen:

- Deren Bedürfnis nach Selbstständigkeit, Entscheidungsfreiheit (Selbstverwirklichung) wird berücksichtigt.
- Sie werden von Erfüllungsgehilfen zu selbstständig denkenden und handelnden Mitarbeitern.

● Grundsätze

Der Erfolg hängt u.a. von folgenden Faktoren ab:

- Die Stellen- bzw. Arbeitsplatzanforderung (z.B. die Stelle verlangt ein hohes Maß an technischem Können).
- Die Eignung des Mitarbeiters (Fähigkeiten und Fertigkeiten).
- Die Planung des Mitarbeitereinsatzes in besonderen Situationen (z.B. Maschinenausfall, Sonderschichten, krankheitsbedingte Ausfälle, Urlaub).

Die Übertragung von Kompetenzen steigert das Selbstwertgefühl und erhöht die Verantwortung für die Realisierung der übertragenen Aufgaben.

● Aufgabenwechsel

Um Starrheit und Einfallslosigkeit, aber auch Fehlerhäufigkeiten im Verhalten der Mitarbeiter zu vermeiden, sollte systematisch mit Aufgabenwechseln gearbeitet werden. Dadurch wird das Potenzial der Mitarbeiter besser ausgenutzt und die Identifikation mit dem Gesamtprodukt erhöht. Kreativität und Flexibilität werden erhöht und das Verständnis für vor- bzw. nachgelagerte Tätigkeiten unterstürzt. Wie sich in wissenschaftlichen Untersuchungen gezeigt hat, empfehlen sich zur Steigerung der Arbeitseffizienz z.B. folgende Methoden:

Job-Rotation	Job-Enrichment	Job-Enlargement
Systematischer Arbeitsplatztausch	Aufgabenbereicherung, z.B. durch Übernahme vor- und nachgelagerter Tätigkeiten wie Planung und Kontrolle	Aufgabenvergrößerung durch Übernahme verschiedener Tätigkeiten innerhalb eines Arbeitsplatzes

Aufgaben

Führungsstil und Übertragung von Aufgaben sind eng miteinander verbunden.

Ordnen Sie die Delegation von Aufgaben einem Führungsstil zu:

1. Herr Maier, wie Sie die Aufgabe bewältigen, ist Ihr Bier. Mich interessiert nur das Ergebnis. In zwei Stunden sind Sie fertig!
2. Herr Müller, Sie sollten sich mal mit der Störung am Montagabend beschäftigen. Lassen Sie sich Zeit. Falls es Ihnen zu schwierig ist, dann werde ich Ihnen helfen.
3. Nehmen Sie es mir nicht übel, aber der Chef ist mit der Qualität nicht zufrieden. Man müsste mal schauen, was sich da machen lässt.
4. Wir haben eine Reklamation des Kunden B. Das stimmt mich sehr nachdenklich. Dieses Thema betrifft das Aufgabengebiet von Herrn Huber. Bitte erarbeiten Sie mir Vorschläge für die Abschaffung der Mängel. Wie lange brauchen Sie vermutlich dazu?

5.1.3 Arbeitsaufträge erteilen

• Bedeutung

Neben der Delegation von Aufgaben ergibt sich immer wieder die Notwendigkeit, Arbeitsaufträge zu delegieren (Ad-hoc-Delegation). Der Industriemeister muss dazu Folgendes klären:

- Welche Art von Arbeit ist zu erledigen? (Z.B. Maschinentakt ändern, Reinigung von Bändern, Beseitigung einer Störung)
- Fällt diese Arbeit in ein bereits delegiertes Aufgabenfeld?
- Wer kann die Arbeit erledigen? (Überforderung/Unterforderung/Verlust an Selbstwertgefühl/Kompetenz)
- Wer muss immer wieder den „Springer“ spielen?
- Wie viel Zeit ist erforderlich?
- Wer hat Zeit?
- Bis wann muss die Arbeit erledigt sein?
- Kann die Aufgabe von einem Mitarbeiter allein bewältigt werden?
- Ist die Arbeit an maschinelle Unterstützung gebunden? Sind die Arbeitsmittel vorhanden?
- Braucht es Unterstützung von außen (externe Monteure)?
- Wie muss das Ergebnis aussehen?

Diese Fragen muss der Industriemeister entweder selbst oder je nach Situation in Abstimmung mit den betroffenen Mitarbeitern klären. Neben delegierten Aufgaben, die planbar sind, sind für die Führung gerade diese nicht-planbaren Arbeiten oft sehr schwierig. Für einen effizienten Produktionsprozess sind sie wichtig. Auch das betriebliche Klima und die Qualität der Produkte hängen oft von der Art ab, in der die Aufträge erteilt werden.

• Inhalte

- Art der Arbeit: Reparatur
- Menge: Auswechseln von 7 Aggregaten
- Qualität: Provisorische oder umfassende Reparatur?
- Termin: Bis wann muss die Reparatur fertig sein?
- Schnittstellenprobleme klären, wenn Zuarbeiten anderer Gruppen notwendig sind
- Arbeitsmittel: Organisation im Materiallager
- Unterstützung: Bei Bedarf Rückgriff auf Beratung durch Industriemeister

- **Grundsätze**

– Im kooperativen Führungsstil
– Eindeutig und klar
– Mitarbeiter nach seiner Meinung befragen
– Klären, ob der Arbeitsauftrag verstanden wurde
– Art, Umfang, Zeit, Kosten besprechen
– Aufträge gerecht auf Mitarbeiter verteilen, nicht immer denselben Mann für unangenehme Arbeitsaufträge auswählen
– Nach Beendigung der Arbeit sich berichten lassen, kontrollieren und entsprechende Rückmeldung an den Mitarbeiter (Lob/Kritik) geben.

- **Mögliche Reaktionen der Mitarbeiter**

Aktion und Reaktion bedingen sich gegenseitig. Bei der Auftragserteilung kann die gewollte Information nicht richtig ankommen:

Gründe	Reaktion
Mitarbeiter fühlt sich ungerecht behandelt.	Bewusst schlampige Ausführung
– Aufgabe wurde nicht verstanden – Arbeit ist unangenehm – Mitarbeiter ist über- oder unterfordert	Passiver Widerstand
Arbeit ist unangenehm	Aktiver Widerstand
Zeit zu knapp kalkuliert	Die Ausführung dauert zu lange
Schnittstellen wurden nicht angesprochen, schlechte Information	Streit mit Kollegen

Es gibt also eine Reihe von Reaktionen auf eine schlechte Auftragserteilung. Zu erwähnen ist auch noch der kommunikative Aspekt:

Fehler und deren Vermeidung	
– **„Gedacht ist nicht gesagt."** Der Industriemeister gibt nicht alle Informationen.	Fragen Sie nach!
– **„Gesagt ist nicht gehört."** Der Auftrag wird in einer stressigen Situation erteilt. Weder Meister noch Mitarbeiter können sich voll konzentrieren.	Information möglichst in Ruhe, klar und eindeutig vermitteln. Mimik, Gestik, Lautstärke, Wortwahl, Tempo, dem Gesagten anpassen.
– **„Gehört ist nicht verstanden."** Der Mitarbeiter signalisiert schnelles Verstehen, denkt aber bereits an Lösungen, ohne das Problem und den Auftrag voll erfasst zu haben.	Meinung des Mitarbeiters einholen, Fachgespräch führen.
– **„Verstanden ist nicht einverstanden."** Der Mitarbeiter denkt an eine andere Lösung als der Meister oder ist mit dem Auftrag prinzipiell nicht einverstanden.	Der Industriemeister muss Überzeugungsarbeit leisten, sich Zeit für die Diskussion nehmen oder auf dem erwarteten Ergebnis bestehen.

- **Schriftform der Arbeitsaufträge**

Komplexe Arbeitsvorgänge sollten schriftlich formuliert werden, wenn mehrere Personen/Gruppen betroffen sind. Das gilt vor allem, wenn es um Zahlen, Maßeinheiten, Qualitätsnormen oder um Präzisionsarbeiten geht.

5.1.4 Handlungsspielräume geben

Die menschengerechte, moderne Organisation folgt dem Menschenbild des Typ Y (vgl. S. 62). Dieser Mitarbeiter-Typus erwartet, dass man ihm Handlungsspielräume und Entscheidungsmöglichkeiten gibt. Er ist willens und fähig mitzudenken und will deshalb auch mitverantworten. Dies muss auch ein Ziel der betrieblichen Weiterbildung sein.

- **Formelle Handlungsspielräume**

- **Stellen- bzw. Funktionsbeschreibungen** definieren und begründen, was ein Positionsinhaber unabhängig von der individuellen Zielvereinbarung für Aktionsfelder hat, die er alleine oder zusammen mit anderen zu verantworten hat.
- **Art der Delegation**: Ad-hoc- oder Dauerdelegation. Hier muss individuell gegebenenfalls der Handlungsspielraum zwischen Vorgesetztem und Mitarbeiter definiert werden.
- **Handlungsvollmacht**: Im Rahmen eines Handelsgeschäfts erteilte Ermächtigung, umfassend oder für einzelne Geschäftsarten für einen oder andere tätig zu werden. Die Handlungsvollmacht ist eine vom Kaufmann erteilte besondere Vollmacht. Sie kann in drei Formen erteilt werden:
- Bei der *Generalhandlungsvollmacht* ist der Bevollmächtigte zum Betrieb des gesamten Handelsgewerbes berechtigt. Um eine *Spezialhandlungsvollmacht* handelt es sich, wenn der Bevollmächtigte nur ein einziges Rechtsgeschäft vornehmen darf. Eine *Arthandlungsvollmacht* liegt vor, wenn der Bevollmächtigte bestimmte Arten von Geschäften (z.B. Verkauf oder Kauf) vornehmen darf (vgl. §§ 54 ff. HGB, ARD-Ratgeber Recht).
- Im Unterschied zur Prokura (s.u.) wird die Handlungsvollmacht nicht ins Handelsregister eingetragen, der Inhaber der Handlungsvollmacht unterschreibt gewöhnlich mit i.V. (in Vollmacht).
- **Prokura** (lat.), handelsrechtliche Vollmacht, die zu allen Geschäften und Rechtshandlungen ermächtigt, die der Betrieb eines Handelsgewerbes mit sich bringen kann; wird im Handelsregister eingetragen. Der Prokurist unterschreibt gewöhnlich mit ppa. (per procura).

- **Informelle Handlungsspielräume**

Viele betriebliche Prozesse können nicht exakt durch formale Richtlinien erfasst werden. Dies würde die Flexibilität und Elastizität auch extrem einschränken. Gleichwohl gibt es natürlich eine Vielzahl von definierten Handlungsanweisungen (z.B. auch durch die Berufsgenossenschaft zur Vermeidung von Unfällen), die dennoch Handlungsspielräume lassen.

- Da der Mitarbeiter sich hier unter Umständen auf ein sehr unsicheres Terrain begibt, muss der Industriemeister bzw. der Vorgesetzte auch zu seinen Mitarbeitern stehen, wenn er per Aufgabendelegation auch die Verantwortung delegiert, soweit seine Mitarbeiter nicht grob fahrlässig gehandelt haben.
- Insgesamt zeichnen sich gute Mitarbeiter, die motiviert ihre Aufgaben realisieren, durch Selbstinitiative und Proaktivität (es wird nicht erst auf Anweisung gehandelt) aus. Dies gilt es unbedingt zu erhalten. Die Führungsaufgabe bedeutet jedoch bei allen Spielräumen, Gutes zu loben, anzuerkennen, Fehler konstruktiv-kritisch anzusprechen/zu korrigieren.

5.2 Qualifikationsbedarf und Qualifizierung

Situation

Die Unternehmensleitung hat den Einsatz von CNC-gesteuerten Maschinen beschlossen. Sie bekommen als Industriemeister den Auftrag, festzustellen, wer von den Mitarbeitern über entsprechende Kenntnisse verfügt bzw. wer sich wohl am schnellsten einarbeiten könnte. Was unternehmen Sie?

5.2.1 Aufgaben der Führungskraft

„Der Mitarbeiter ist unser wertvollstes Kapital." Diese Erkenntnis hat bei dem hohen nationalen und internationalen Wettbewerbsdruck eine neue Bedeutung. Für Deutschland war bislang ein hoher Qualifikationsstandard der Mitarbeiter ein wichtiger Erfolgsfaktor. Nun relativiert sich dies zunehmend durch die permanente Kostensteigung, insbesondere der Personalkosten. Es werden daher kostengünstige, kompetente, schnell lern- und anpassungsfähige, leistungs- und qualitätsmotivierte Mitarbeiter benötigt.

- Diese muss der Industriemeister zum richtigen Zeitpunkt auswählen und am richtigen Arbeitsplatz einsetzen.
- Er muss den Personaleinsatz rechtzeitig planen.
- Außerdem ist eine permanente Qualifikation der Mitarbeiter nötig.
- Falsch eingesetzte, schlecht ausgebildete und demotivierte Mitarbeiter verursachen erhebliche Zusatzkosten (z. B. Qualitätsmängel, Reklamationen, Fehlzeiten, Fluktuation).

Der Anreiz, Hochleistung zu erbringen, wird stark von dem Arbeitsklima bestimmt, von der Unternehmenskultur und den Chancen zur Weiterentwicklung. Gleichwohl muss der Industriemeister wissen, dass hinsichtlich dem Lernen von Erwachsenen Folgendes gilt:

- Erwachsene sind oft lernungewohnt und lerngeschädigt (Lernabneigung).
- Sie lernen das am besten, was in ihre Problemsituation passt und in direktem Zusammenhang mit lebenswichtigen Fragen steht.
- Das Lernen über Erfahrung steht im Zentrum.

Konzepte des „Lernens am Arbeitsplatz" vermitteln das unmittelbar Notwendige. Oft können aber Mitarbeiter nicht mehr in der Gesamtlogik/Ganzheitlichkeit der Produktionsprozesse mitdenken. Deshalb ist es notwendig, eine Kombination an Weiterbildungsmaßnahmen zusammenzustellen. Dazu muss zunächst der Qualifikationsbedarf festgestellt werden. Die Fachbildung muss folgenden Aspekten entsprechen:

- den Anforderungen des Arbeitsplatzes,
- den persönlichen Stärken/Schwächen des Mitarbeiters,
- der Situation des Arbeitsteams.

Dem Industriemeister sollte bewusst sein, dass jede Investition in die Qualifizierung zielunterstützend sein muss. Diese Investition ins „Humankapital" beginnt bereits bei der Auswahl neuer Mitarbeiter, der Einarbeitung und dem Arbeitsalltag, der möglichst effizient und schnell gestaltet werden soll.

Die Aufgaben im Einzelnen:

Schritte in der Personalauswahl und -qualifizierung

- **Personalauswahl:** Wichtig ist die Genauigkeit bei der Stellenbeschreibung und beim Anforderungsprofil. Im Auswahlverfahren (z.B. Test) und beim Bewerbergespräch muss darauf Bezug genommen werden.
- **Einarbeitung** der (neuen) Mitarbeiter und Heranführung an moderne Techniken und Produktionsverfahren:
  - Feststellen des Qualifizierungsbedarfes (z.B. durch Beobachtung, Befragung)
  - Umschulung (z.B. Erlernen eines neuen Berufs)
  - Anpassungs-Weiterbildung, z.B. Seminare, Lernpartnerschaften, Training-on-the-job, Werkstattlernen, neue Formen der Qualitätssteigerung durch verstärkte Identifikation der Mitarbeiter mit ihrer Arbeit (z.B. durch Umsetzen eigener Ideen).
- **Lernen am Arbeitsplatz**: Hiermit sind jene Formen der Aus- und Weiterbildung gemeint, die im alltäglichen Arbeitsprozess zu nachhaltigen Verhaltensveränderungen (= Lernen) führen. Dies betrifft fachliche, soziale und persönliche Verhaltensziele.

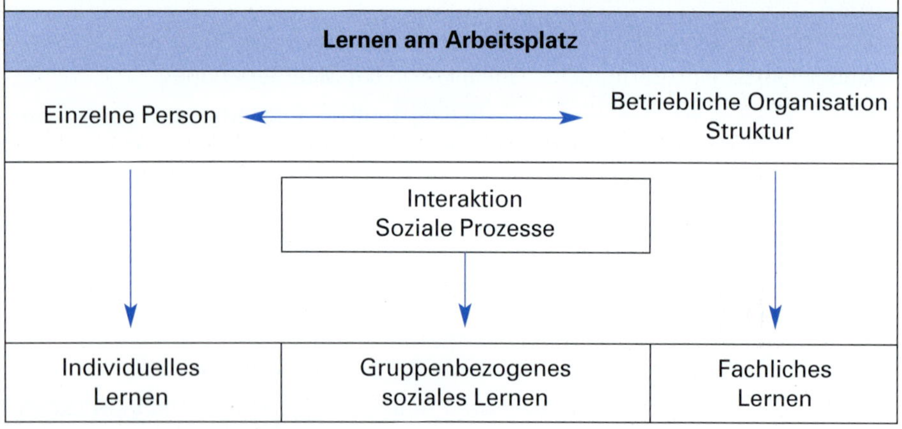

Quelle: vgl. Decker, F.: „Aus- und Weiterbildung am Arbeitsplatz", 2002, S. 82

5.2.2 Qualifikationsbedarf ermitteln

Bedarf erkennen, Förderung vorschlagen und durchführen

Das Anforderungs- und Eignungsprofil setzt voraus, dass man für jeden Mitarbeiter den notwendigen Qualifizierungsbedarf feststellt. Es gibt dazu folgende Möglichkeiten:

- Übertragung/Delegation von Arbeiten/Aufgaben.
- Selbsteinschätzung durch Mitarbeiter plus Fremdeinschätzung durch Vorgesetzte bzgl. Fähigkeiten/Fertigkeiten/Können/Wissen/Potenzial.
- Auswirkungen des technischen Wandels für einzelne Arbeitsplätze sollten frühzeitig erkannt werden. Dazu ist es notwendig, die Veränderungen der Haupttätigkeitsmerkmale inhaltlich zu bestimmen. Daraus entwickelt man dann entsprechende Weiterbildungsmaßnahmen.
- Der Industriemeister und seine Mitarbeiter sammeln in einer Art Tagebuch die in einer Woche aufgetretenen kritischen Vorfälle im Produktionsprozess. Diese Informationen werden dann untereinander und gegebenenfalls auch mit anderen Gruppen besprochen und entsprechende Maßnahmen eingeleitet.

Im Rahmen des Prozesses der Zielerreichung muss die Führungskraft spätestens beim Zielerreichungsgespräch mit dem betroffenen Mitarbeiter Folgendes besprechen:

- Was braucht er an Weiterbildung, um die zukünftigen Ziele noch besser erreichen zu können?
- Welche sonstigen Unterstützungsmaßnahmen sind notwendig, z.B. Fachliteratur?

Entsprechend der ISO-9001-Zertifizierung werden auch die Bedingungen, die Qualifizierungsansprüche und der Umfang der Qualifizierung definiert.

In größeren Unternehmen gibt es ein zentral organisiertes Bildungswesen mit entsprechenden Angeboten. In kleineren Betrieben sollte der Industriemeister die Arbeitsunterweisungen pädagogisch erfolgreich vermitteln.

5.2.3 Ziele und Arten von Qualifizierung

Es gibt zwei Lernarten, die sinnvoll miteinander verbunden werden können:

Formelles Lernen, absichtsvoll = intentional (Gruppenarbeit, Training, Schulungen)

Informelles Lernen = funktionales Lernen (im alltäglichen Arbeitsprozess)

Diese Lernformen sollen erfahrungs-, handlungs-, problem- und transferorientiert sein. Die Mitarbeiter müssen Schlüsselqualifikationen erwerben, z. B. selbstständiges Erkennen von Fehlern, Ursachenanalyse und Umsetzung in wirksame Problemlösungsschritte.

Es bietet sich an für völlig neues, umfangreiches und komplexes Wissen an. Das gilt auch für soziale Lernprozesse, z. B. Führung oder Techniken, bei denen das Erlernen mehr Zeit erfordert, z. B. Moderationstraining.

Lernen am Arbeitsplatz bedeutet ein bewusstes Vernetzen der am Lernprozess beteiligten Personen, aber auch das Einbeziehen der betrieblichen Strukturen und der Lerngegenstände, z. B. PC. Individuelles und fachliches Lernen kann auch durch folgende Medien und Methoden verstärkt werden:

- CBT (Computer-based-training), Selbststudienmaterialien (Bücher), Videos (AV-Medien), Gespräche (Förder-, Anerkennungs-, Beurteilungs-, Kritikgespräche).
- Gruppenbezogenes soziales Lernen kann in Workshops, Trainings, Seminaren, Gruppenunterricht Lerngegenstand sein.

Der Wettbewerbsdruck führt dazu, sich stärker mit dem Potenzial und den Problemlösungsstrategien arbeitender Menschen zu beschäftigen. Es gibt eine Vielzahl von Varianten. Zwei Methoden haben sich konkretisiert:

Qualitätszirkel	Lernstatt
– Eine Gruppe von Mitarbeitern eines bestimmten Produktionsbereiches trifft sich regelmäßig (1–2 Stunden pro Woche) in kleinen Gruppen (6–12 Personen). Sie besprechen Arbeitsprobleme, entwickeln und realisieren Verbesserungsvorschläge. – Den Gruppenprozess steuern Vorarbeiter und Meister. – Die Vorteile dieser Methode liegen darin, dass sich die Mitarbeiter stärker mit ihrer Arbeit identifizieren und auf Qualität achten. Die Arbeitszufriedenheit erhöht sich, und die Kosten werden gesenkt.	– Lernstatt-Arbeit ist eine Variante der Qualitätszirkel. – Im Vordergrund steht zuerst die Verständigung der Mitarbeiter untereinander, das Kooperationsverhalten und die Verantwortungsbereitschaft. – Zwei Moderatoren steuern den Lehr-/Lernprozess. Sie müssen ihre Meinungen, Interessen und Wertungen zurückstellen.
Die Lernstatt unterscheidet sich von dem Qualitätszirkel nicht so sehr in der Methodik als in der Zielsetzung.	

• Hauptziele der Qualitätszirkel- bzw. Lernstattkonzepte

- Probleme werden oft dort am besten gelöst, wo sie entstehen, nämlich am Arbeitsplatz.
- Am besten können die Mitarbeiter vor Ort diese Probleme lösen.
- Wichtigste Ziele sind, Fehler zu vermeiden, die Qualität zu steigern, Kosten zu senken und insgesamt somit die Produktivität zu erhöhen.

Qualitätszirkel-Lernstatt

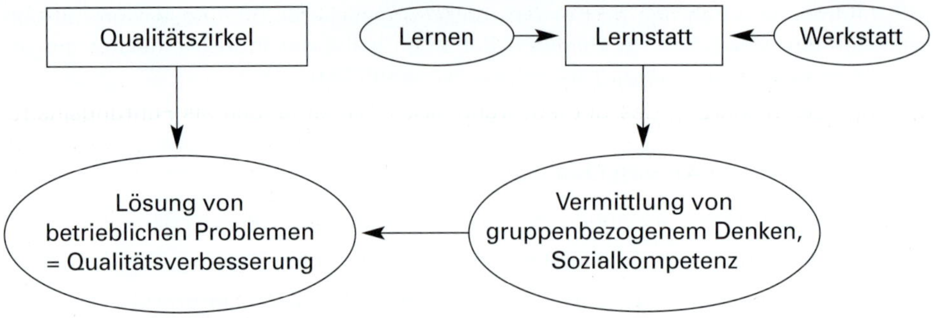

Quelle: Wittwer, W.: „Qualitätszirkel-Lernstatt", in: Handbuch Personalentwicklung und Training, 2002, S. 4

Von Gewerkschaftsseite wird an diesen Konzepten kritisiert, dass es für die Mitarbeiter nur zu einer Mitbestimmung im Kleinen kommt. Es wird zudem befürchtet, dass die Betriebsräte als Problemlöser und Helfer zunehmend unnötig sind bzw. umgangen werden.

5.2.4 Arbeitsunterweisungen

Die formellen und informellen Lernformen lassen sich noch mit dem didaktischen Konzept der Arbeitsunterweisung kombinieren.

- Je nach Situation kann die Arbeitsunterweisung systematisch, z.B. in Form eines geplanten Werkstattunterrichts realisiert werden (Schulung/Training). Hier könnte der Anlass ein akutes Problem oder der vorhandene Bedarf (z.B. aufgrund des individuellen Entwicklungsplanes im Rahmen des Zielprozesses) sein, der sich kurzfristig, doch systematisiert abdecken lässt.
- Die zweite Variante ist mit dem „Lernen am Arbeitsplatz" zu koppeln. Zwar kann der Bedarf zufällig auftauchen (z.B. ein dringend zu lösendes Problem), gleichwohl wird der Lernbedarf sofort in Form einer Arbeitsunterweisung in Kurzform abgedeckt.

Der Industriemeister muss hier über ein entsprechendes pädagogisches und methodisches Geschick verfügen, evtl. sollte er auch für die immer wiederkehrenden Probleme und Fragen entsprechende Methoden und Hilfsmittel (z.B. Visualisierungen) parat haben.

Es besteht immer auch die Möglichkeit, die entsprechenden Ausbildungsverantwortlichen/Ausbilder in diesen Prozess einzubinden.

5.3 Arbeitskontrolle

5.3.1 Notwendigkeit, Ziele und Formen

• Notwendigkeiten

Keine Frage – Kontrolle im Sinne eines Vergleichs zwischen Ist und Soll ist die Basis für innerbetriebliche Leistungsprozesse. Kontroll- und Leistungsverbesserungsmechanismen wie Total Quality Management (TQM), Kaizen oder Noch-Besser-Prozesse brauchen Vergleichszahlen und Standards.

Einerseits erhöhen Bench-Marking (= Vergleich mit den Besten der Branche, den „Stars" usw.), ISO-9001-Zertifizierungen, eigene Qualitätsziele (z.B. maximal 1 Fehler pro 1 Million produzierter Einheiten bei Motorola) und markige Unternehmensleitbilder („Wir wollen die Besten sein") den Druck auf die Akteure im Produktionsprozess.

Andererseits sollten diese Zahlenvergleiche und die entsprechenden Rückmeldungen dazu beitragen, dass

- die Qualitätsanstrengungen sich erhöhen,
- die Kundenorientierung besser wird,
- die betriebswirtschaftlichen Ziele, die Vertriebsziele und die technischen Ziele (z.B. Entwicklung) erreicht werden,

- das Betriebsklima gut bleibt (das gute Leistung langfristig noch wahrscheinlicher macht).

Solange also dadurch der Gesamterfolg verbessert wird, ist die Notwendigkeit für die Arbeitskontrolle und das Controlling insgesamt selbstverständlich.

Kontrolle dient dem Leistungsdialog zwischen Meister und Mitarbeiter und zur Steigerung bzw. Sicherung des Betriebsergebnisses. Sie ist jedoch als Führungsinstrument sehr sensibel einzusetzen. Je besser es gelingt, Ziele klar zu formulieren, zu quantifizieren und mit Qualitätsstandards zu versehen, desto eher kann die Kontrolle als Selbstkontrolle erfolgen. Die Kontrolle soll sich sowohl auf die erbrachte Leistung als auch auf das Verhalten erstrecken, z.B. das Einhalten von Sicherheitsbestimmungen.

• Ziele

Die Kontrolle soll eine Rückmeldung zu einem erzielten Arbeitsergebnis ermöglichen. Dafür sind folgende Aspekte wichtig:

- Ergebnis messen
- Abweichung zwischen Soll- und Ist-Grad der Zielerreichung messen und Konsequenzen daraus ableiten (Lob und Kritik)
- Rückmeldungen fundiert ermöglichen
- Betriebliche Leistungsziele sichern
- Konstruktiven Druck auf die „Systeme" (z.B. Produktion) erhalten
- Gesetzlichen Bestimmungen gerecht werden
- Gesetzten Normstandards entsprechen (ISO 9001, Kaizen, TQM)
- Stärken fördern, Schwächen abbauen
- Kundenwünschen/Aufträgen exakt nachkommen
- Eigenverantwortung der Mitarbeiter fördern
- Aus Fehlern konstruktiv lernen und somit die Lernende Organisation (Learning Company) realisieren

• Formen

Die Arbeitskontrolle kann erfolgen durch

- den Mitarbeiter selbst
- Qualitäts-Controller/Rationalisierungsteams
- andere Kollegen im Team (gegenseitige Kontrolle)
- Vorgesetzte (z.B. Industriemeister)
- Kunden (z.B. Feedback durch Kundenbefragung, Mahnwesen)
- externe Evaluatoren (z.B. Arbeitsroboter, die sich selbst regulieren oder Prozesse optimieren, wenn Abweichungen von einer Norm gemessen werden)

Wodurch bzw. wie wird kontrolliert?

- Messungen und Vergleiche mit Normen/Standards/Kennziffern der vorherigen Periode
- Maschinelle Aufzeichnungen/schriftliche Nachweise
- Persönliches Feedback/Beobachtungen
- Systematische Kontrollschleifen
- Stichproben
- Sichtkontrolle/visuelle Eindrücke
- Fundierte Analysen (z.B. per Laser, Maschinenstilllegungen)

Wesentlich: Egal welche Formen oder Methoden gewählt werden, es ist immer vom jeweiligen Oberziel her zu denken und zu handeln (Sinn und Zweck der Kontrolle, z.B. Oberziel: „Kein Ausschuss wird produziert, da dies nur Kosten verursacht und somit den Ertrag mindert").

Dies lässt sich nur im Gespräch den Mitarbeitern vermitteln!

5.3.2 Grundsätze der Arbeitskontrolle

Die angemessene Kontrolle ist eine der wichtigsten und wohl auch schwierigsten Aufgaben des Industriemeisters. Im Gespräch zwischen Vorgesetzten und Mitarbeiter soll Folgendes besprochen werden:

Grundsätze

- Vertrauensvolle Beziehung
- Rückmeldung aufgrund objektiver Informationen
- Subjektive Erfahrungen und Eindrücke als solche darstellen
- Zeitnah und so konkret wie möglich
- Fair und motivierend
- Den Mitarbeiter nach seiner Meinung befragen
- Fehlerkorrekturen anerkennen und loben
- Lernen ermöglichen
- Sanktionen konsequent umsetzen (z. B. wenn wiederholt angesprochene Fehler nicht korrigiert werden)

Inhalte

- Wie der Mitarbeiter seine Aufgaben realisiert
- In welchem Umfang er die vereinbarten Arbeitsziele erreicht hat
- Ob es Abweichungen nach oben und unten bezüglich Normen und Zielen gibt
- Inwieweit die damit verbundenen Erwartungen erfüllt sind
- Wo es Stärken und Schwächen gibt
- Wie der Arbeitsprozess verlaufen ist

Fehlerhaftes Verhalten

Oft wird Kontrolle als negativ empfunden. Verstärkt wird die negative Einstellung durch falsches Führungsverhalten:

- Der Mitarbeiter wird öffentlich unsachlich kritisiert
- Gute Leistungen werden nicht gelobt
- Ursachen und Wirkungen werden nicht erkannt
- Kontrollen dienen nicht der effizienten Zielerreichung, sondern innerbetrieblichen „Spielchen", z. B. Mitarbeiter gegeneinander auszuspielen, mundtot zu machen, klein zu halten

Kontrollgespräch: Ziele, Prinzipien

- Die positiven Leistungen des Mitarbeiters anerkennen
- Gemeinsam Probleme erörtern und Lösungsansätze entwickeln
- Gegebenenfalls sachlich kritisieren (siehe Kritikgespräch)
- Mitarbeiter an Problemlösung beteiligen
- Unterstützung anbieten
- Gut vorbereiten
- In ruhiger Atmosphäre, unter vier Augen
- Zeitpunkt und Häufigkeit von Kontrollgesprächen individuell festlegen
- Dem Mitarbeiter mit uneingeschränkter Wertschätzung begegnen („Du bist o.k. ich bin o.k.!")

- Den Mitarbeiter nicht demotivieren
- Sinn und Ermutigung vermitteln, da Kontrolle von der guten zur noch besseren Leistung führen soll.

5.4 Anerkennung und Kritik

Situation

In einer wissenschaftlichen Studie wurden spielende Kleinkinder unter der Fragestellung beobachtet, ob sie untereinander mehr positive oder negative Aussagen machen.

Was vermuten Sie?

Bitte schreiben Sie sich zwei Zahlen auf!

Ergebnis der Studie war, dass die Kinder nur ca. 14 positive Aussagen machten, aber ca. 140 negative.

Wir schließen daraus, dass es kinderleicht ist, zu kritisieren. Loben muss erst gelernt werden.

Aufgaben

1. Lassen Sie bitte die Gespräche noch einmal lebendig werden, die Sie in der letzten Woche mit Ihrem Vorgesetzten geführt haben. Wie oft hat er Sie dabei gelobt? Wie oft haben Sie Kritik hinnehmen müssen? Schreiben Sie bitte wieder zwei konkrete Zahlen auf.
2. Wie oft haben Sie in dieser Zeit eine(n) Kollegin(en) gelobt bzw. kritisiert? Schreiben Sie wieder zwei Zahlen auf.
3. Was schließen Sie aus Ihren Zahlen?
4. Wie haben Sie sich in der jeweiligen Situation gefühlt?
5. Möchten Sie an diesem Verhältnis etwas ändern? – Mit welchem Ziel?

5.4.1 Grundsätze und Formen der Kritik

Jeder Mensch hat das **Bedürfnis nach Anerkennung und Lob**.

Er braucht aber auch **Kritik und Hilfe zur Verbesserung**.

Ziel ist, dass das Geleistete anerkannt wird, Stärken ausgebaut und Schwächen beseitigt werden. Der Mitarbeiter soll das Gefühl haben, dass man ihn fördert und gerecht behandelt.

Als **Vorgesetzter** muss man schlechte Leistungen kritisieren und gute loben. Lob und Kritik sind Führungsmittel. Sie dienen dazu, die für den Betriebserfolg nötigen Anforderungen zu stärken bzw. Fehlerquellen auszuschalten. Der neutrale Begriff hierzu ist die Beurteilung. Ziel der Kritik ist die Rückmeldung und Korrektur falscher sowie die Bekräftigung/Verstärkung guter Verhaltensweisen. Als Grundsatz gilt: Nicht den Schuldigen bestrafen, sondern helfen, in Zukunft den Fehler vermeiden.

Wer mir schmeichelt, ist mein Feind,
wer mich tadelt, ist mein Lehrer.
(Chinesisches Sprichwort)

5.4.2 Anerkennungsgespräch – Lob

Situation

Der Industriemeister Späth bekam von der Geschäftsleitung den Auftrag, für den Großkunden Süd zusätzlich 100 Stück schnellstmöglich zu produzieren. Der Auftrag kann nur mit großer Mühe und durch Überstunden des Mitarbeiters Huber zwar nicht wie gewünscht am nächsten, doch am übernächsten Tag erfüllt werden. Die Geschäftsleitung ist dennoch mit Industriemeister Späth sehr unzufrieden.

Frage

Wie sollte sich Herr Späth seinem Mitarbeiter Huber gegenüber verhalten?

Wir dürsten alle nach Anerkennung. Diese geben wir anderen durch bewusstes Verhalten, z. B. durch Worte oder durch unbewusste Verhaltensweisen. Die unbewusste Anerkennung wirkt viel intensiver, glaubwürdiger, weil sie nicht primär rational gefiltert und beeinflusst ist.

Wenn wir z.B. lobende Worte hören, aber abweisende, negative Verhaltensweisen sehen, dann glauben wir eher das, was wir sehen. Das gilt insbesondere für alle Äußerungen der Körpersprache. Ein aufmunternder Blick, ein freudiges Kopfnicken, ein liebevolles Lächeln, ein warmer Händedruck oder ein freundschaftliches Schulterklopfen ist eine direktere Anerkennung als Worte. Man nennt diese Äußerungen der Anerkennung auch „Strokes" oder „Streicheleinheiten".

All diese Bestätigungen machen das Leben und die Arbeit angenehmer, reicher und schöner. Sie fördern das Betriebsklima, die Arbeitsfreude und damit das, was wir tun. Schließlich dient das, was wir anderen schenken, auch uns selbst. Wir haben alle ein Bedürfnis nach Ausgleich. Langfristig erhalten wir das Gesäte als Ernte zurück. Schon darum sollten wir Lobenswertes suchen, dann finden wir es auch.

• Grundsätze für Anerkennung und Lob

Lob und Anerkennung sind Wertschätzungen, die sich auf die Person und die erbrachte Leistung beziehen. Insbesondere Leistungen, die überdurchschnittlich sind, sollten deutlich anerkannt und bestätigt werden. Anerkennung und Kritik sollten unmittelbar erfolgen (also nicht erst nach Tagen). Sie sollten möglichst konkret sein: „Herr Huber, Ihr Einsatz und Ihre Arbeitsqualität hat es uns ermöglicht, dem Kunden Süd die entsprechende Losgröße sehr früh zu liefern. Das haben Sie gut gemacht." Auch „normale" Leistungen sollte man nicht nur stillschweigend zur Kenntnis nehmen, sondern vielmehr bestätigen und mit einer Aufforderung zur Leistungssteigerung verbinden: „Mir gefällt das gut, wie Sie das machen. Bitte prüfen Sie einmal, wie wir die Qualität noch steigern können. Ich freue mich da-rauf."

Prinzipiell wirken sich Lob, Anerkennung und Bestätigung positiv auf das Selbstwertgefühl, das Selbstvertrauen und die Einstellung zur Arbeit aus. Oft wird neue Energie für Ideen, Lust an der Arbeit und Verantwortung frei.

Wenn man wie alle anerkannt werden möchte, muss man auch andere anerkennen.

Der Industriemeister sagt durch das Werturteil Lob, dass er mit dem Mitarbeiter zufrieden ist. Er bekräftigt damit dessen innere Zufriedenheit und den Willen, in der eingeschlagenen Richtung weiterzugehen.

Vorbedingungen der Anerkennung sind gültige Wertmaßstäbe, Autorität des Lobenden, innere Berechtigung des Gelobten und eine sparsame Anwendung.

Taten oder Aussagen, die der Gemeinschaft schaden, sollen nicht gelobt werden.

• Arten von Lob und Anerkennung

Das Lob, die Bejahung oder die Bekräftigung, soll dosiert und modifiziert angewendet werden. Deshalb sollte man auf die verschiedenen Variationen achten:

- **Kopfnicken** oder Aussagen wie „ja", „gut", „richtig" sind wertvolle Hilfen.
- **Ermutigendes** Lob bekräftigt auch kleinste Leistungen schwacher.
- **Versöhnendes** – mildert den Ärger nach Auseinandersetzungen.
- **Schützendes** – hilft dem Angegriffenen.
- **Bedauerndes** – lässt die lobenswerten Aspekte erkennen, z.B. über ein negatives Ergebnis hinwegsehen und die positive Leistung anerkennen.
- **Auszeichnendes** – sollte so erteilt werden, dass die Ehrung eines Einzelnen allen zugute kommt, wie die Fußball-Weltmeisterschaft der ganzen Nation.
- **Gruppen** – stärkt die Gemeinschaft und wirkt so dem Egoismus entgegen.
- **Vertrauliches** – wird unter vier Augen erteilt.
- **Öffentliches** – dagegen vor einer großen Gruppe.
- **Feierliches** – sollte ganz außergewöhnlichen Leistungen vorbehalten bleiben.

Man darf nicht vergessen, dass durch das Lob Erfolgserlebnisse, Zufriedenheit, Motivation und ganz einfach Glücksgefühle ausgelöst werden.

Tipps für die Praxis

- Zeitnah loben.
- Leistungsmaßstab muss für alle transparent sein.
- Fachliche und persönliche Anerkennung wenn möglich miteinander verbinden.
- Die Anerkennung muss glaubhaft sein, der Industriemeister muss echt wirken (keine Lob-Technik).
- Anerkennung darf nicht Mittel zum Zweck werden. Keine Manipulation.
- Jedes Gespräch muss gut vorbereitet werden.
- Mimik, Gestik und Wortwahl müssen zueinander passen.
- Sarkasmus, Spott oder Ironie haben beim Lob nichts verloren („Ah, unser schnellster Maschinist“).
- Keine einschränkenden Füllwörter verwenden: „Na ja, das war eigentlich gar nicht so schlecht.“
- Keine doppelten Verneinungen: „Da haben Sie nicht ganz Unrecht gehabt.“
- Kein plump vertrauliches Lob.
- Persönliche Anerkennung unter vier Augen.
- Anerkennung vor Kollegen möglichst sparsam anwenden, insbesondere dann, wenn diese das als Kritik an sich interpretieren können bzw. Neid entstehen kann.
- Reifegrad des Mitarbeiters beachten: Junge Mitarbeiter müssen u. U. ausführlicher und konkreter als erfahrene gelobt werden.
- Bei einer Teamleistung keine einzelnen herausstellen.

Vorgehensweise

1. Anfangskontakt herstellen.
2. Lobenswerten Tatbestand darstellen – konkret und subjektiv bewerten.
3. Mitarbeiter zu Wort kommen lassen.
4. Zukünftiges Verhalten bekräftigen, z. B.: „Ich wünsche mir, dass Sie sich weiterhin so engagiert einsetzen.“

Richtig anzuerkennen, zu bestätigen und zu loben, ist für den Industriemeister ein wichtiges Instrument zur Steuerung seiner Mitarbeiter.

Fragen/Aufgaben

1. Warum wirken sich Lob, Anerkennung und Bestätigung positiv auf die Einstellung des Mitarbeiters zur Arbeit aus?
2. Nennen Sie mindestens 10 Punkte für Anerkennung und Kritik in der Praxis.
3. Wie lauten die Gesprächsphasen?
4. Von welchen Prinzipien sollte das Kritikgespräch getragen sein?

5.4.3 Kritikgespräche – Tadel

Situation

Ihr bester Elektroniker, Herr Pfiffig, hat in wenigen Minuten einen tagelang von Herrn Lahm gesuchten Fehler im Computer gefunden und behoben. Herr Lahm sucht heute noch.

Wie verhalten Sie sich gegenüber beiden Mitarbeitern? Was sagen Sie ihnen?

Die Rückmeldung in Form von Tadel, Korrektur und Kritik ist ein wichtiges Korrektiv bei fehlerhaftem Verhalten oder Minderleistungen im Produktionsprozess. Korrektur bezieht sich hauptsächlich auf sachliche Tatbestände und sollte keine persönlichen Aspekte beinhalten. Sie bezieht sich auf sofortige Fehlerbeseitigung und zukünftige Fehlervermeidungen. Zum Beispiel: „Achten Sie bitte darauf, dass dieses Ventil sich nicht automatisch öffnet." Kritik und Tadel beinhaltet neben sachlich zu kritisierenden Tatbeständen immer auch das persönliche Verhalten des Mitarbeiters. Immer geht es um Minderleistung. Die Gefahr besteht, dass sich der Mitarbeiter angegriffen fühlt, sich verteidigt und rechtfertigt, resigniert oder demotiviert wird.

• Ziele von Anerkennung und Kritik

- Steigerung der Effizienz.
- Fehlerhaftes Verhalten verbessern.
- Fachliche und persönliche Entwicklung fördern. Der Mitarbeiter soll aus innerer Überzeugung sein Verhalten verändern und die notwendige Leistung erbringen.

• Grundsätze für das Kritikgespräch

- Der Kritisierte ist kein Angeklagter.
- Nicht in der ersten Erregung kritisieren.
- Für ruhige, ungestörte Atmosphäre sorgen.
- Sich gut vorbereiten: Tatbestand konkretisieren, Argumente überlegen und Ziel des Gesprächs festlegen.
- Keine Angst erzeugen, sondern Verhalten verändern.
- Nur in Anwesenheit des Kritisierten, der direkt angesprochen wird.
- Stets im 4-Augen-Gespräch.
- Konkret, aber auch den Betroffenen seine Sicht darstellen lassen.
- Nicht demotivieren, sondern zur besseren Leistung und zur höheren Effizienz führen.
- Keine Du-, sondern Ich-Botschaften senden: Also nie sagen: „Sie sind so ...", sondern: „Ich habe den Eindruck, dass ..."
- Nicht die Person, sondern den Fehler kritisieren (nur wichtige).
- Kritik darf nie vernichtend sein. Immer auf die Verletzlichkeit des Kritisierten achten.
- Kritik darf nicht gespeichert werden, sondern soll umgehend erfolgen.
- Die Kritik aussprechen, anstatt jemanden „links liegen zu lassen" und damit zu „bestrafen".
- Ein kollektives Urteil aussprechen. Danach alles vergessen! Vergeben heißt vergessen – nicht nachtragen.

• Ablauf eines Kritikgesprächs

1. Eine Kontaktbrücke schaffen:
   - persönliche Wertschätzung,
   - mit Namen ansprechen,
   - Anerkennung des Geleisteten,
   - angenehme Atmosphäre: Blick, Mimik, Gestik,
   - über Persönliches plaudern.
2. Den Tatbestand klären:
   - Sachverhalt schildern lassen,
   - Fehler genau benennen/beschreiben.
3. Die Ursache des Problems suchen:
   - Verhaltensweisen,
   - Wissen, Können, Engagement,
   - äußere Einwirkungen.

„Herr Meier, Sie sind mein bestes Pferd im Stall!"

4. Entschuldigungsgründe anhören.
5. Gemeinsam Korrekturmöglichkeiten suchen.
6. Das Gespräch positiv beenden.
   - Eine konkrete Vereinbarung treffen, wer, was, bis wann, wie berichtigt.

- **Verhaltensweisen des Kritisierten**

- Kritik als Hilfestellung akzeptieren
- Aussagen interessiert anhören
- Abwehr- und Ablehnungssignale vermeiden
- Bereitschaft signalisieren, das eigene Verhalten infrage stellen zu lassen
- Bestätigung dessen, was man akzeptieren kann
- Für das Übrige den eigenen Standpunkt begründen
- Bitte um Mitwirkung an Verbesserungen
- Zusammenfassung des Verstandenen
- Vereinbarung über das zukünftige Vorgehen
- Absprache über gegenseitige Rückkopplung

▶ **Beispiel eines fehlerhaften Kritikgesprächs**

Situation

Direktor Maier sucht in letzter Zeit öfter nach Unterlagen, findet sie jedoch nicht. Er erfährt, dass die Auszubildende Pfiffig die Ablage umgestellt hat. Herr Maier hat seinerzeit der Umstellung zugestimmt, ohne nach dem Ablagesystem zu fragen.

Erbost schimpft er: „Frau Pfiffig, immer wieder suche ich bestimmte Schreiben, finde aber nichts. Sie haben eine andere Ablagetechnik angewandt, von der Sie mich seinerzeit zwar unterrichten wollten, jedoch nicht informieren konnten. Ich muss ihnen jedoch energisch sagen, dass ich Ihr Ablagesystem schon deshalb ablehne, weil in meinem Betrieb kein Mitarbeiter irgendwelche Konzeptionen anwenden darf, schon gar nicht eine Auszubildende. Ich ordne deshalb in aller Strenge an, dass Sie das Ablagesystem schnellstens nach meinen Wünschen neu ordnen. So geht es nicht! Eigene Konzeptionen dürfen in Zukunft von Ihnen nicht mehr realisiert werden! Ansonsten muss ich mir Konsequenzen überlegen. Fangen Sie sofort mit der Neuordnung an! Sie müssen eine schnelle Umstellung schaffen, um mich zu überzeugen. Sie können jetzt gehen. Ich habe zu arbeiten."

Fragen/Aufgaben

1. Welche demotivierenden Fehler begeht Herr Maier?
2. Frau Pfiffig fühlt sich zu Unrecht getadelt und bittet Herrn Maier um eine Gespräch.

   Bereiten Sie sich anhand der oben behandelten Anregungen auf das Gespräch vor und spielen Sie es mit einem Partner durch. Achten Sie dabei besonders auf die Kommunikationsregeln. Bitten Sie jemanden, das Gespräch anhand der Kommunikationsregeln zu beobachten und zu beurteilen.

5.5 Beurteilung und Arbeitszeugnis

Situation

Die Tagung zum Thema Beurteilung von Mitarbeitern begann mit einem Experiment. Eine Hälfte der Teilnehmer erhielt vom Tagungsleiter die freudige Mitteilung, dass der erwartete Universitätsprofessor noch seinen Assistenten mitgebracht habe, einen hervorragenden Spezialisten. Der anderen Hälfte wurde gesagt, der Professor hätte leider darauf bestanden, seinen Assistenten mitzuschleifen, der als Niete bekannt sei. Beide Gruppen hörten dann gleichzeitig den gleichen Assistenten.

Fragen

1. Mit welchen Erwartungen hätten Sie als Mitglied der ersten bzw. der zweiten Gruppe zugehört?
2. Sind Sie ganz sicher, dass Sie in beiden Fällen die gleiche Bewertung abgegeben hätten? Überlegen Sie bitte einige Minuten.

Das Experiment brachte folgende Ergebnisse:

1. Gruppe: 20 positive Urteile – 6 negative
2. Gruppe: 12 positive Urteile – 14 negative

Verurteile niemand, bevor du in seiner Lage warst.

(Talmud)

Je weiser und besser ein Mensch ist,
desto mehr Gutes sieht er in den Menschen.

(Quelle unbekannt)

Man soll nicht ver-, sondern beurteilen und be- und nicht verurteilt werden. Diese Gefahr wird geringer, wenn man das Gespräch nicht spontan führt, sondern den Inhalt und die Methode genau vorbereitet. Das Beurteilen hat mit dem Kritisieren den negativen Aspekt gemeinsam. Es unterscheidet sich aber darin, dass der Schwerpunkt auf der Suche und Betonung der positiven Eigenschaften liegt. Nach § 82 BetrVerfG kann sich jeder Arbeitnehmer die Beurteilung seiner Leistung erläutern lassen.

5.5.1 Notwendigkeit und Ziele

• Anlässe der Beurteilung

Sind z.B. Beförderung, Umbesetzung, Zusammenstellung von Arbeitsgruppen, Höhergruppierung oder die Erstellung eines Gutachtens, das die Förderung einer Fort- und Weiterbildung zum Ziel hat. Ein sehr wichtiger Anlass ist natürlich das Ausscheiden aus dem Betrieb durch Kündigung. Man muss natürlich vorher viel Material gesammelt haben, um sachgerecht beurteilen zu können.

• Maßnahmen aus Beurteilungen

Die Beurteilung hat keinen Selbstzweck. Sie muss vielmehr der zukünftigen Entwicklung des Mitarbeiters und des Unternehmens dienen. Folgende Voraussetzungen sollen dabei beachtet werden:

- Wesentliche Tätigkeiten des Mitarbeiters
- Beurteilung seiner Leistungen
- Ist er seinen Fähigkeiten entsprechend eingesetzt?
- Hat er Kenntnisse, Fähigkeiten und Fertigkeiten, die über seine derzeitigen Aufgaben hinausgehen?

Daraus soll ein **Entwicklungsplan** erstellt werden, der folgende Aspekte enthält:

- Entwicklungsziele aus der Sicht des Mitarbeiters in den nächsten 5 Jahren (Tätigkeiten und Positionen)
- Diese Ziele aus der Sicht des Vorgesetzten – Industriemeisters
- Realistische Einschätzung seiner Möglichkeiten
- Positionen, die ihm evtl. angeboten werden können
- Vorgesehene Entwicklungsmaßnahmen: Fort- und Weiterbildung, Umbesetzung, zusätzliche Aufgaben

5.5.2 Formen, Verfahren und Merkmale der Beurteilung

Die wichtigsten **Beurteilungsformen** sind die verbale Beschreibung und die numerische Bewertung von Arbeitsleistungen und Verhaltensweisen.

Zeitraum	Kriterium	Beobachtetes Verhalten	Bewertung	Gewichtung	Punkte
1.6.–31.7.	Schnelligkeit	sehr schnell	1	6	6
	Sauberkeit	gepflegt	2	1	2
	Ordnung	arbeitet systematisch	1	2	2
	Arbeitsverhalten	fehlerfrei	1	3	3
	Sozialverhalten	sehr hilfsbereit	1	4	4

Die numerische Form enthält z. B. folgende Merkmale:

- Name, Personalnummer, Alter
- Beruf, Abteilung, Aufgabengebiet
- Zeitraum der Beurteilung, Beurteilender

Bei der verbalen Form der Beurteilung formuliert man zu jedem Kriterium Sätze. Ein Beispiel entnehmen Sie dem folgenden Arbeitszeugnis.

Beim **Beurteilungsverfahren** haben sich folgende Schritte bewährt:

1. Entnahme der wichtigsten Orientierungskriterien aus der Stellenbeschreibung, dem Anforderungsprofil und den konkreten Aufgaben.
2. Daraus Erstellung Kriterienkatalogs.
3. Entwurf eines Beurteilungsbogens mit gewichteten Merkmalen.
4. An mehreren Tagen und zu verschiedenen Uhrzeiten sollte der Mitarbeiter beobachtet und die Ergebnisse notiert werden.
5. Beurteilung der Beobachtungen. Die Beurteilung ist besonders dann erforderlich, wenn keine messbaren Ergebnisse vorliegen, z. B. beim Umgang mit Kollegen.
6. Schließlich müssen diese Erkenntnisse bewertet, also in Zahlen ausgedrückt werden (Punkte oder Noten); bei der verbalen Form in Sätzen, s. o.
7. Führung des Beurteilungsgesprächs mit dem Beurteilten.
8. Zum Schluss Formulierung des Arbeitszeugnisses, in das auch die Erkenntnisse einfließen, die beim Beurteilungsgespräch gewonnen wurden.

Merkmale der Beurteilung

Der Inhalt jeder Beurteilung soll vom Ziel bestimmt werden und von den Möglichkeiten eindeutiger Verhaltensbeobachtungen. Man sollte keine Spalte oder Frage einer Liste ausfüllen, zu der man nicht eindeutige Beobachtungen gemacht hat.

Die „Arbeitsstelle für betriebliche Berufsausbildung" schlug einen Katalog von fünf Merkmalen der Beurteilung vor, die in Unterkriterien gegliedert sind.

Äußere Erscheinung
– Sauber / gepflegt – Auftreten / Selbstsicherheit (Freundlichkeit)
Kognitive Fähigkeiten: Wissen
– Fachwissen – Lernfähigkeit: Kenntnisse und Fertigkeiten erwerben können – Merkfähigkeit: Informationen abrufbereit haben – Geistige Beweglichkeit: Wechselnde Aufgaben erfassen und bewältigen können – Denk- und Konzentrationsfähigkeit – Überblick: Das Wesentliche vom Unwichtigen trennen können – Einfallsreichtum: Eigene Ideen entwickeln
Affektive Fähigkeiten: Wollen
– Engagement / Interesse – Lernwilligkeit – Fleiß / Ausdauer / Belastbarkeit – Sorgfalt / Sauberkeit / Ordnung – Selbstständigkeit / Selbstsicherheit – Entschlusskraft

Arbeitsverhalten: Können
– Arbeitsmenge/-geschwindigkeit – Arbeitsgüte – Systematisches Arbeiten – Zeiteinteilung/Pünktlichkeit – Schriftliche Ausdrucksfähigkeit: } *Der Sache und dem* – Mündliche Ausdrucksfähigkeit: } *Adressaten gerechnet werden*
Sozialverhalten
– Kontaktfähigkeit: Verbindungen aufnehmen und erhalten – Kooperationsfähigkeit und -willigkeit – Hilfsbereitschaft zeigen – Anteil nehmen – Kritik und Selbstkritik üben – Sich in einer Gruppe einordnen können – Zuhören können

Fragen/Aufgaben

1. Nennen Sie Anlässe der Beurteilung.
2. Welche Aspekte sollte ein Entwicklungsplan enthalten?
3. Zählen Sie die Stationen des Beurteilungsprozesses auf.
4. Welche Informationsquellen kennen Sie, die Ihnen bei der Informationssammlung helfen können?
5. Beobachten Sie einen Mitarbeiter, und erstellen Sie aufgrund der hier genannten Kriterien eine Beurteilung.

5.5.3 Grundsätze der Beurteilung

• Objektive Beobachtungen

Um Leistungen gerecht beurteilen zu können, sind möglichst objektive Beobachtungen unerlässlich. Da Leistungen schwanken, sollte der Beobachter eine große Streubreite erreichen. Die Informationen sollten aus verschiedenen Wochentagen und Uhrzeiten stammen, damit Leistungshöhen und -tiefen erfasst werden. Man sollte möglichst objektiv und sachlich schreiben, als würde man mit der Kamera filmen:

- Möglichst viele **Einzelbeobachtungen**, ohne Prüfung, ob jede Beobachtung wesentlich ist.
- Möglichst **viele verschiedene Verhaltensweisen.**
- **Vermeidung von allgemeinen Ausdrücken**, z.B. „arbeitet langsam".
- **Genaue Beschreibung**, z.B. „... benötigt für Entsorgung der Abdeckung 60 Minuten".
- **Vermeidung von interpretierenden Generalurteilen**, z.B. „unzuverlässig".
- **Ergänzung von Urteilen erst nach der objektiven Beobachtung.**
- **Gewichtung** der beobachteten Verhaltensweisen nach der Bedeutung, die der jeweiligen Arbeit zukommt, am Ende.

• Offenlegung von Beurteilungskriterien

Man sollte jedem Mitarbeiter die Maßstäbe möglichst frühzeitig mitteilen, damit er sich daran orientieren kann. Das führt meist zu höherer Sicherheit, Leistungsfähigkeit und Zufriedenheit.

• Schriftform

Für die Bewertung von Leistungen gibt es keine gesetzlichen Bestimmungen. Beim Arbeitnehmer gilt das Betriebsverfassungsgesetz (BetrVG). Dort heißt es in § 82,2:

„Der Arbeitnehmer kann verlangen, dass ihm die Berechnung und Zusammensetzung seines Arbeitsentgelts erläutert und dass mit ihm die Beurteilung seiner Leistungen sowie die Möglichkeiten seiner beruflichen Entwicklung im Betrieb erörtert werden."

Der Mitarbeiter kann also erwarten, dass seine Leistungen in angemessenen Zeitabschnitten beurteilt werden und er das Ergebnis erfährt. Gibt es im Betrieb allgemeine Beurteilungsgrundsätze, dann müssen diese nach § 94 II BetrVG die Zustimmung des Betriebsrats haben, insbesondere dann, wenn die Ergebnisse in die Personalakten eingehen. Diese Leistungs- und Verhaltensgrundsätze sollen die Vergleichbarkeit ermöglichen. Sie müssen transparent und nachprüfbar sein. Die mündliche Rückmeldung hat den Vorteil, dass der Beurteilte sofort rückfragen kann. Für die Schriftform spricht, dass die Formulierungen genau festlegbar sind und er das Ergebnis in der Hand hält.

Fragen

1. Woraus lässt sich die Pflicht zur Beurteilung ableiten?
2. Welche Voraussetzungen gelten für die Einführung von allgemeinen Grundsätzen, insbesondere wenn die Beurteilung in die Personalakten eingeht?

• Kriterien für die Rückmeldung

- **Unmittelbar**: Die Rückmeldung kann der Empfänger leichter nachvollziehen, je näher er ihr zeitlich ist.
- **Rechtzeitig**: Ist der Empfänger aufgeregt oder hat er dringende andere Pflichten, so stört die Rückmeldung meistens.
- **Zeitpunkt**: Es sollte ein Zeitraum gewählt werden, in dem keine anderen Termine drücken bzw. Störungen zu erwarten sind.
- **Objektiv und Subjektiv**: Der Beurteilende sollte das Verhalten des Beurteilten und seine eigenen Empfindungen beschreiben.
- **Konkret**: *„Feedback ist umso hilfreicher, je konkreter es formuliert ist" (Grell).*
- **Unter vier Augen**: Um den Beurteilten vor der Öffentlichkeit zu schützen, sollte das Gespräch im kleinsten Rahmen stattfinden.
- **Beschreiben, nicht interpretieren**: Zum Beispiel: „Sie haben wenig gearbeitet", nicht: „weil Sie ..."
- **Keine Moralpredigt**: Vermeidung von Situationen, die bei dem Empfänger Angst, Unterlegenheit oder ein schlechtes Gewissen erzeugen.
- **Ziel: Auslösen der Freiheit**: Der Empfänger muss völlig frei sein, ob er sich ändern will. Zwang führt fast immer zu Opposition.
- **Ermutigung**: Es sollte signalisiert werden, dass nichts Unmögliches gefordert wird, sondern dass der (oder die) Betroffene, das Verlangte schon schaffen wird.
- **Kürze**: Immer kurz fassen.
- **Einfühlendes Verständnis**: Man sollte immer beachten, was die Rückmeldung bei dem Empfänger auslösen kann. Wenn möglich, kann man um das Einverständnis des Beurteilten bitten, ihm sagen zu können, was er bei einem ausgelöst hat.

Fragen/Aufgaben

1. Beschreiben Sie den Verlauf eines Kritikgesprächs.
2. Welche Kriterien sollten für die Rückmeldung gelten?
3. Zählen Sie mindestens sechs Kriterien für Rückmeldungen auf.

• Reaktionen erkennen – agieren und reagieren

Man kommuniziert nicht nur mit Worten, sondern mit all seinen Verhaltensweisen, genau wie der Gesprächspartner auch. Die körpereigenen Reaktionen sind bekanntlich weniger vom Verstand kontrollierbar. Darum sind sie auch ehrlicher, z.B. Zu- und Abwendung, ganz offene oder zugekniffene Augen, krampfhaft geschlossene Fäuste, offene oder geschlossene Körperhaltung (Arme und Beine).

Durch die bewusste Beobachtung dieser Körpersignale erhält man viele wichtige Informationen über die Reaktion des Gesprächspartners.

Aufgaben

1. Führen Sie mit einem Kollegen ein Gespräch, in dem Sie sein Verhalten und seine Leistungen beurteilen.
2. Bitten Sie ihn dann – oder vorher –, ein Gespräch mit Ihnen zu führen, in dem Sie die Rolle des Mitarbeiters spielen.
3. Bitten Sie dazu einen dritten Teilnehmer, den folgenden Beurteilungsbogen auszufüllen.

Beurteilungsbogen zum Beurteilungsgespräch	
Mit welchen Aussagen wurde der Kontakt hergestellt?	
War die Atmosphäre freundlich-entspannt?	
Wurden die guten Leistungen gebührend anerkannt?	
Hat der Beurteilende alle negativen Aspekte besprochen?	
Blieb Kritik sachlich?	
Sind die Einwände protokolliert?	
Wurden Hilfen angeboten?	
Wurden sie angenommen?	
Ist es gelungen, den Beurteilten zu motivieren?	
Ist das Gepräch positiv ausgeklungen?	

5.5.4 Beurteilungsfehler und deren Auswirkungen

Wenn man Fehler vermeiden will, dann muss man wissen, welche Ursachen zu falschen Urteilen führen:

Fehlerquellen	
Beobachtung	Beurteilung
– Erster Eindruck: „Halo-Effekt" – Andorra-Phänomen – Selektive Wahrnehmung – Momentaufnahme – Verhalten und Wesen einer Person	– Sozialer Status – Ähnlichkeit – Kontrast – Geschmack des Beurteilenden – Vorurteile – Frühere Beurteilungen – Zeitliche Nähe und Ferne – Letzter Eindruck – Leistungsniveau der Gruppe – Vermeiden von Konflikten – Frauenbonus

• Beobachtungsfehler

– Erster Eindruck: „Halo-Effekt"

Der erste Eindruck beeinflusst alle späteren Beobachtungen, weil das einmal über einen Menschen gefällte Urteil eher bestätigt, als es infrage gestellt wird. Wurde dem Mitarbeiter einmal bescheinigt, er sei immer zuverlässig, dann fällt es schwer, bei der nächsten Beurteilung das Gegenteil zu schreiben, auch wenn das so ist. Diese Erscheinung gibt es auch beim Übertragen einer Eigenschaft auf eine andere: Wer z.B. immer pünktlich ist, ist auch sonst zuverlässig. Das Urteil wird hier durch die Verallgemeinerung verfälscht. Der „Halo-Effekt" tritt häufig auf, wenn die Merkmale folgende Eigenschaften haben:

- selten
- schwer zu beobachten
- unklar definiert
- sehr wichtig

- **Andorra-Phänomen**: Die Erwartung verändert den Beobachteten: Wer sich beobachtet fühlt, der verhält sich anders. Wenn ein Vorgesetzter einem signalisiert, dass er besser sei, als er ist, dann wird er auch besser, er ist fleißiger. Das gilt auch im umgekehrten Falle.
- **Selektive Wahrnehmung**: Man sieht vor allem das, was man sehen will, übersieht also unbewusst, was nicht den Erwartungen entspricht. Einer achtet z.B. mehr auf die Menge, ein anderer auf die Güte der Arbeit; einer sieht die Sauberkeit, ein anderer die Pünktlichkeit.
- **Momentaufnahmen:** Je länger die Zeiteinheiten sind, in denen beobachtet wird, desto mehr Eindrücke und Informationen können gesammelt und ausgewertet werden.

  Dadurch wird das Urteil unabhängiger von zufälligen Einzelsituationen, von der augenblicklichen Stimmung des Mitarbeiters und den Höchstleistungen bzw. Krisensituationen.
- **Verhalten und Wesen einer Person:** Man kann nur das *Verhalten* beobachten. Das Wesen eines Menschen ist nicht erkennbar. Das Verhalten wird aber von äußeren Ereignissen (Glück/Leid) und innerer Befindlichkeit (Krankheit/Müdigkeit) beeinflusst. Berücksichtigt man diese Hintergründe, dann kommt man zu objektiveren Erkenntnissen.

• Beurteilungsfehler

- **Sozialer Status**: Je höher der soziale Status des Beurteilten ist, je mehr positive Vorinformationen vorhanden sind, desto besser wird die beobachtete Leistung beurteilt.
- **Ähnlichkeit – Kontrast**: Je ähnlicher die Eigenschaften des Mitarbeiters mit denen sind, die der Industriemeister selbst zu haben glaubt, desto besser wird er beurteilt. Besteht allerdings die Gefahr, dass der zu Beurteilende demnächst zur Konkurrenz für den Beurteilenden werden könnte, dann führt dies zu schlechteren Bewertungen.
- **Geschmack des Beurteilenden:** Jedes Urteil ist auch eine Aussage über den Beurteilenden: „Ein langsamer Mitarbeiter, der wenig Fehler macht, ist besser als ein schneller, den ich öfter korrigieren muss." Der Industriemeister sagt stets viel über sich selbst aus. Seine Beurteilung wird von der Zu- oder Abneigung beeinflusst.
- **Vorurteile:** Wertvorstellungen werden von den Vorerfahrungen mit anderen Menschen beeinflusst. Da sie mehr vom Gefühl als vom Verstand geprägt sind, können sie kaum durch den Verstand gesteuert werden. Sieht der Mitarbeiter „diesem tüchtigen und sympathischen Wilfried Fischer sehr ähnlich, der im letzten Jahr in unserer Abteilung war", dann wird er wahrscheinlich auch für tüchtig und fleißig gehalten. Vorurteile gibt es auch häufig durch Verallgemeinerungen: „Die Dicken sind ja so gemütlich."
- **Frühere Beurteilungen:** So, wie die Gefahr besteht, ein Urteil von einem auf den anderen Menschen zu übertragen, so besteht auch die Versuchung, die Beurteilung eines Mitarbeiters durch einen sympathischen Kollegen ungeprüft zu übernehmen. Ähnliches gilt für die Übernahme von Gerüchten: „Die Sekretärin Dagmar nörgelt an allem herum."
- **Zeitliche Nähe – Ferne:** Werden verschiedene Merkmale unmittelbar hintereinander beurteilt, dann besteht die Gefahr, dass die Ergebnisse sich immer ähnlicher werden.

  Sieht sich der Beurteilende genötigt, seine Sachkompetenz zu beweisen, so steht er in der Gefahr, künstlich unterschiedliche Urteile zu fällen.

- **Leistungsniveau der Gruppe:** Der Einzelne wird an der Leistung der Gruppe gemessen. Je höher das Niveau der Gruppe ist, desto größer ist die Gefahr, dass die durchschnittliche Leistung schlecht beurteilt wird. Das trifft auch für die zeitliche Reihenfolge der Beurteilung zu. Wurde gerade ein sehr gutes Urteil gefällt, dann kann das folgende gute als befriedigend abgewertet werden, denn mit jeder Beurteilung verschiebt sich leicht der Maßstab. Das kann nur durch eine strenge Orientierung an den Lernzielen korrigiert werden.
- **Vermeidung von Konflikten:** Wer gute Beurteilungen schreibt, der hat keine Probleme mit den Beurteilten. Das ist sicher ein Grund, der in den letzten Jahren die Noten auch beim Abitur und Staatsexamen sprunghaft besser werden ließ. Wenn aber alle eine bessere Note erhalten, dann schadet es den Tüchtigen, denn diese werden dann relativ schlecht bewertet. Da sich ein Mitarbeiter aber nur für **seine** Beurteilung interessiert, „kämpft" er nur um seine Verbesserung. Gibt der Industriemeister dem nach, oft schon im vorhinein, dann verstärkt er diese Tendenz und vermeidet damit einen möglichen Konflikt.
- **Frauenbonus:** Empirische Studien haben ergeben, dass z.B. Lehrerinnen signifikant bessere Noten geben als Lehrer (Mietzel: Pädagogische Psychologie, Göttingen 1973, S. 85). Wichtiger erscheint allerdings, dass weibliche Personen wesentlich besser beurteilt werden als männliche (Ingenkamp: Die Fragwürdigkeit der Zensurengebung, Weinheim und Basel 1973, S. 61).
- **Letzter Eindruck:** Die zeitlich zuletzt anfallenden Informationen gehen in die abschließende Beurteilung meistens mit größerem Gewicht ein, weil die früheren leicht vergessen bzw. von neuen überlagert werden.

Aufgaben/Fragen

1. Beschreiben Sie die Beurteilungsfehler.
2. Worauf sollten Sie achten, um Leistungshöhen und -tiefen auszugleichen?
3. Welche Gefahren birgt der „erste Eindruck"?
4. Welche Voraussetzungen müssen Sie als Beurteilender mitbringen?

• Auswirkungen von Beurteilungsfehlern

Situation

Als Sie mit Ihrem Kollegen lässig über die Kriterien der anstehenden Beurteilung eines Mitarbeiters sprechen, meint dieser: „Du kennst ihn doch. Schreib doch einfach, was du beobachtest." Sie fragen ihn: „Was unternimmst du denn, wenn du von unserem Abteilungsleiter eine dilettantische Beurteilung erhältst, die hinten und vorne nicht stimmt?

Eine sachgerechte und professionele Beurteilung ist darum so wichtig, weil Fehler oft nicht mehr gutzumachen sind und beiden Seiten schaden. Sie schaden dem Betrieb, weil der Beurteilte z.B. dann falsch eingesetzt, befördert, entlohnt oder gar entlassen wird.

Dem Beurteilten schadet man, indem der zu gut Beurteilte oft überheblich und der zu schlecht Beurteilte häufig aggressiv oder apathisch wird. Es kann auch, aufgrund der ungerechten Behandlung, zu einer Kündigung und Verbreitung eines schlechten Images über den Industriemeister und den ganzen Betrieb kommen.

• Korrekturmöglichkeiten

Es gibt eine Fülle von Forschungsprojekten und Publikationen, die das Ziel haben, die Unzulänglichkeit der Benotung nachzuweisen, ganz wenige helfen, dieses Problem zu mildern. Hier einige Aspekte:

– Objektive Leistungskriterien

Erarbeitung von Krierien mit allen beteiligten Kollegen, um zu vergleichbaren Ergebnissen zu kommen, die an den Aufgaben des jeweiligen Arbeitsplatzes orientiert sind.

- **Informationen über Lernziele**

  Jeder Mitarbeiter sollte genau wissen, welche Leistungen von ihm erwartet werden. Diese sollte er möglichst selbstständig erbringen können.

- **Entspannte Atmosphäre**

  Wenn zwischen Beurteiler und Beurteilten Spannungen bestehen, dann wird auch zwangsläufig die Leistungsbeurteilung subjektiv verzerrt. Um das zu vermeiden, muss das Verhältnis durch eine persönliche Aussprache verbessert werden.

- **Intakte Gruppenprozesse**

  Es gibt nirgends auf der Welt zwei Menschen, die absolut gleichberechtigt sind. Überall gibt es meistens unsichtbare Kämpfe um bessere Rangpositionen in der Gruppe. So lange aber eine Gruppe mit sich selbst beschäftigt ist, kann sie und jedes einzelne Mitglied keine vernünftige Sacharbeit leisten. Der Industriemeister muss also zunächst die gruppendynamischen Prozesse klären, um jedem zur optimalen Entfaltung seiner Leistungsfähigkeit zu verhelfen.

- **Wertneutrale Beobachtung**

  Die Lernfortschritte und die Verhaltensweisen des Mitarbeiters sollten objektiv registriert werden.

- **Eingewöhnungszeit beachten**

  Jedem Neuling in einer Abteilung sollte eine Eingewöhnungszeit zugebilligt werden, die etwa 1 bis 3 Wochen dauern dürfte.

  - **Regelmäßige Beurteilung**: Die Beobachtung sollte die gesamte Arbeitszeit umfassen und bei möglichst **allen Arbeiten** vorgenommen werden, um das Ergebnis von den augenblicklichen Einzelleistungen unabhängiger zu machen.
  - **Gemeinsame Beurteilung**: Bevor eine Beurteilung abgegeben wird, sollten die Aufzeichnungen durch Informationen ergänzt werden, von Kollegen auf derselben Ebene, die in der Abteilung beteiligt waren, denn sechs Augen sehen mehr als zwei – und meistens auch objektiver.

- **Selbstkritische Beurteilung und Korrektur**

  Der Beurteilende muss folgende Voraussetzungen mitbringen:

  - Er muss den Arbeitsplatz kennen.
  - Er darf keinen Einblick in frühere Beurteilungen haben.
  - Er muss mindestens so viel Zeit und Mühe aufwenden, wie z.B. für die Beurteilung einer wichtigen Maschine.
  - Er ist gegenüber Dritten zu Geheimhaltung seiner Beurteilung verpflichtet.
  - Er muss nicht zu jedem Kriterium Stellung nehmen, nur um alle im Beurteilungsbogen vorgesehenen Spalten und Zeilen auszufüllen. Er soll nur Aussagen machen, wenn Beobachtungen vorliegen.

Fragen

1. Arbeiten Sie in Ihrem Betrieb mit objektiven Leistungskriterien?
2. Sind die Mitarbeiter über ihre Leistungen informiert?
3. Haben Sie die Eingewöhnungszeit abgewartet?
4. Haben Sie regelmäßig und systematisch beurteilt?
5. Haben alle Beteiligten an der Beurteilung mitgewirkt?

5.5.5 Beurteilungsgespräche

Zum Abschluss jeder Beurteilung und Bewertung sollte mit den Betroffenen ein Gespräch geführt werden. Dieses hat folgende Ziele:

- Der Mitarbeiter soll eine Orientierung erhalten, welche Ziele erreicht sind und in welchem Maße.

- Der Beurteilende möchte eine unmittelbare Information über die vom Mitarbeiter angetroffenen Probleme haben, um sie beseitigen zu können.
- Im Gespräch können Wege gesucht werden, um Stärken des Mitarbeiters auszubauen und seine Schwächen zu überwinden.
- Einseitige, ungerechte Beurteilungen sollten besprochen, geprüft und beseitigt werden.
- Der Mitarbeiter soll das Gefühl haben, dass er gerecht behandelt und gefördert wird.
- Bei unüberwindbaren Spannungen in einer Abteilung sollte über eine Versetzung beraten werden.

• Inhalt – Gesprächsverlauf

Den Verlauf eines wichtigen Gesprächs sollte man nie dem Zufall überlassen, sondern Inhalt und Methode genau vorbereiten.

- Als erstes muss der Kontakt hergestellt und eine vertrauensvolle Atmosphäre, persönliches Plaudern, geschaffen werden.
- Bisher **Erreichtes** muss genannt und anerkannt werden.
- Dann sollten die **negativen Aspekte** Punkt für Punkt besprochen werden, damit der Mitarbeiter sich selbst besser einzuschätzen lernt. Dabei sind natürlich die Gründe für die Fehler zu nennen. Der Schwerpunkt sollte allerdings in der Suche nach deren Überwindung liegen.
- Der Beurteilte muss Gelegenheit haben, zu allen Punkten **Stellung zu nehmen**. Die Einwände sollten protokolliert und der Beurteilung beigelegt werden.
- Die kritisierten Punkte sollten dann als **abgeschlossen** betrachtet und nach Möglichkeit nie mehr darauf zurückgekommen werden.
- Das Gespräch sollte unter allen Umständen **positiv ausklingen**, und zwar sowohl im Inhalt als auch in der Atmosphäre.

Kriterien für eine erfolgreiche Gesprächsführung sollten darüber hinaus beachtet werden. Die Kriterien für die Rückmeldung bei Beurteilungen (s. S. 99) gelten hier entsprechend.

• Rahmenbedingungen

▶ Ort der Gesprächsführung

Verlauf und Ergebnis jedes Gesprächs werden bekanntlich sehr stark von der umgebenden Atmosphäre bestimmt. Ein relativ leicht zu steuernder Faktor ist der Raum, in dem es stattfindet:

Gesprächsort	
Arbeitsplatz oder ruhiger neutraler Raum	Arbeitsraum des Industriemeisters
vertraute Umgebung	fremde Umgebung
partnerschaftlicher	Rangunterschied wird betront
freiere Atmosphäre	gespannte Atmosphäre
Mitarbeiter selbstsicherer und freier	unsicherer Mitarbeiter ist unfreier
Folgen	
Ziel wird leichter erreicht	Gesprächsverlauf wird blockiert

▶ Gesprächsstil

Jedes Gespräch wird von dem emotionalen Verhältnis der Gesprächspartner zueinander bestimmt. Wichtig ist also auch der Gesprächsstil.

<table>
<tr><th colspan="4">Gesprächsstil</th></tr>
<tr><td>partnerschaftlich</td><td colspan="3">autoritär</td></tr>
<tr><td>überwiegend Mehrwegkommunikation</td><td colspan="3">meist Einwegkommunikation</td></tr>
<tr><td>– Gemeinschaft festigen
– Heiterkeit
– persönlich ansprechen
– informieren
– sachlich kritisieren
– begründen
– rückfragen
– Verbesserungsvorschläge erbitten
– Leistung und guten Willen anerkennen
– Freiheit geben</td><td colspan="3">– isolieren
– angreifen
– provozieren, zum Angriff reizen
– zu ungewollten Aussagen überlisten
– verunsichern
– Unsicherheiten ausnutzen
– ironisieren
– ablenken
– manipulieren
– nicht ausreden lassen
– Argumente nicht anerkennen
– befehlen
– Freiheit nehmen</td></tr>
<tr><td>Folgen</td><td colspan="3">Folgen</td></tr>
<tr><td>– Vertrauen
– Kooperationsbereitschaft
– Leistungssteigerung
– Zufriedenheit
– gutes Betriebsklima</td><td>Flucht, z. B. Kündigung</td><td>Resignation, Anpassung</td><td>Aggression</td></tr>
</table>

▶ Zeit der Rückmeldung

- Allgemeine Beurteilungsgespräche sollten regelmäßig stattfinden, um den derzeitigen Stand und die nötigen Verbesserungen zu erörtern.
- Aktuelle Fehler und Konflikte sollten möglichst sofort geklärt werden, sonst frisst sich der Ärger fest, und es droht die Gefahr, dass der Ärger eskaliert.

▶ Verhaltensweisen

Der Mensch spricht nicht nur mit Worten, sondern mit der gesamten Persönlichkeit. Im Zweifel glauben die Mitarbeiter nicht das, was sie hören, sondern das, was sie sehen. Wenn Sie z. B. von Pünktlichkeit sprechen, aber regelmäßig zu spät kommen, dann wirkt das Vorbild stärker als das gesprochene Wort. Der Grund liegt u. a. darin, dass ein Mensch mit Worten viel leichter manipulieren kann als mit seinem Verhalten. Signale der Körpersprache sind z. B.:

- **Körperhaltung:** aufrecht, verkrampft, lässig …
- **Bewegung des Körpers:** locker, schleppend, schnell, bedächtig …
- **Kopf:** nicken, schütteln, aufrecht, hängen lassen …
- **Gestik:** nervös, beruhigend, offene Hand, Faust ballend, auf die Schulter klopfend, erhobener Zeigefinger …
- **Mimik:** lachen, gähnen, strahlen, traurig …
- **Blick:** wen sieht er an? wen nicht? wie? warum?
- **Gesamteindruck:** Gelassenheit, Trägheit …
- **Aussehen:** Kleidung, Sauberkeit, Hygiene …

Bei jedem Gespräch sollten immer mehrere Eingangskanäle berücksichtigt werden: Sprache und Verhaltensweisen. Sehr wichtig ist auch, ob ein Gespräch unter vier Augen stattfindet, z. B. um einen zu kritisieren – oder mit der Gruppe, um das Gesamtverhalten zu erörtern.

▶ Mündliche Rückfragen

- **Inhalt:** Der Industriemeister sollte seinen Mitarbeitern mitteilen, über welche Bereiche seines Verhaltens er Rückmeldung haben möchte, z.B.: „In welchen Fragen fühlen Sie sich falsch beurteilt?"
- **Zahl der Partner:** Er sollte mehrere Mitarbeiter um Rückmeldung bitten, damit sie objektiver wird.
- **Annehmen:** Er sollte sich bemühen, den Gesprächspartnern zu glauben, was sie sagen.
- **Rückfragen:** Unklarheiten sollten bereinigt werden, indem man nochmal nachfragt, um Vorurteile und Missverständnisse zu vermeiden.
- **Unterbrechung:** Den Gesprächspartner immer ausreden lassen.
- **Reagieren:** Dem Gesprächspartner sollte mitgeteilt werden, was man empfindet und wobei er geholfen hat.

Fragen/Aufgaben

1. Erstellen Sie einen Beurteilungsbogen, den Sie einem Kollegen mit der Bitte vorlegen, Sie zu beurteilen.
2. Beurteilen Sie mit diesem Bogen einmal Ihren Vorgesetzten und/oder sich selbst.
3. Führen Sie mit einem Kollegen ein Beurteilungsgespräch, in dem Sie die Kriterien der mündlichen Rückfragen beachten.

▶ Abschluss

Am Ende jedes Beurteilungsgesprächs sollte der Mitarbeiter über folgende Aspekte möglichst konkrete Perspektiven gezeigt bekommen:

- Leistungsstand
- Erforderliche Lernprozesse
- Motivation
- Hilfen, die bereitstehen
- Appell zur Aktivität
- Jedes Gespräch sollten Sie positiv abschließen.

Fragen/Aufgaben

1. An welchem Ort soll ein Gespräch geführt werden?
2. Mit welchen Mitteln können Sie den Stil des Gesprächs positiv beeinflussen?
3. Wann sollten Rückmeldungen erfolgen?
4. Beschreiben Sie einige Verhaltensweisen. Welche Schlüsse ziehen Sie jeweils daraus?
5. Mit welchen Informationen sollte jedes Beurteilungsgespräch abschließen?

Situation

Industriemeister

Sie haben in Ihrer Abteilung den 24-jährigen Mechaniker Flott, der über gute Sachkenntnisse verfügt.

Trotz Ihrer Mahnungen kommen in den letzten Wochen Klagen über nachlässigen Umgang mit Informationen. Außerdem kommt er häufig zu spät und geht dafür eher, wenn er meint, dass es keiner merkt. Die Gruppe äußert sich über Flotts mangelhafte Arbeitsmoral.

Mechaniker Flott

Nach dem Abitur wollten Sie studieren, was am schlechten Notendurchschnitt scheiterte. So wählten Sie Ihren Beruf als Notlösung. Sie würden gern die Arbeit anweisen, müssen sich aber leider Ihre Aufgaben zuweisen lassen. Das stinkt Ihnen gewaltig. So arbeiten Sie ohne Engagement, kommen oft zu spät und verabreden sich zu früh für das nächste Tennisspiel, für das Sie leider allzuoft die Werkshalle vorzeitig verlassen müssen.

Ihr Industriemeister hat Sie nun zu einem Gespräch aufgefordert. Was werden Sie ihm sagen?

Führen Sie ein Rollenspiel unter den folgenden Aufgabenstellungen durch:

Aufgaben

1. Führen Sie mit Mechaniker Flott ein Gespräch, in dem Sie sein Verhalten und seine Leistungen beurteilen.
2. Tauschen Sie dann die Rollen: Übernehmen Sie die Rolle des Mechanikers Flott.
3. Bitten Sie dazu einen dritten Teilnehmer, einen Beurteilungsbogen (s. S. 100) auszufüllen.
4. Füllen Sie nach einem Beurteilungsgespräch einen Beurteilungsbogen (s. S. 100) aus.
5. Beurteilen Sie sich selbst anhand eines solchen Bogens.

5.5.6 Qualifizierte Arbeitszeugnisse erstellen

• Arten der Zeugnisse

Das **einfache** Zeugnis enthält nur Angaben „über Art und Dauer der Beschäftigung".

Der Mitarbeiter kann ein **qualifiziertes Zeugnis** verlangen (Normalfall). In diesem sind zusätzlich „Angaben über Führung, Leistung und besondere fachliche Fähigkeiten" aufzunehmen.

• Rechtsfolgen

- Der Mitarbeiter kann auf Erteilung eines Zeugnisses klagen oder auf Berichtigung falscher und Ergänzung unvollständiger Angaben. §§ 276, 286 BGB schreibt eine Schadensersatzpflicht vor, wenn die Zeugnispflicht nicht, schlecht oder verspätet erfüllt wird.
- Der nachfolgende Arbeitgeber kann Schadensersatz verlangen, wenn wichtige Tatsachen verschwiegen wurden, mit denen auch in Zukunft gerechnet werden muss, z. B. Unterschlagungen.
- Das Zeugnis muss auf alle Fragen eingehen, die für die Gesamtbeurteilung wichtig sind, um die notwendigen Schlüsse daraus ziehen zu können.
- Es soll die berufliche Entwicklung und der Grad der Leistungsfähigkeit festgehalten werden.
- Im Allgemeinen darf nur dienstliches Verhalten aufgenommen werden.
- Codierte Formulierungen sind nach § 113/3 GewO rechtswidrig. Es ist verboten, „Zeugnisse mit Merkmalen zu versehen, die den Zweck haben, den Arbeitnehmer in einer aus dem Wortlaut nicht ersichtlichen Weise zu kennzeichnen". Nach der dpa-Meldung vom 22.11.1974 haben sich etwa 40 codifizierte Formulierungen herausgebildet. In einem verbreiteten internen „Schlüssel" werden z. B. den folgenden Formulierungen sonderbare Interpretationen unterstellt, die zum Teil geradezu geschmacklos sind:

Codierte Formulierung	Entschlüsselte „Aussage"
„Für die Belange der Belegschaft bewies er/sie ein umfassendes Einfühlungsvermögen."	homosexuell/lesbisch
„Wir lernten ihn als umgänglichen Kollegen kennen."	Viele Mitarbeiter sahen ihn lieber von hinten als von vorn.
„Sie ist eine zuverlässige/gewissenhafte Mitarbeiterin."	Sie ist zur Stelle, wenn man sie braucht, allerdings ist sie nicht immer brauchbar.
„Sie war immer mit Interesse bei der Sache."	Ihr kann man nichts vorwerfen, doch erwarten kann man auch nichts von ihr.
„Im Kollegenkreis galt er als toleranter Mitarbeiter."	Für Vorgesetzte ist er ein schwerer Brocken.
„Durch seine Geselligkeit trug er zur Verbesserung des Betriebsklimas bei."	Er neigt zu übertriebenem Alkoholgenuss.

Formulierungen

- Einerseits dürfen negative Aussagen nur bei krassem Fehlverhalten im Zeugnis stehen (Streitsucht, Tätlichkeiten).
- Andererseits muss es wahrheitsgetreu sein: Das Verschweigen wichtiger Tatsachen kann sogar zu Schadensersatzansprüchen führen.
- Dazwischen bleibt dem Aussteller nur die Möglichkeit karger Formulierungen, wie „im Wesentlichen" oder „selten".
- Fachleute beurteilen daher Zeugnisse strenger, als dies sonst üblich ist. Wir müssen uns daher mit den üblichen Formulierungen und deren Deutung vertraut machen.

Wahre und wohlwollende Formulierungen

- Jede Aussage muss wahr sein.
- Erwartet wird eine wohlwollende Formulierung, insbesondere bei Führung und Leistung.
- Es darf das Fortkommen nicht unnötig erschweren. Ungünstige Bewertungen dürfen nur dann im Zeugnis erwähnt werden, wenn sie für das Gesamtbild des Beurteilens charakteristisch sind, die zugrunde liegenden Fakten zweifelsfrei feststehen und der künftige Arbeitgeber daran ein berechtigtes Interesse hat (BAG v. 23.06.1960, BGH v. 22.09.1970). Die Begründung dazu liegt in den zwei Funktionen des Zeugnisses: der Werbung und Warnung.

Führung

Note	Formulierungsvorschläge
1 = sehr gut:	„Ihr Verhalten war stets vorbildlich." „Sie war immer hilfsbereit und bei Kollegen und Vorgesetzten sehr geschätzt und beliebt."
2 = gut:	„Seine Führung war einwandfrei (gut). Er gab uns niemals Anlass zu Beanstandungen."
3 = befriedigend:	Die nicht erlaubte Kritik wird hier durch die Knappheit und das Übergehen von Aussagen deutlich: „Sein Verhalten war einwandfrei."
4 = ausreichend:	„Wir hatten zu Beanstandungen keinen Anlass."
5 = mangelhaft:	Achten Sie bitte hier auf die Formulierungen: „Ihr Verhalten gab uns selten Anlass zu Beanstandungen." „Seine Führung war im Wesentlichen einwandfrei."
6 = ungenügend:	Die Führung wird nicht erwähnt: Fehlende Aspekte werden hier als Tadel gedeutet. In schwerwiegenden Ausnahmefällen einer wichtigen, typischen Verhaltensweise, die sich voraussichtlich wiederholt, muss dies aus Haftungsgründen genannt werden: „Die Führung im Dienst gab mehrfach zu Beanstandungen Anlass."

(LAG Düsseldorf vom 21.08.1956)

Leistung

Nach der Entscheidung des LAG Düsseldorf vom 05.01.1991 müssen die Richtigkeit, die Vollständigkeit und die Wertung der Leistungsbeurteilung einer Nachprüfung des Gerichtes standhalten können. Der Aussteller ist für alle Aussagen beweispflichtig. Formulierungen müssen dem üblichen Sprachgebrauch entsprechen – Doppelsinnigkeiten sind nicht erlaubt. Auch hier gilt die Kunst des Weglassens und die der knappen Formulierung negativer Aspekte.

Hier ein paar Interpretationen von Schmid: „Leistungsbeurteilungen in Arbeitszeugnissen und ihre rechtliche Problematik", DB 1982, in gekürzter Form:

Note	Formulierung
1 = sehr gut:	Entscheidend sind die Formulierungen: „stets“, „in jeder Hinsicht“ und „vollste Zufriedenheit“, z. B. „Ihre Leistungen haben in jeder Hinsicht stets unsere vollste Zufriedenheit gefunden.“ „... in jeder Hinsicht außerordentlich zufrieden.“
2 = gut:	Wichtig ist hier die „volle Zufriedenheit“ und die zeitliche Aussage „stets“. „Wir waren mit seinen Leistungen stets voll zufrieden.“
3 = befriedigend	Die fehlende Zeitangabe „stets“ deutet auf leichte Kritik hin. „Sie hat die ihr übertragenen Arbeiten zu unserer vollen Zufriedenheit erledigt.“
4 = ausreichend: (unterdurchschnitlich, genügend)	Dadurch, dass die Bezeichnung „voll“ fehlt, wird leichte Kritik ausgedrückt. „Wir waren mit seinen Leistungen zufrieden.“
5 = mangelhaft: (ausreichend)	Hier fehlt ebenfalls die volle Zufriedenheit, mit der Bedeutung, das man nicht zufrieden ist. „Sie hat die Aufgaben im Großen und Ganzen zu unserer Zufriedenheit ausgeführt.“
6 = ungenügend: (mangelhaft)	Wenn die folgenden Formulierungen zu erwarten sind, dann sollte der aus dem Betrieb Ausscheidende lieber ein einfaches Zeugnis verlangen. Sie sind als eindeutige Kritik zu werten: „Er führte die ihm übertragenen Arbeiten mit großem Fleiß und Interesse durch.“ (BAG vom 24.03.1977) „Sie hatte Gelegenheit, alle ... Arbeiten kennen zu lernen.“ „Er zeigte für seine Arbeit Verständnis.“ „Er hat sich nach Kräften bemüht, die Leistungen zu bringen, die wir fordern müssen.“

Entscheidend sind natürlich nicht die einzelnen Formulierungen, sondern der Gesamteindruck. Karge Formulierungen oder fehlende Aussagen sind aus den oben genannten Gründen als Kritik zu werten.

Bei bestimmten Berufen müssen bestimmte Attribute unbedingt ins Zeugnis aufgenommen werden (Kassierer – ehrlich, Techniker – Genauigkeit). Fehlt ein solcher Hinweis, deutet dies auf Unehrlichkeit bzw. Ungenauigkeit hin.

• Austrittsgründe

Der Vollständigkeit halber sollen Austrittsgründe ergänzt werden:

Aussage	Bedeutung
... hat aus eigenem Entschluss ... ... verlässt uns aus eigenem Entschluss, um auf der Fachhochschule ...	Arbeitnehmer hat selbst gekündigt.
... Arbeitsverhältnis wurde im gegenseitigen Einvernehmen aufgelöst.	Es gab Schwierigkeiten, die allerdings noch keine Kündigung durch den Arbeitgeber rechtfertigen.
... scheidet aus unserem Unternehmen aus. Wir haben das Arbeitsverhältnis aufgelöst.	Wir haben gekündigt.

Hat ein Arbeitnehmer das Unternehmen nicht an einem „normalen" Austrittstermin verlassen (normale Termine sind bei Angestellten: 31.03., 30.06., 30.09., 31.12.), sollte unbedingt eine Begründung im Zeugnis stehen: („... verlässt uns zum 18.08., da er eine Technikerschule besuchen will"). Der neue Arbeitgeber vermutet sonst eine fristlose Kündigung.

Fragen/Aufgaben

1. Was unterscheidet ein einfaches Zeugnis von einem qualifizierten?
2. Welche Rechte ergeben sich aus der Zeugnispflicht für den nachfolgenden Arbeitgeber?
3. Welche Grundsätze muss der Arbeitgeber bei der Ausfertigung eines Zeugnisses beachten?
4. Wie sind codierte Formulierungen zu beurteilen?
5. Grenzen Sie die Formulierungsmöglichkeiten nach beiden Seiten ab.

5.6 Beurteilungen und personelle Maßnahmen

5.6.1 Folgen der Beurteilung

Situation

Mitarbeiter Strobel bekommt von der Personalabteilung die Information, dass er an der Reihe sei an einer Regelüberprüfung teilzunehmen. Herr Strobel antwortet nur kurz und bündig: „Wir haben uns bisher alle krumm gelegt und ordentliche Leistungen gebracht, was soll dieser Blödsinn!"

Industriemeister Aufrecht sieht Erklärungsbedarf. Er bittet Herrn Strobel zum Gespräch.

Frage

Was hat Herr Aufrecht seinem Kollegen Herrn Strobel zu sagen?

Die Mitarbeiterbeurteilung ist für Führungskräfte oft ein heikler und unbequemer Auftrag. Eine Beurteilung muss systematisch, regelmäßig, transparent, gewissenhaft und sachbezogen vorbereitet und durchgeführt werden. Sie ist ein hervorragendes Instrument zur Mitarbeiterförderung und -führung.

Ziele der Beurteilung
– Aussagen über die Qualifikation eines Mitarbeiters über einen vereinbarten Zeitabschnitt – Definition von Anforderungen – Berücksichtigung des gesamten, umfassenden Leistungsvermögens

Anlass zu Diskussionen und Beschwerden geben immer wieder die Kriterien der Beurteilung. Es ist empfehlenswert, eine Vertrauensperson als unabhängigen Beobachter zur Überwachung, für den rechtlich einwandfreien Ablauf, einzusetzen.

Mögliche Schwächen in der Mitarbeiterbeurteilung können z. B. in den folgenden Bereichen liegen:

Methode	Führung	Struktur
Fehlendes Beurteilungs-System. Keine einheitlichen betriebsinternen Kriterien. Fehlende Standardisierung, daher Vergleich nicht möglich.	Zu gute Beurteilungen aus Angst vor Konsequenzen. Unverbindliche und allgemeine Aussagen. Führungspersonal in Beurteilungsgesprächen nicht geschult.	Unregelmäßigkeit. Fehlende Information über Verfahren, Kriterien, Konsequenzen.

Wenn angemessene Beurteilungssysteme systematisch mit den Interessenvertretern (Betriebsrat, Gewerkschaften) abgesprochen und erarbeitet werden und wenn sie in der Arbeit der Personalentwicklung einen bedeutsamen Platz einnehmen, dann lassen sich Fehlerquellen minimieren und es kann bei den Mitarbeitern eine hohe Akzeptanz erreicht werden.

Ebenso ist eine gezielte Schulung der Beurteiler notwendig.

Prinzipien der Beurteilung
– Es muss vorab festgelegt werden, **was** beurteilt werden soll. – **Anlässe** und **Zeitabschnitte** müssen den Betroffenen vorher offengelegt werden. – Eine **Systematik** (Punkte, Stufen, Noten, Klassen, Gewichtungen) muss vorher bekannt sein. – **Fehlereinflüsse** im Beobachtungs- und Beurteilungsprozess müssen in speziellen Schulungen für Beurteilende so gering wie möglich gehalten werden. – Ein **Feedback** in Form von Beurteilungsgesprächen mit den Betroffenen sollte sachorientiert, wahrhaftig, wohlwollend und transparent sein. – Der Betroffene muss die Möglichkeit haben **gehört** zu werden, **Einwände** vorzubringen und **Widerspruch** einzulegen, ohne Nachteile befürchten zu müssen.

Regeln für die Durchführung eines Beurteilungsgesprächs
1. Gründliche Vorbereitung auf das Gespräch. 2. Rechtzeitige Ankündigung, um Angst zu nehmen. 3. Das Gespräch nicht unter Zeitdruck führen. 4. Gespräche sollten in einer ungestörten und gelockerten Atmosphäre stattfinden. 5. Heikle Themen nicht verniedlichen und verharmlosen. Sachlich, aber freundlich Stellung beziehen. 6. Die Beurteilung muss immer auf stichhaltigen, abgesicherten Daten beruhen. 7. Genaue Beobachtung ist wichtig, um Emotionen „aufzufangen" und angemessen reagieren zu können. 8. Den Gesprächspartner immer zu Wort kommen und aussprechen lassen. 9. Nicht vorverurteilen: Wichtige und richtige Gegenargumente berücksichtigen. 10. Ergebnisse schriftlich festhalten (Erwartungen, Hilfen, Kontrolle). 11. Das Gespräch immer positiv aufbauen, motivieren und mit einer freundlichen Geste beenden.

Für alle Beteiligten gilt der absolute Daten- und Vertrauensschutz gegenüber Dritten.

- **Beurteilungsfehler** müssen erkannt und beseitigt werden. Beispiele:

– **Vorurteil:**	Vorgefasste, festgefahrene Meinung Bsp.: „Frauen können nie soviel leisten wie Männer!"
– **Überstrahlung:**	Auffällige Verhaltensweisen überstrahlen andere Leistungen Bsp.: „Wer einen guten Kundenkontakt pflegt, zeigt auch sonst gute Leistungen"!
– **Tendenz zur Mitte:**	Das Gute wird ab- und das Schlechte aufgewertet. Die mittleren Werte verursachen für den Beurteiler am wenigsten Gegendruck.
– **Kontakteffekt:**	Mitarbeiter, mit denen der Beurteiler häufig Kontakt hat, werden positiver beurteilt.
– **Zweite Hand:**	Der Beurteiler verlässt sich nicht auf sein eigenes Urteil. Er stützt sich nur auf Beurteilungen Dritter.

- **Eigener Maßstab:** Der Beurteiler macht seine persönlichen Erfahrungen und Kompetenz zum Maßstab der Beurteilung. Er orientiert sich nicht an objektiven, betrieblichen Gegebenheiten, wie Zielvorgabe und Kriterien.

- **Folgen eines Beurteilungsgesprächs**

negativ	positiv
Der Beurteilte	
– fühlt sich **ungerecht behandelt** Es gibt große Unterschiede in der Fremd- und Selbsteinschätzung der Mitarbeiter	– ist **zufrieden** Die Ergebnisse waren transparent und stichhaltig.
– fühlt sich **überrumpelt** Es blieb nicht ausreichend Zeit für ein fundiertes Gespräch.	– ist **motiviert** Der Ausblick für die Zukunft schafft neue Leistungsanreize.
– ist **misstrauisch** Er vermutet, dass die Bewertungen nicht stichhaltig sind. Sie werden seinen Leistungen nicht gerecht. Der Zweck wurde nicht offen gelegt.	– fühlt sich **gerecht** behandelt Selbsteinschätzung und Fremdeinschätzung stimmen weitgehend überein.
– nimmt alles **nicht ernst** Er betrachtet die Beurteilung als „Zirkus", den man in Abständen über sich ergehen lassen muss.	– **freut sich** über die gute Zusammenarbeit. Sie ist die Grundlage für den Leistungserfolg, der wieder bestätigt wird.
– hat **Angst** Die Ergebnisse könnten gegenüber Dritten gegen ihn verwandt werden.	– wird **angespornt** Mit seinen Kompetenzen ist er Vorbild für alle.
– fühlt sich **ausgeliefert** Im Gespräch gibt es Gewinner und Verlierer. Verlierer ist der Beurteilte.	– wird **bestätigt** Leistung bringt Erfolg und diese wird auch gewürdigt.
↓	↓
Das Beurteilungsgespräch ist nicht kompetent geführt worden.	**Das Beurteilungsgespräch wurde sehr kompetent und sachlich geführt.**

Fragen/Aufgaben

1. Welche Ziele verbinden Sie mit Mitarbeiterbeurteilungen?
2. Welche Vorbereitungen sind für eine Beurteilung nötig?
3. Erläutern Sie, wie Sie ein Beurteilungsgespräch durchführen.
4. Welche Fehler können auftreten?
5. Welche Folgen kann eine Beurteilung für den Mitarbeiter haben?

5.6.2 Planungsmittel der Beurteilungsmaßnahmen

Die Beurteilung als betriebsinterne Maßnahme gibt wichtige Informationen zur zukünftigen Verwendung und zum leistungsoptimierten Einsatz der Mitarbeiter. Planungsmittel, meist als Checklisten in standardisierter oder freier Form, helfen Fehler zu vermeiden und sparen Energie, Zeit und Geld. Wer plant, muss entscheiden und trägt dafür auch die Verantwortung. Die Führungskraft muss den Einsatz mit Planungsmitteln sorgfältig überlegen und üben.

Checklisten	Inhalte
Abwesenheit	Diese Liste gibt einen Überblick über Abwesenheitszeiten monatlich oder vierteljährlich, Urlaub, Krankheit oder sonstige Fehltage. Zeitraum und Gründe werden mit der Summierung erfasst. Die Erfassung ist auch in Form von Diagrammen möglich.
Anstellungsdauer	Diese Liste gibt die tatsächliche Zeit an, wann der Mitarbeiter im Betrieb mit seinem Einsatz begonnen hat. Sie lässt auch Erfassungen aller Arbeitnehmer in Bezug auf die Verweildauer im Betrieb zu.
Profil	Erfasst werden können in einem Soll-Ist-Vergleich: – Fach-, – Branchen-, – Fremdsprachen- und – PC-Kenntnisse, – Persönliche Leistungen, – Belastbarkeit und – Teamfähigkeit.
Fort- und Weiterbildung	Kann der Mitarbeiter eingeplant werden in Seminare, Workshops, Veranstaltungsreihen, betrieblichen Unterricht, Auslandseinsätze? Wichtig sind die Eintragungen über erworbene Zusatzqualifikationen des Mitarbeiters.
Altersstruktur	Schwerpunkte für eine Erfassung der Altersstruktur aller Mitarbeiter sind: – Durchschnittsalter aller Mitarbeiter – Einstellungsbedarf – Verabschiedung – Frei werdende Stellen – Krankenrate (Statistik)
Lohn, Abgaben	Liste der Einstufungen, Leistungsprämien, Überstundenvergütung, vermögenswirksamen Leistungen, Steuern, Sozialabgaben.

Standardisierte Checklisten, im Handel erhältlich, genügen den rechtlichen Anforderungen und sparen Zeit ein. Der Nachteil dieser Listen ist, dass Mitarbeiter sehr stark nach Standards oder Schablonen beurteilt werden und ihr tatsächliches Leistungsvermögen nicht erfasst wird.

5.7 Einführung neuer Mitarbeiter

Der Industriemeister hat mit viel Mühe einen neuen Mitarbeiter aus einer Anzahl von Bewerbern ausgesucht: Stellenausschreibung intern, Zeitungsanzeigen, Vorauswahl, Auswahl, personalwirtschaftlicher Teil.

Dadurch wurden hohe Kosten verursacht, die sich nun nicht leichtfertig erhöhen sollten. Deshalb ist es notwendig, den „Neuen“ so gut und so schnell wie möglich ins Team und in sein Tätigkeitsfeld zu integrieren.

5.7.1 Grundsätze methodischer Einführung

- Der neue Mitarbeiter muss ins Team passen. Das wird wohl bei der Auswahl berücksichtigt worden sein. Dennoch ist es für den Meister wichtig zu wissen, dass es innerhalb der Arbeitsgruppe zu Positionskämpfen kommen kann.

- Ein „Wir-Gefühl" und ein guter Gruppenzusammenhalt sind immer wieder neu zu schaffen. Kommt ein neuer Mitarbeiter ins Team, so kann das Teamsystem zuerst einmal aus dem Gleichgewicht geraten (Gruppendynamik!): „Passt der Neue zu uns? Wer wird uns da ‚aufs Auge gedrückt'? Wird er sich an unsere Spielregeln halten? Ist er eine Gefahr, oder nützt er uns?"
- Auch der neue Mitarbeiter kommt in diese Anfangssituation mit einer Vielzahl von Fragen und Ängsten: „Schaff ich das? Hoffentlich halten sie, was versprochen wurde. Hoffentlich sind die neuen Kollegen besser als die alten."
- Deshalb muss der Meister diese neue Teamsituation besonders beachten und sollte den neuen Kollegen behutsam einführen.
- Der erste Arbeitstag ist daher von besonderer Bedeutung. Er entscheidet oft über die zukünftige Einstellung des Neuen zu Meister, Kollegen und Arbeit.

5.7.2 Methoden

Checkliste für den ersten Arbeitstag
– Wann kommt er? – Wer holt ihn ab? ... begrüßt ihn? ... führt ihn wie ins Team ein? ... zeigt ihm seinen Arbeitsplatz? ... führt das Einführungsgespräch? ... wird ihm als Pate oder Betreuer für die ersten Wochen zugeteilt? – Ist sein Arbeitsplatz vorbereitet? – Ist eine Betriebsbesichtigung notwendig? – Welche Kollegen und Vorgesetzten muss er noch kennen lernen (z. B. aus anderen Teams, Werkstattleiter, Ansprechpartner in der Personalabteilung)? – Welche Hinweise zu Arbeitssicherheit, Sozialräumen (Kantine, WC, Duschen), Pausenregelungen sind zu geben?

Einführungsgespräch: Phasen	
1. Einstieg	– Freundliche Begrüßung, z. B. im Büro des Meisters, „Small-Talk". – Informationsaustausch (was war, wo stehen wir?).
2. Konkretisierung	– Informationen zu den o. g. Fragen geben (Checkliste). – Neuen Mitarbeiter fragen lassen.
3. Arbeitsorientierung	– Einarbeitungsplan besprechen und den Paten dazuholen. – Funktion des Patens erklären.
4. Abschluss	– Ermutigen und Freude über die zukünftige Zusammenarbeit aussprechen. – Termin für ein Nachgespräch zur Klärung der Befindlichkeit des Mitarbeiters bestimmen. – Klärung von Missverständnissen festlegen.
Nach dem Gespräch: Es bietet sich an, einen Rundgang zu den Team-Kollegen, durch die Werkshallen und gegebenenfalls zu anderen Kollegen und Vorgesetzten anzuschließen.	

Fragen/Aufgaben

1. Warum hat der erste Arbeitstag für den neuen Mitarbeiter eine so hohe Bedeutung?
2. Planen Sie einen „ersten“ Tag für einen neuen Mitarbeiter.

5.8 Motivation und Kreativität

Situation

Ein Wehklagen geht durch den deutschen Zeitungswald: Die Deutschen rutschen mit der Zahl der Patentanmeldungen gegenüber den schärfsten Mitbewerbern USA und Japan immer weiter ab. Viele fordern einen Motivations- und Kreativitätsschub und mehr Anreize und Abbau staatlicher Hürden.

5.8.1 Auswirkungen auf die Leistungsbereitschaft

Motivation leitet sich vom lateinischen Wort „movere“ = bewegen ab. Gemeint ist damit, dass ein „innerer“ Zustand (Bedürfnis) in einer konkreten Situation zu einer Handlung führt.

Viele beklagen, dass die Leistungsbereitschaft negativ sei, die Motivation, die Einstellung der Mitarbeiter zur Arbeit, zum Beruf und zum Unternehmen. In wissenschaftlichen Untersuchungen wird dargelegt, dass der betriebliche Erfolg auch zunehmend vom vorhandenen Potenzial der Mitarbeiter an Kreativität abhängt (z.B. Vorschlagswesen). Sie hängt auch davon ab, ob die positive Einstellung zur Arbeit und zum Unternehmen genützt und gefördert wird. Der „Mythos Motivation“ ist auf der „Rüttelstrecke“.

Ziel ist die Arbeitszufriedenheit und die Leistungsbereitschaft zu stimulieren. Jeder Mitarbeiter soll sich mit dem Unternehmen und seinen Produkten identifizieren.

Aspekte der Motivation

- quantitativ-technisch
  - wie?
  - wie viele?
- qualitativ
  - wodurch?
  - wofür?
  - wozu?

Arten der Motivation	
Sachbezogen	Sachfremd
– Der Mensch arbeitet um der Sache willen. – Er möchte das ihn interessierende Problem lösen. – Die Sache ist Anreiz genug, um sich in Bewegung zu setzen.	– Der Mensch lernt und arbeitet nur aufgrund von – Druck/Angst, – Belohnung/Geld, – wegen der Gruppenzugehörigkeit.

Motivationsaustausch	
Druck	Zug
Zwang oder Druck führen zu Aktivität.	Freude oder Spaß an der Sache/Arbeit aktivieren.

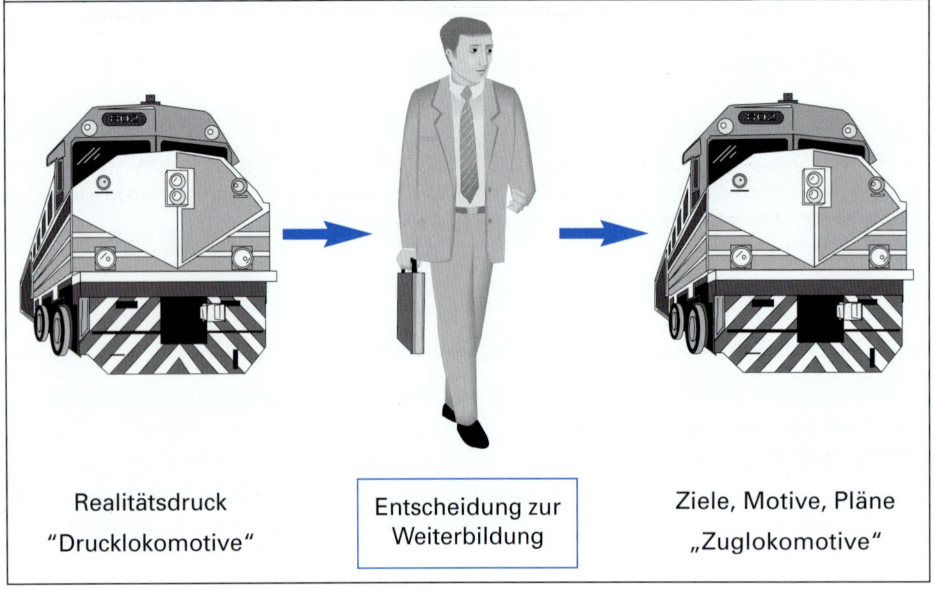

Quelle: Decker, F., a. a. O., S. 301

Faktoren der Arbeitszufriedenheit:

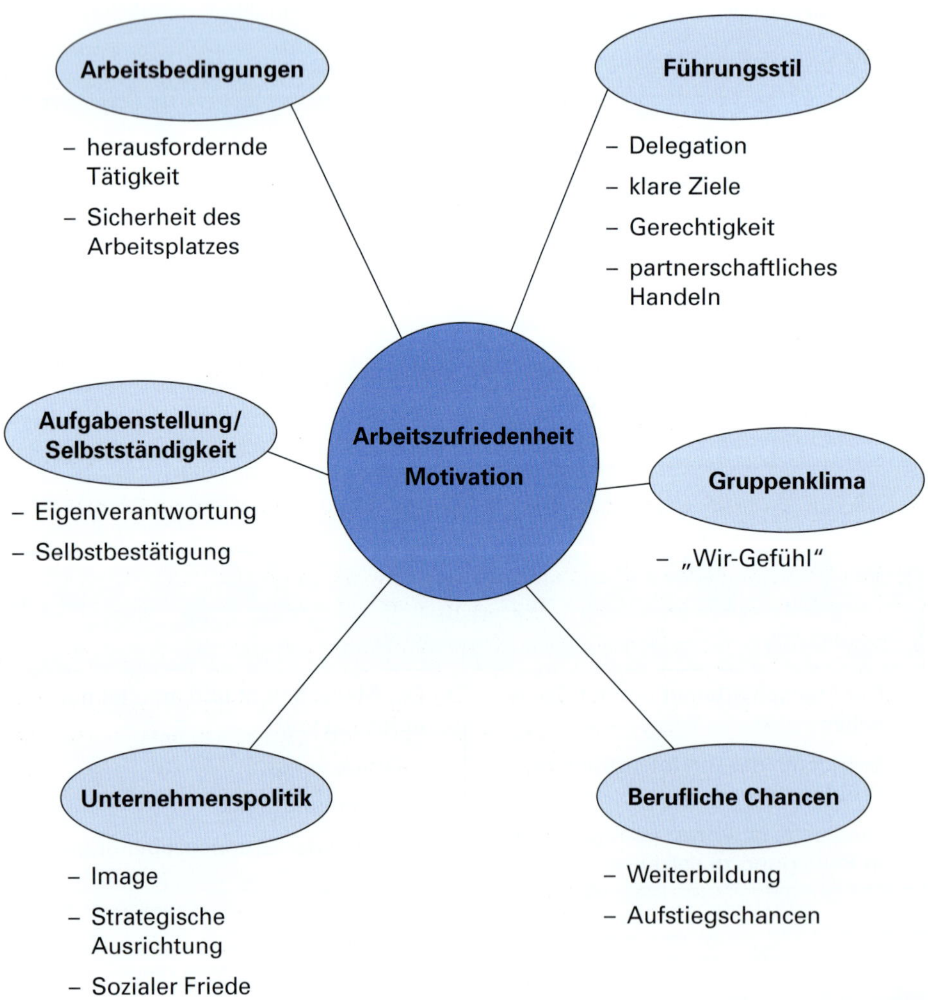

5.8.2 Kreativitätsfördernde Techniken

Aufgabe

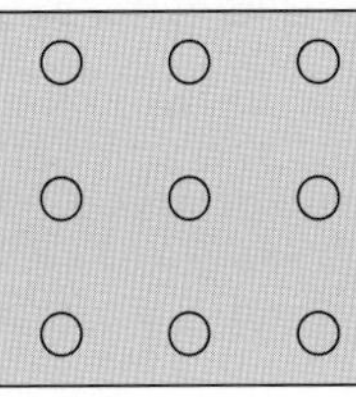

Verbinden Sie bitte die neun Punkte mit vier geraden Linien ohne Absetzen des Stiftes.
Jeder Punkt darf nur einmal berührt werden.
(Lösung auf S. 123).

Es gibt noch weitere Lösungen. Finden Sie eine!

Der Industriemeister möchte, dass seine Mitarbeiter stärker ihre Kreativität und ihr Denkpotenzial in eine Verbesserung des Produktionsprozesses einbringen. Dazu ist es u.a. auch nötig, Denkbarrieren, eingefahrene Wege und bestimmte Erfahrungen über Bord zu werfen. Es können bessere Lösungen gefunden werden, wenn man ungewöhnliche Wege zulässt und etwas riskiert.

Lerntypen und Eingangskanäle mit ihrer kumulativen (anhäufenden) Wirkung

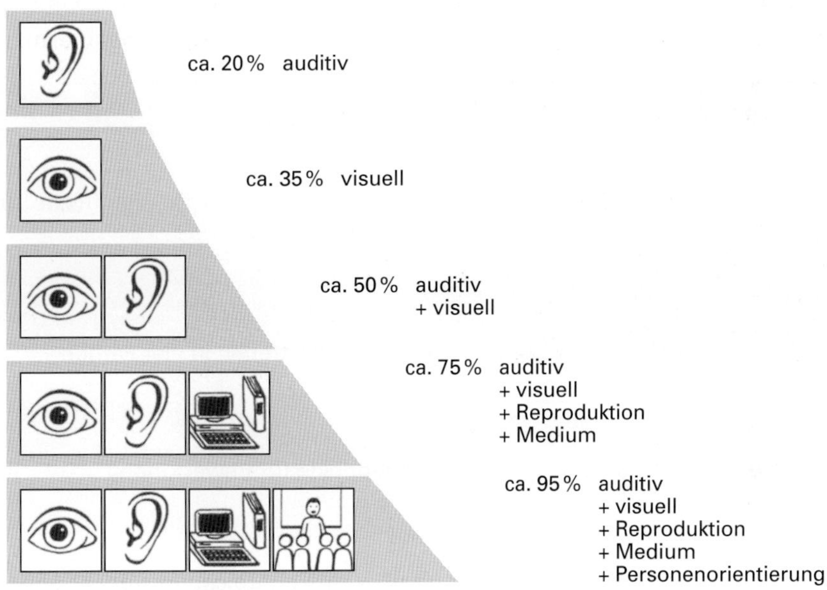

Quelle: Hüholdt, J., „Wunderland des Lernens", 1990, S. 255

Das Bild zeigt, dass Sehen, Hören und Tun zu einer höheren Gedächtnis-/Lernleistung führen.

Viele wissenschaftliche Untersuchungen bestätigen, dass beim Lernen und bei kreativen Prozessen so viele Sinne wie möglich aktiviert sein sollten.

Die Moderations- oder Metaplantechnik berücksichtigt eine Vielzahl dieser Faktoren. Insbesondere für Gruppendiskussionen, selbstorganisierte Lerngruppen und Entscheidungsprozesse ist sie geeignet, weil sie Visualisierungstechnik (= Sichtbarmachen der Gedanken) mit Frage-, Antwort- und Bewertungstechniken verbindet. (Quelle: Klebert/Schrader/Straub, „Die Kurz-Moderation", 1993, S. 122 ff.)

Moderationsmedien

Es werden folgende Hilfsmittel benötigt:

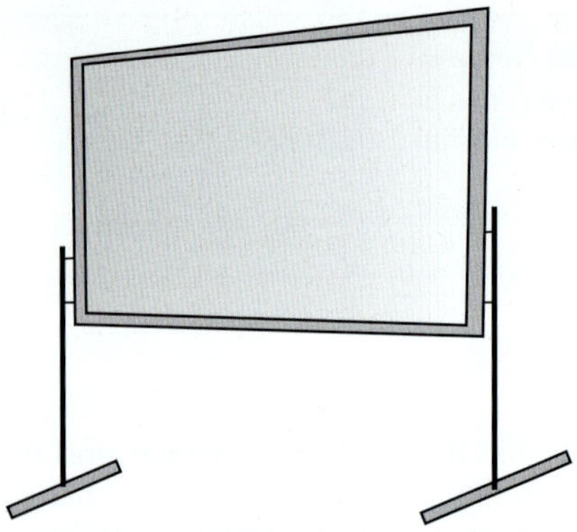

Metaplantafel/Pinnwand

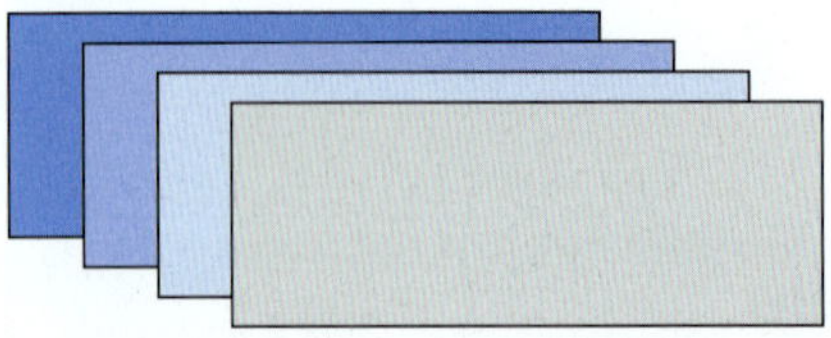

Karten in vier Farben für Ablage und Text

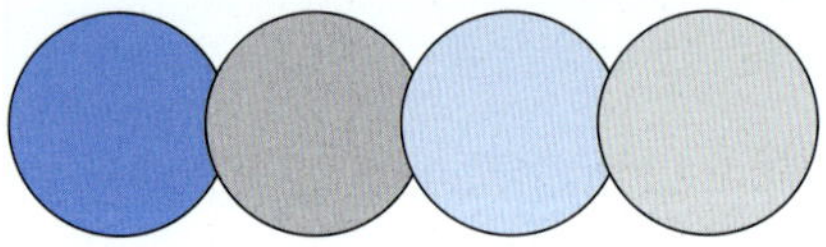

Kuller in vier Farben für Teilnehmerzuordnung und Betonung

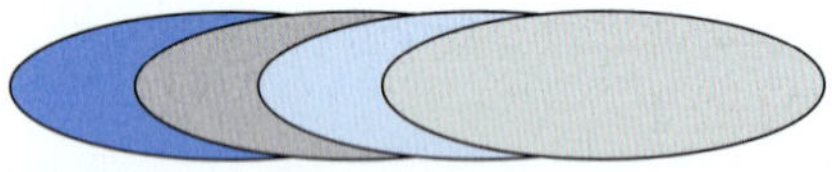

Ovale in vier Farben für schriftliche Diskussionsbeiträge

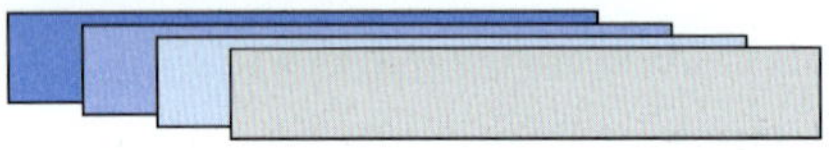

Überschriftsstreifen in vier Farben

Klebepunkte für Bewertungen

Pfeil zum Kennzeichnen von Konflikten (Pfeile nur sparsam verwenden, Linien für Listen immer mit dickem Stift)

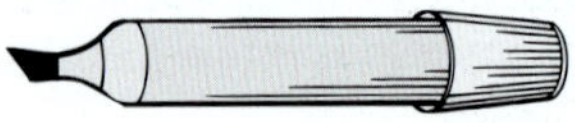

Vier Filzstiftfarben (Schwarz, Blau, Rot, Grün) für Visualisierung ohne Karten

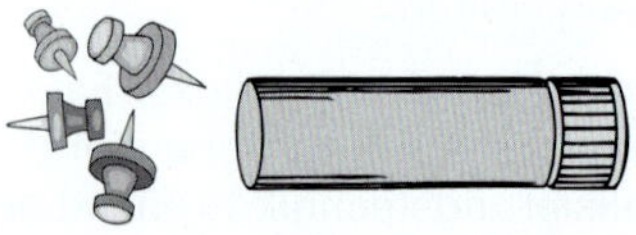

Nadeln und Klebestift

Elemente sparsam verwenden, sie dienen der Klarheit und Präzision. Empfehlenswert ist der Kauf eines Moderatorenkoffers mit dem genannten Inhalt. Es gibt eine Vielzahl von Gestaltungsmöglichkeiten der Pinnwände. Es können z. B. Fragen in folgenden Arbeitsschritten bearbeitet werden:

Arbeitsschritte für die Bearbeitung eines Problems:

1. Bildung von Kleingruppen je nach Interesse.
2. Jede Kleingruppe bearbeitet z. B. 30 Minuten lang ein Thema ihrer Wahl.
3. Die Kleingruppe stellt das auf der Pinnwand Visualisierte dem Plenum vor und ergänzt die Inhalte.
4. Nicht direkt zu beantwortende Fragen werden auf den Fragenspeicher übernommen.
5. Schlussfrage.

Für die optimale Gestaltung der Pinnwände und des Moderationsprozesses sollen hier einige Beispiele genannt werden:

Pinnwände	Prozess
– Groß- und Kleinbuchstaben verwenden – Nur Stichwörter – keine Sätze – Druckschrift schreiben – Große Schrift – Optische Mittel sparsam einsetzen	– Methode nicht diskutieren, sondern ausprobieren

Es gibt eine Vielzahl von Techniken zur Förderung der Kreativität, zum Entdecken von Ideen, zum Erhalt der Motivation und der Identifikation der Mitarbeiter mit dem produzierten Produkt:

- SNA-Technik = **S**uche **n**ach **A**lternativen.

  Analog der „Brainstorming"-Methode werden unter einer speziellen Fragestellung alle Ideen auf Zuruf an einer Tafel festgehalten, ohne dass sie kommentiert werden dürfen.

- NIE-Technik = **N**eue-**I**deen-**E**rfinden

  Das Selbstverständliche und Bisherige wird völlig infrage gestellt durch:

  a) Was war bisher?

  b) Was würde man selbst nie tun?

  c) Die Realisierung dessen durchspielen, was „man" nie tun würde (warum? wieso? usw.).

  d) Daraus neue Ideen/Lösungen ableiten.

- 6–3–5-Methode
  Die Kollegen sitzen reihum (z. B. **6** Kollegen). Jeder schreibt auf ein Blatt zu einer Fragestellung **3** Antworten auf. Dieses Blatt wird dann jeweils **5**-mal an einen anderen Kollegen weitergegeben, der sich in seiner Antwort auf das vorher Geschriebene beziehen kann.

- Interessant zur Sichtbarmachung von Problemzusammenhängen und Lösungsideen kann die **Mind-Map-Methode** (= Methode der „geistigen Landkarte") sein.

Vorzüge dieser Methode
– Fragestellung im Zentrum
– Neue Aspekte können problemlos integriert werden.
– Die wichtigsten Ideen/Aspekte sind näher am Zentrum.
– Die einzelnen Aspekte lassen sich aufeinander beziehen.
– Stellt größere Übersichtlichkeit dar.

• Organisation der Kreativität im Betrieb

- Die Qualitätszirkel können einen idealen Rahmen hierzu bieten.
- Alle Arten der Visualisierung (z. B. ein „schwarzes Brett" nur für Ideen der Mitarbeiter) können alte Denkgewohnheiten sprengen.
- Das betriebliche Vorschlagswesen, in dem Vorschläge mit Geld und Anerkennung prämiert werden, sollte noch verbessert werden.
- Mitarbeiter sollen Erfindungen machen und Patente anmelden können! Hierzu sollte im Betrieb zumindest eine Informationsmöglichkeit bestehen (Unterstützung durch IHK oder Handwerkskammer).

Fragen/Aufgaben

1. Nennen Sie eine sachbezogene und eine sachfremde Motivation.
2. Geben Sie je ein Beispiel für die Druck- und Zug-Motivation.
3. Warum sollten beim Lernen und bei kreativen Prozessen viele Sinne aktiviert werden?
4. Wozu wird die Moderationstechnik eingesetzt?
5. Was wird unter der SNA-Technik verstanden?

5.9 Fluktuation und Fehlzeiten

Situation

Einige stellen den Standort Deutschland infrage. Sie beklagen die Arbeitsmoral: Die Deutschen seien faul geworden. Dies äußere sich in durchschnittlich 8,5 % Fehlzeiten mit Lohnfortzahlungen in Millionenhöhe. Deutsche Unternehmen, die weniger als 5 % Fehlzeiten haben, gehören zur Spitzenklasse. Die „fleißigen Japaner" haben dagegen nur 3 % Fehlzeiten. Maßnahmen zur Verringerung der Fehlzeiten und der Fluktuation sind deshalb ein intensiv diskutiertes Thema.

5.9.1 Ursachen von Fluktuation und Fehlzeiten

Ursachen von Fluktuation
Betrieblich
– Altersbedingter oder vorzeitiger Ruhestand – Vorzeitige Auflösung von Arbeitsverträgen aufgrund von Rationalisierung – Betriebsbedingte oder ordentliche Kündigungen (Fehlverhalten)
Privat/persönlich
– Unzufriedenheit mit dem Arbeitsplatz – Betriebsklima, Zusammenarbeit mit Kollegen/Führungsstil – Über- oder Unterforderung – Höhere Ansprüche an Qualität des Arbeitsplatzes/Art der Arbeit – Mentalitätswandel in der Gesellschaft (zunehmende Verkürzung der Bindungs- bzw. Beziehungsdauer) – höhere Mobilität und Flexibilität – verlockende Konkurrenzangebote (Lohn, Position)

Ursachen von Fehlzeiten	
– Unfall (Arbeits- oder Freizeitunfälle) – Weiterbildung, Bildungsurlaub – Gesetzlicher oder vertraglicher Urlaub – Mutterschutz, Zivil-, Wehrdienst, Kuren – Krankheitsbedingt (situativ, chronisch, periodisch) – Motivation: freizeitorientiertes Schonverhalten, Unzufriedenheit – Familie: kulturell bedingte Ursachen – Führungsstil, Betriebsklima – Über- oder Unterforderung – Nebentätigkeiten	
Auslöser	
Unfall	gesetzlich/vertraglich
während der Arbeitszeit	(Erholungs-/Bildungs-)Urlaub
außerhalb der Arbeitszeit	Kurse usw., Zivil-/Wehrdienst
Vgl.: Scholz, C., a.a. O., S. 590	

Fehlzeiten der Arbeitnehmergruppen	
Häufig – kurz	Selten – lang
– Niedriges Lebensalter bzw. Dienstalter – Verheiratete Frau mit Kind – Ungelernte, Angelernte – Großstadtbevölkerung – Häufig den Arbeitsplatz Wechselnde – Mit der Arbeit Unzufriedene – Mit den Vorgesetzten Unzufriedene	– Hohes Lebensalter bzw. Dienstalter – Unverheiratete ohne Kinder – Fachkräfte, qualifizierte – Kleinstadtbevölkerung – Selten den Arbeitsplatz Wechselnde – Mit der Arbeit Zufriedene – Hochmotivierte – Rentenantragsteller, Schwerbehinderte
Vgl. Scholz, C., a.a. O., S. 591, nach Gieffers/Polen, 1983	

Folgen
– Kosten steigen (Neueinstellungen, Bewerbungsgespräche, Einarbeitungen). – Unruhen im Team. – Produkt-Qualität sinkt. – Produktionsprozess wird störanfälliger. – Zusätzliche Mitarbeiter sind nötig.

5.9.2 Einflüsse des Betriebes und der Führungskraft

Maßnahmen des Industriemeisters zur Vermeidung von Fluktuation und Fehlzeiten
– Arbeitsplatzbedingte bzw. inhaltliche Probleme beseitigen (Überforderung/Unterforderung, z.B. Verantwortung ausdehnen). – Zufriedenheit durch neue Anreize, Motivations- als auch Hygienefaktoren erhöhen. – Führungs- und Kommunikationsstil verbessern: Spannungen im Team abbauen und das Wir-Gefühl erhöhen. – Bei der Personalauswahl sehr sorgfältig vorgehen: Zum Beispiel Lebenslauf, Zeugnisse analysieren, Bewerbungsgespräche auch hinsichtlich Einstellung zur Arbeit führen. – Mitarbeiter gut einführen und optimal einarbeiten. – Intensive Mitarbeitergespräche führen (Untersuchungen ergaben, dass sich Fehlzeiten entsprechend der Kontaktfrequenz Vorgesetzter – Mitarbeiter entwickeln: je mehr Kontakt, desto weniger Fehlzeiten). – Wenn ein Mitarbeiter wirklich krank ist, u. U. auch besuchen, zumindest nach der Rückkehr mit ihm sprechen. Auch der „unechte“ Kranke muss wissen, dass der Chef immer ein Gespräch mit ihm führen wird. – Auswirkungen des Betriebs- bzw. Arbeitsklimas berücksichtigen (Umgang mit Mitarbeitern und zwischen den Kollegen). – Teamzusammensetzungen optimal gestalten, u. U. auch verändern. – (Flexible) Arbeitszeitmodelle. – Abgangsgespräche führen, um zu erfahren, warum der Mitarbeiter geht. – Hohe Bereitschaft, aus Fehlern zu lernen (lernende Organisation). – Mehr mit teilautonomen Gruppen arbeiten: Selbstverantwortung steigt, ebenso Teamzusammenhalt und Arbeitsqualität, Fluktuation und Fehlzeiten verringern sich.
Der Industriemeister muss die Ursachen erkennen und handeln.

5.9.3 Fehlzeitengespräch

Bevor der Industriemeister ein Gespräch führt, sollte er die Checkliste zur Fehlzeitenanalyse durchgehen und mit denen sprechen, die unmotiviert sind oder private Belastungen zu verkraften haben.

Checkliste zur Analyse von Fehlzeiten
– Liegen die Fehlzeiten im Rahmen vergleichbarer Betriebe? – Wurden aussagefähige Vergleichszahlen herangezogen? – Haben sich die Fehlzeiten im Laufe des letzten Jahres stark verändert? – Liegen für die Veränderung erkennbare plausible Gründe vor, z. B. Grippewelle? – Gibt es deutliche Unterschiede in den Fehlzeiten der einzelnen Abteilungen? – Haben einige Tätigkeits- oder Berufsgruppen besonders hohe Fehlzeiten? – Ist die Arbeit monoton? – Sind die einzelnen Arbeitnehmer für ihre Aufgaben geeignet? – Sind die Mitarbeiter über- oder unterfordert? – Gibt es Hinweise für Unzufriedenheit von Mitarbeitern über Entgelt oder sonstige Regelungen aus dem Arbeitsverhältnis? – Liegen bei bestimmten Mitarbeitern besonders hohe Fehlzeiten vor? – Fehlen einige besonders häufig kurze Zeit? – Wer fehlt selten, aber längerfristig? – Sind bestimmte Mitarbeiter vor und nach Wochenenden oder Feiertagen abwesend? – Fehlen einige, wenn Überstunden anfallen? – Spricht der Vorgesetzte mit seinen Mitarbeitern über ihre Probleme? – Haben solche Gespräche in der Vergangenkeit zur Verringerung der individuellen Fehlzeiten geführt?

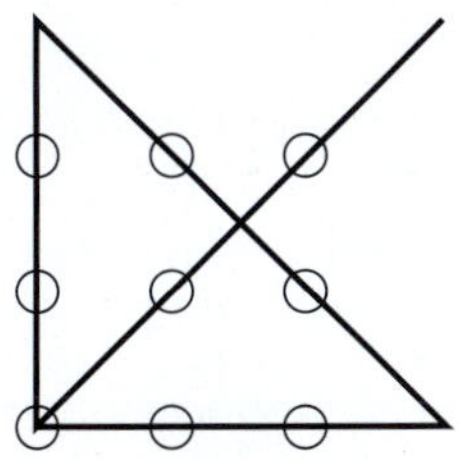

Lösung der Übung von S. 117

6 Kommunikation und Kooperation zur Problem- und Konfliktlösung

6.1 Mitarbeitergespräch

Nicht allein das ABC
Bringt den Menschen in die Höh;
Nicht allein in Schreiben, Lesen
Übt sich ein vernünftig Wesen;
Nicht allein in Rechnungssachen
Soll der Mensch sich Mühe machen,
Sondern auch der Weisheit Lehren
Muss man mit Vergnügen hören.

Also lautet der Beschluss,
dass jeder sprechen lernen muss!

nach Wilhelm Busch

Bei Gesprächen geht es um Sachverhalte, die geklärt werden müssen. Allerdings sollte auch immer der Gesprächspartner, mit dem man redet, ernst genommen werden. In vielen Fällen sind nicht die Sachverhalte entscheidend, sondern die meistens unbewussten Gefühle und Erwartungen der Teilnehmer. Diese drücken sich in Sprache und Verhaltensweisen aus. Man kann nicht bestimmen, ob der Gesprächspartner einem glaubt oder zustimmt. Er wird aber dadurch beeinflusst, dass er das Verhalten sieht, hört oder spürt. Man schafft in jeder Besprechung eine positivere Atmosphäre und dadurch eine größere Wahrscheinlichkeit für den positiven Verlauf,

- wenn man einfühlendes Verstehen entgegenbringt,
- die Gefühle und das Verhalten übereinstimmen, also echt sind,
- und man den Menschen durch Wertschätzung anerkennt.

• Gesprächsregeln nach Erkenntnissen von Carl Rogers

Regeln

- ✔ Versetzen Sie sich in den Gesprächspartner.
- ✔ Akzeptieren Sie ihn, und zeigen Sie Ihr einfühlendes Verstehen.
- ✔ Achten Sie auf die Übereinstimmung Ihrer Gefühle mit Ihrem Verhalten.
- ✔ Hören Sie aktiv zu.
- ✔ Beobachten Sie Ihren Gesprächspartner, und betrachten Sie sein Verhalten als Aussage.
- ✔ Zeigen Sie ihm Anerkennung durch:
  - positive Bemerkungen,
  - Nicken,
  - Blickkontakt und
  - zugewandte Körperhaltung.
- ✔ Benutzen Sie die Sie-Argumentation

  Nicht: „Ich erwarte", sondern: „Sie möchten doch ..."!
- ✔ Stellen Sie offene Fragen – keine Suggestivfragen.

  Erarbeiten Sie gemeinsame Lösungen, statt sie vorzugeben.
- ✔ Machen Sie Vorschläge, statt Ratschläge zu geben.
- ✔ Hören Sie aktiv zu.
- ✔ Geben Sie Rückmeldung.

Beispiele empathischer Gesprächsführung

Die folgenden Beispiele zeigen zwei völlig verschiedene Gespräche. Der Sachverhalt ist in beiden Unterredungen absolut gleich. Das Problem liegt ausschließlich in der **Gesprächsführung** des Herrn Kork, der das zunächst „nicht begreifen" kann.

Aufgabe

Versetzen Sie sich bitte in die Rolle des Herrn Selg, Abteilungsleiter in Ihrem Industriebetrieb. Zu Ihnen kommt dieser Organisationsfachmann. Er stellt ein neues Programm vor und möchte, dass Sie es in Ihrer Abteilung einführen.

A: Ein nicht empathisch geführter Dialog

Kork: So, Herr Selg, dies ist das komplette Programm. Es ist äußerst sorgfältig ausgearbeitet und gründlich getestet. Wir wissen, dass es funktioniert, und ich möchte, dass Sie es ausprobieren.

Selg: Ich weiß nicht, Herr Kork, das ist nicht so einfach. Da muss vieles bedacht werden.

Kork: Finden Sie nicht auch, dass es eine gute Sache ist?

Selg: Es ist sicherlich ein interessantes Programm. Ich weiß aber nicht, ob ich es im Moment gebrauchen kann. Wir stecken sehr in Arbeit und haben keine Zeit für Experimente.

Kork: Aber das neue Programm benötigt viel weniger Zeit als das bisherige. Sie werden sofort feststellen, dass es echte Vorteile hat.

Selg: Kann schon sein, ich möchte es mir aber noch einmal in Ruhe überlegen.

Kork: Ich werde Ihnen die Vorteile noch einmal erläutern. Vielleicht war ich noch nicht deutlich genug.

Selg: Ich glaube, dass das Programm manchen Vorteil bietet, aber vielleicht funktioniert es in der Praxis nicht ganz so gut, wie es auf dem Papier steht.

Kork: Aber es hat sich doch schon in der Praxis bewährt. Jeder, der das Programm ausprobiert hat, findet es großartig.

Selg: Nun, ich will auch nicht sagen, dass das Programm nicht gut ist, nur vielleicht nicht für mich.

Kork: Es gibt nichts Besseres für Sie. Sie werden es bereuen, wenn Sie sich nicht dazu entschließen.

Selg: Das Risiko muss ich wohl auf mich nehmen.

Kork: Ich kann es nicht begreifen, warum Sie die Sache ablehnen.

Selg: Falls ich meine Meinung ändere, gebe ich Ihnen Bescheid.

Aufgabe

Schreiben Sie alle Redewendungen heraus, in denen Herr Kork gegen die genannten Regeln verstößt.

Dialog B: Fallbeispiel „Empathie"

Kork: Also, Herr Selg, das ist das komplette neue Programm. Es ist sorgfältig ausgearbeitet, und es interessiert mich, was Sie davon halten.

Selg: So etwas haben wir schon einmal versucht, es hat nicht funktioniert.

Kork: Sie haben also eine schlechte Erfahrung gemacht?

Selg: Ja, vor einigen Jahren haben wir hier ein ähnliches Programm ausprobiert, doch wir hatten große Probleme mit der Umsetzung. Es gab Missverständnisse und Verwirrung in der Abteilung.

Kork: Sie glauben also, dass es Schwierigkeiten geben könnte?

Selg: Der damalige Plan war etwas anders. Vielleicht haben wir ihn auch zu schnell aufgegeben. Eins hat sich allerdings nicht geändert. Wir haben keine Zeit für Experimente.

Kork: Wenn ich Sie recht verstehe, glauben Sie, dass die Einführung des Programms viel Zeit in Anspruch nehmen würde?

Selg: Wir stecken bis zum Hals in Arbeit. Da lädt man sich nicht gerne noch etwas Neues auf.

Kork: Was meinen Sie, wie viel Zeit es erfordern würde, das Programm bei Ihnen einzuführen?

Selg: Etwa 3 bis 4 Wochen, bis es einigermaßen läuft. Was danach kommt, ist schwer zu sagen.

Kork: Halten Sie es für möglich, dass es Sie dann weniger Zeit kostet als bisher?

Selg: Hmm, könnte ich mir vorstellen, aber ein neues Programm kostet mich einfach zu viel Geld.

Kork: Sie meinen also, das Ganze wird zu teuer?

Selg: Zumindest am Anfang.

Kork: Und wie würde Ihrer Meinung nach das Verhältnis von Kosten zu Einsparungen nach einer Übergangsperiode sein?

Selg: Wenn das Programm gut funktioniert, würde es sich mit Sicherheit bald amortisieren. Aber ich weiß nicht, wie lange es dauert, und das macht mich unsicher. Welche Erfahrungen gibt es denn in anderen Betrieben?

Kork: Sie entdecken im Laufe der Zeit immer neue Vorteile. Nach der Übergangsperiode braucht das Programm nur noch wenig Zeit.

Selg: Ich befinde mich hier aber in einer besonderen Situation. Nur weil es woanders funktioniert, kann ich hier kein neues Programm starten.

Kork: Haben Sie ein völlig anderes System?

Selg: Das will ich nicht sagen. Aber Ihr Programm müsste erst auf die Bedürfnisse meiner Abteilung zugeschnitten werden.

Kork: Glauben Sie, dass das Programm mit einigen Änderungen von Ihrer Abteilung verwendet werden kann?

Selg: Ja, das glaube ich schon. Es müssten nur ein paar Kleinigkeiten sein.

Kork: Hmm.

Selg: Ich möchte Ihnen das einmal zeigen, dann wäre es genau das Richtige für uns.

Aufgabe

Notieren Sie bitte alle emphatischen Formulierungen des Herrn Kork.

6.1.1 Arten von Mitarbeitergesprächen

Setze dir Ziele, sonst realisierst du die Ziele anderer.
(Dr. Rupert Pobel)

Gründe für Mitarbeitergespräche:

- Sie möchten etwas Neues einführen (ein Produkt, Verfahren ... vgl. Beispiel)
- Sie suchen eine einfache Information
- Sie besprechen Sachfragen

Wenn Leute sagen, sie hätten „diskutiert", dann ist das in den meisten Fällen falsch. Oft haben sie sich nur informiert.

• Information

Sie ist die einfachste Gesprächsform: Ein unwissender Mensch fragt einen, der etwas weiß. Gelegentlich informiert auch jemand, ohne gefragt zu sein.

Gegenstand der Information sind Fakten, Daten, Ideen, Ereignisse, Zustände, Entwicklungen und Tendenzen.

Zur Vervollkommnung sollten die Informationen noch belegt werden. Zum Wesen dieser Gesprächsart gehört, dass nur der Verstand angesprochen wird, keine persönliche Stellungnahme erfolgt und die Aussagen in nüchternen Sachstil formuliert sind.

Typische Anlässe für Informationsgespräche sind z.B. Fragen nach dem Stand der Produktion oder nach technischen Einzelheiten.

- **Mitarbeiterbesprechung**

Hier haben beide Seiten ein Informationsbedürfnis. Ein Meister informiert z.B. seinen Werksleiter über den Produktionsrückstand. Gleichzeitig möchte er wissen, welche Mittel er zur Behebung dieses Problems einsetzen soll, wer dies veranlasst und wann dies geschieht (Materialien, Arbeitskräfte, Überstunden).

6.1.2 Vorbereitung und Rahmenbedingungen

Folgende Grundschritte, die von der Klärung des Sachverhalts bis zur Lösung des Problems helfen, haben sich bewährt:

Voraussetzungen schaffen

Ruhiger Raum – Akten – Atmosphäre ...

Schritte zur Lösung

1. Bedürfnisse klären: Welche Ziele haben die Beteiligten?
2. Mögliche Lösungen sammeln, formulieren und begründen
3. Lösungsvorschläge bewerten, gewichten
4. Auswahl der besten Lösung
5. Realisierung

Bewährungskontrolle

6.1.3 Orientierung an Ziel und Adressat

> *Die Leute wünschen nicht, dass man **zu** ihnen redet.*
> *Sie wünschen, dass man **mit** ihnen redet.*
>
> Emil Oesch

Dieser berechtigte Wunsch begründet die Abkehr vom Monolog und die Hinwendung zum Dialog. Damit ein Dialog gelingt, sollte man nichts dem Zufall überlassen, sondern systematisch vorgehen und die Besonderheiten der Gesprächsführung beherrschen.

> *„Wahr ist nicht das, was A sagt, sondern was B versteht."*
>
> Watzlawick

Situation

> *In einem Verkaufsgespräch bestellt ein Kunde zwei Tonnen. Der Lieferant versteht aber drei Tonnen. Ohne Rückmeldung entstehen nun erhebliche Probleme.*

So, wie das Verhältnis der Menschen untereinander ist, so verlaufen auch deren Gespräche:

Verhältnis der Gesprächspartner und Gesprächsverlauf

6.2 Besprechungen

Situation

> - *Sie möchten Ihre Vorgesetzten über die Einzelheiten Ihres Verbesserungsvorschlags informieren. Dazu ist ein Informationsgespräch dringend nötig.*
> - *Ein neues Produkt soll in die Produktion gehen. Dazu müssen unterschiedliche Gruppen harmonisch zusammenarbeiten. Wie dies zu realisieren ist, das lässt sich am besten in einer Konferenz der beteiligten Abteilungsleiter besprechen.*
>
> *Wir können unsere Gesprächspartner nicht verändern – aber uns! Ändern wir uns, dann kommen wir sicher zu unseren Zielen. Dazu gibt es viele Möglichkeiten:*
>
> *Ob ein Gespräch gelingt, hängt von der Sachlage ab, von Ihren Gesprächspartnern und von Ihnen, also auch von Ihrem Wissen und Gesprächstraining.*

6.2.1 Informationsgespräch

Für den Mitarbeiter dienen Informationen in erster Linie zum zielorientierten Handeln. Er beschafft sie und gibt sie weiter. Voraussetzung für die richtige Entscheidung ist die möglichst vollkommene Information. Diese ist dann erreicht, wenn ein weiterer Zuwachs von Informationen keine Verbesserung mehr bringen würde.

Typische Anlässe für Informationsgespräche sind z. B. die Frage nach der Funktion einer Maschine oder nach der Rechtslage bei einem gestörten Kaufvertrag. Gegenstand der Information sind Fakten, Daten, Ideen, Ereignisse, Zustände, Entwicklungen und Tendenzen.

Oft haben beide Seiten ein Informationsbedürfnis. Ein Meister informiert z. B. seinen Werksleiter über den Produktionsrückstand. Gleichzeitig will er aber wissen, welche Mittel er zur Behebung dieses Problems einsetzen soll, wer dies veranlasst und wann dies geschieht (Materialien, Arbeitskräfte, Überstunden).

• Rahmenbedingungen

Günstige Rahmenbedingungen sind ein ruhiger und störungsfreier Raum, genügend Zeit und eine menschliche Atmosphäre.

• Vorbereitung: Gewinnung von Sicherheit

- Sachkenntnisse erwerben (z. B. Eigenschaften und Probleme des Produktes),
- korrektes Erscheinungsbild bieten, das dem Sachverhalt angemessen ist,
- richtige Zeit wählen und Zeit haben,
- ausgeruht und rechtzeitig ankommen,
- Informationen über den Gesprächspartner sammeln (seine Vorlieben, Abneigungen, Hobbys),
- sich in die Rolle des anderen und seine Bedürfnisse/Ziele hineinversetzen.

• Aspekte

Jeder Vorgesetzte muss wissen, dass informierte Mitarbeiter verständnisvoller und überzeugter arbeiten können. Darüber hinaus entwickeln sich bessere menschliche Beziehungen, die dem Betriebsklima förderlich sind. Informationen haben unmittelbaren Einfluss auf die Leistungsbereitschaft. Insofern ist die Weitergabe oder die Zurückhaltung von Informationen für den Industriemeister ein Führungsinstrument.

Meldungen und Berichte sind die Grundlagen betrieblicher Informationen. Ihr Informationsgehalt ergibt sich aus folgenden Aspekten:

- Wahrheitsgetreue Wiedergabe
- Erläuterung von Einzelheiten und Hintergründen
- Hinweise auf Lösungen

Zur Vollständigkeit und Richtigkeit braucht man nur die bekannten „sieben W" zu beachten. Wer? Was? Wo? Wann? Wie? Womit? Warum?

Grundsätze der Information

Informationen erfüllen nur ihren Zweck, wenn sie beim Empfänger ankommen. Daher müssen sie so aufbereitet sein, dass sie vom Empfänger verstanden und angewendet werden können. Der Industriemeister sollte deshalb die Informationen an seine Mitarbeiter nach folgenden Grundsätzen gestalten:

- **Klar und unmissverständlich:** Um Wunsch- oder Angstdenken auszuschließen, müssen Missverständnisse ausgeschlossen werden.
- **Ausführlich:** Wenn man Wichtiges weglässt, dann ist der Mitarbeiter unsicher und auf Spekulationen sowie Rückfragen angewiesen.
- **Rechtzeitig und regelmäßig:** Man sollte seine Mitarbeiter nicht vor vollendete Tatsachen stellen bzw. überrumpeln. Mitarbeiter, die auf einem aktuellen Informationsstand gehalten werden, fühlen sich anerkannt und ernst genommen.
- **Glaubwürdig:** Man sollte nichts verschweigen, da es irgendwann doch immer heraus kommt. Es sollten auch keine falschen Versprechungen, verschwommenen Angaben oder Ausflüchte gemacht werden, da Mitarbeiter solche Dinge lange im Gedächtnis behalten und es dadurch zum Vertrauensentzug kommen kann.

Der Industriemeister muss nicht nur Informationen weitergeben, sondern sich auch Informationen von den Mitarbeitern beschaffen, um die eigenen Aufgaben zu erfüllen. Zu diesem Zweck gelten folgende Verhaltensweisen:

- **Sorgfältig beobachten.** Dadurch entgeht einem nichts Wesentliches.
- **Fragen stellen.** Klar formulierte Fragen zwingen zu eindeutigen Antworten.
- **Aufmerksam zuhören.** So entgehen einem auch die Zwischentöne einer Meldung nicht.
- **Aufgeschlossen sein.** So erleichtert man den Zugang zu seinen Mitarbeitern auch in schwierigen und persönlichen Problemen.

Arbeitsschritte

Die folgende Vorgehensweise hat sich bewährt:

- Bedürfnisse klären: Welche Ziele haben die Beteiligten?
- Mögliche Lösungen sammeln, formulieren und begründen
- Lösungsvorschläge bewerten und gewichten
- Auswahl der besten Lösung
- Realisierung
- Bewährungskontrolle

Verhaltensweisen:

Man sollte seinen Gesprächspartnern immer das Gefühl geben, dass Sie einem wichtig sind.

Das beinhaltet:

- Blickkontakt aufnehmen und die Reaktionen des Gesprächspartners wahrnehmen,
- die Hand geben, nicht nur sehen und sprechen, sondern fühlen,
- Zustimmung zeigen, z.B. durch Kopfnicken,
- vorführen/vormachen, Gegenstände oder Zeichnungen zeigen, überreichen.

Sprachliche Aspekte

- Sich namentlich vorstellen,
- ein ehrliches Kompliment machen,
- Gedanken gegliedert vortragen und Schwerpunkte setzen,
- möglichst kurz und verständlich sprechen,
- anschaulich-bildhaft sprechen, z. B. „Die Kirche im Dorf lassen", „Ein gelungenes Menü",
- positive Begriffe benutzen, z. B. „Unser gemeinsamer Vorteil", „Die Sonnenseite: Glück, Erfolg, Freude ...",

- den Aussagen des Partners möglichst zustimmen: „Sie möchten also ...“,
- nicht unterbrechen,
- gemeinsames Interesse herausstellen,
- an die Aussagen des anderen anknüpfen,
- Fragen stellen: Nur wer fragt, erfährt etwas. „Reden ist Silber – Fragen bringt Gold!“ Mit Fragen eröffnet man ein Gespräch, behält die Initiative und kann so das Gespräch steuern. Man erhält Informationen über Ziele, Wünsche, Gefühle, Motive, Probleme, Sorgen und Einwände des anderen Menschen.

Aufgabe

Führen Sie zu zweit ein Gespräch. Vereinbaren Sie ein Thema und nehmen Sie sich zehn Minuten Zeit zur Vorbereitung. Zwei weitere Personen sollten Ihre Verhaltensweisen und sprachlichen Aspekte beobachten und Ihnen Rückmeldung geben.

6.2.2 Konferenz

Illustration aus: Ebeling, Das große Buch der Rhetorik, S. 237

Eine Konferenz ist eine Zusammenkunft,
wo viele hineingehen
und wenig dabei herauskommt.

Werner Finck

Situation

Für Konferenzen werden jährlich Milliardenbeträge ausgegeben: Die Ziele sind unklar, Teilnehmer unvorbereitet, die Leitung nicht geschult. Es entstehen hohe Kosten, und außerdem geht wertvolle, teure Arbeitszeit verloren.

• Problematik

Werner Finck hat Recht, wenn die Konferenz so abläuft, wie es Ebeling im obigen Bild darstellt. Derartige unergiebige Zusammenkünfte gibt es. Als Leiter/in hat man jedoch eine ganze Reihe von Möglichkeiten um die in der Karikatur dargestellten Gefahren erst gar nicht aufkommen zu lassen. Voraussetzung einer sinnvollen Konferenz sind die folgenden Kriterien:

- klare Zielsetzung
- eindeutig formuliertes Thema
- Festlegung der Fragen/Besprechungspunkte
- Vorbereitung der Leiter und Teilnehmer

• Zielsetzung

Wer vom Ziel nichts weiß, kann den Weg nicht haben,
wird im selben Kreis all sein Leben traben.

Christian Morgenstern

Soll die Konferenz wirkungsvoll sein, dann muss also zunächst über das Ziel der Konferenz Klarheit geschaffen werden. Folgende schriftliche Formulierung ist dafür das Beste:

Mögliche Ziele einer Konferenz:

- Gegenseitige Information über den derzeitigen Stand und die nächsten Schritte
- Meinungs- und Willensbildung zur Problemlösung
- Beratung der Geschäftsleitung
- Koordination des Handelns
- Steigerung der Bereitschaft, im Team neue Ideen zu entwickeln
- Menschliche Kontakte zu schaffen und das Betriebsklima zu verbessern
- Meinungsverschiedenheiten offen auszutragen und abzubauen
- Als Erleichterung, sich mit den Entscheidungen zu identifizieren

● Vorbereitungen

▶ Inhaltliche Vorbereitung

- Das Thema untergliedern
- Genaue Tagesordnung erstellen
- Wenige, aber gut vorbereitete Teilnehmer einladen (8–12)
- Einen Leiter mit fachlicher und sozialer Kompetenz und einen Stellvertreter benennen

▶ Einladung

Sie muss mindestens 14 Tage vorher schriftlich erfolgen. Bei der Gestaltung sollte auf die Regelung der Satzung oder Geschäftsordnung geachtet werden.

Inhalt der Einladung:

- Veranstalter
- Thema, Ziel, Tagesordnung
- Leiter
- Teilnehmer
- Termine und Dauer
- Ort mit Lageplan, Anfahrmöglichkeiten, Parkplatzangaben

▶ Technische Vorbereitung

Raum: Beleuchtung, Belüftung, Heizung, Sitzordnung, Bestuhlung, Blumen

Materialien: Namensschilder schreiben und aufstellen, Tagesordnung auf die Plätze legen, Wegweiser beim Eingang anbringen

Medien: Unterlagen, Flipchart, Arbeitsprojektor

Absprachen: Pausenabsprache mit Service, Absprache mit dem Hotel, wenn die Konferenz außerhalb des Betriebes stattfindet, sonst mit dem Hausmeister.

Persönliches Handeln: Es sollte nichts dem Zufall überlassen werden, d.h. Ankunft des Organisators bzw. Leiters zwei Stunden vor Konferenzbeginn, um die Vorbereitungen zu überprüfen und Kontakt zu allen Beteiligten aufzunehmen. Alle Teilnehmer, insbesondere Gäste, Referenten, Protokollanten und Hilfskräfte sollten begrüßt und miteinander bekannt gemacht werden. Der Gastgeber sollte sich frühzeitig im Konferenzraum einfinden und die Konferenz pünktlich beginnen.

Durchführung der Konferenz

„Werte Herren, ich muss sagen, ich finde langsam Gefallen an dieser Art Konferenz. Hat noch irgendwer etwas gegen meine Vorschläge?"

Illustration aus: Kühn, Spezielle Betriebswirtschaftslehre, S. 264

Möglicher Ablauf

- **Anrede:** „Liebe Frau Sommer" (Referentin), liebe Kolleginnen und Kollegen ..." oder „Liebe Mitglieder unserer Projektgruppe ..."
- **Begrüßung:** „Ich begrüße Sie und heiße Sie herzlich willkommen."
- **Beschlussfähigkeit feststellen:** „Ich stelle fest, dass alle Betroffenen erschienen sind. Wir sind also beschlussfähig. Bitte vermerken Sie das im Protokoll."
- **Eröffnung:** „... und freue mich, dass wir alle zur Lösung unserer Probleme beitragen wollen."
- **Thema:** „Unser Thema lautet: Wie können wir unseren Umsatz steigern?"
- **Ziel:** „Ziel unserer heutigen Konferenz ist es, den augenblicklichen Zustand zu analysieren, realistische Betriebsziele zu formulieren und Strategien zu entwickeln, mit denen wir die Ziele erreichen."
- **Gliederung:** „Ich schlage vor, das Thema in diese drei Schritte zu untergliedern:

  Zustandsanalyse – Zielprojektion – Mittelwahl."
- **Bitte um Genehmigung der Tagesordnung:** „Gibt es dazu Wortmeldungen? Das ist nicht der Fall. Wer diesem Vorschlag zustimmen möchte, den bitte ich um ein Handzeichen." – Zustimmung

▶ **TOP 1 – Zusatzinformation:** „Ich rufe den ersten Punkt auf und bitte zunächst Sie, Herr Lustig (Verkaufsleiter), uns die Ihnen zugegangenen Verkaufsberichte zu erläutern."

- **Eröffnung der Besprechung:** „Wer von Ihnen wünscht das Wort zu dieser Frage?" Wortmeldungen – Besprechung ... „Ich fasse zusammen ..."

▶ **TOP 2:** „Wir kommen zu Punkt 2 der Tagesordnung: Die Feststellung realistischer Planziele für unseren Absatz ... „Fassen wir die Ergebnisse dieses Punktes zusammen ..."

- **Ergebnis formulieren:** „Wir haben also die folgenden Handlungsziele erarbeitet: ..."
- **Abstimmung:** „Wenn Sie diesem Ergebnis zustimmen wollen, dann bitte ich Sie um ein Handzeichen."

  Handzeichen – „Gegenprobe?" – „Enthaltungen?"

  „Der Antrag ist mit 10 : 1 Stimmen bei einer Enthaltung angenommen."
- **Ausführung:** Wer übernimmt die Ausführung der beschlossenen Maßnahmen? – Meldungen ...
- **Dank:** „Ich danke Ihnen für Ihre Mitarbeit."
- **Abschluss:** „... und schließe die Konferenz. Gleichzeitig lade ich Sie zur nächsten am 30. des nächsten Monats ein. Ich wünsche Ihnen einen guten Heimweg und einen schönen Abend."

Aufgabe

Führen Sie eine Konferenz durch:

Nach der Eröffnung schlagen Sie ein Thema vor und lassen es von den Teilnehmern bestätigen. Dann behandeln Sie jeden Punkt bis zum Schluss.

Teilnehmer-Typen

① **Streitsüchtige** Sachlich und ruhig bleiben, nicht in Streit einlassen. Durch Teilnehmer widerlegen lassen.	② **Positive** Stütze der Konferenz: Ergebnisse zusammenfassen lassen, bewusst in die Diskussion einschalten.	③ **Alleswisser** Gruppe zu seinen Behauptungen Stellung nehmen lassen. Verunsicherungstechnik.
④ **Redselige** Zwischenredner: Taktisch unterbrechen. Redezeit begrenzen (30 Sek.-Regel).	⑤ **Schüchterne** Leichte Fragen stellen. Das Selbstbewusstsein heben. Durch Lob verstärken.	⑥ **Ablehnende** Ehrgeiz wecken. Seine Kenntnisse und Erfahrung anerkennen und zunutze machen. Gemeinsames betonen. Positive Fragen. In die Verantwortung nehmen.
⑦ **Dickfellige** Uninteressierte: Nach seiner Arbeit und Meinung fragen. Beispiele aus seinem Interessengebiet bringen lassen.	⑧ **Erhabene** „Das hohe Tier“: Keine Kritik üben!	⑨ **Ausfrager** Der schlaue Fuchs. Will Konferenzleiter reinlegen. Seine Fragen zur Stellungnahme an Gruppe weitergeben. Eingestehen von Fehlern.

• Teilnehmerverhalten

Die **Interessen** der Teilnehmer sind teilweise mit denen des Leiters und des Betriebes identisch, teilweise weichen sie ab. Der Leiter möchte von allen das anstehende Problem gelöst bekommen und die Zustimmung der Teilnehmer erreichen. Einzelne Teilnehmer möchten sich profilieren, um eines Tages aufzusteigen. Im Extremfall missbraucht ein Teilnehmer die Konferenz als Forum, um „am Stuhl des Leiters zu sägen“.

Die Teilnehmer haben folgende **Einflussmöglichkeiten:**

Sie können Anträge zur Geschäftsordnung stellen und damit den Verlauf des Gesprächs ändern, z. B. die Tagesordnung oder das Verfahren der Abstimmung und das Ende der Konferenz. Diese Anträge zur Tagesordnung werden dadurch angemeldet, dass der Antragsteller beide Hände hebt. Sie müssen vorrangig behandelt werden. Der Antragsteller darf dann aber keine Sachaussage machen.

Jeder entscheidet selbst, ob, wann und zu welcher Frage er spricht. Stets sollte er allerdings extreme Formulierungen vermeiden.

Alle sollten mit dem Wunsch teilnehmen, zum Erfolg der Konferenz beizutragen. Dazu sind einige **Verhaltensweisen** förderlich:

- gründliche Vorbereitung
- pünktliches Erscheinen
- positive Grundhaltung
- zuhören wollen
- genaue Sachfragen stellen

- kurz und anschaulich sprechen
- andere ausreden lassen
- ruhig und sachlich auftreten
- beim Thema bleiben
- Informationen geben
- Killerphrasen vermeiden
- sach- und personenbezogen sprechen
- Gesichtspunkte anderer Teilnehmer aufgreifen
- das Konferenzziel anstreben
- Negativaussagen zugunsten positiver vermeiden
- zu allen Teilnehmern sprechen

Illustration: Metz & Schütz

Aufgaben des Konferenzleiters

Illustration: Gerd Glück/CCC

Ein Konferenzleiter sollte bei allen seinen Handlungen und Äußerungen neutral sein, da er von allen Teilnehmern akzeptiert werden muss. Er sollte möglichst nicht Vorgesetzter sein, sondern neutraler Außenstehender. Das erleichtert es den Teilnehmern, auch Ideen einzubringen, die von denen der Geschäftsleitung abweichen.

Pflichten

- Eine freie und heitere Atmosphäre schaffen sowie pünktlich beginnen
- Vorschläge aufgreifen
- Themenbereiche mit der Gruppe abgrenzen
- Hauptthema in Unterthemen gliedern, Überleitungen schaffen und bei Abschweifungen zum Thema zurückführen
- Motivieren und Impulse geben
- Das Wort erteilen, evtl. auch entziehen, z.B. bei Dauerrednern und Störern, um alle Teilnehmer zu Wort kommen zu lassen
- Zur fairen Diskussion auffordern und Kompromisse anbieten

- Argumente und Gegenargumente einander gegenüberstellen und Teilergebnisse zusammenfassen
- Jeden Beitrag ernst nehmen und keinen bewerten
- Abstimmungsergebnisse formulieren und dem Protokollanten diktieren
- Erfolgserlebnisse vermitteln
- Ruhig und höflich die Konferenzordnung einhalten

▶ Verhaltensweisen

Situation

In einer süddeutschen Kleinstadt wunderten sich die Mitglieder der Gemeinderatsfraktion A, dass der Bürgermeister während der Stadtratssitzungen die Vertreter der Fraktion B viel häufiger zu Wort kommen ließ als sie, obwohl er ihrer Fraktion näher stand. Bei näherer Betrachtung stellten sie fest, dass die Vertreter der Fraktion B häufiger zustimmend nickten und applaudierten. Wenn der Bürgermeister sprach, dann sagten sie auch „jawohl", „sehr gut", „so ist es", „sehr richtig" und Ähnliches. Weil dies ein Redner gern hört und sieht, wandte sich der Bürgermeister dieser Fraktion häufiger zu. Dabei übersah er ungewollt die Wortmeldungen der Fraktion A. Als die Vertreter der Fraktion A das erkannt hatten, ahmten sie das Verhalten der anderen nach und übertrumpften diese noch.

Fragen

1. Welche Reaktionen des Bürgermeisters sind am wahrscheinlichsten?
2. Wie hätte der Bürgermeister diese Situation vermeiden können?

Die wichtigsten Verhaltensweisen des Konferenzleiters sind:

- Zu allen Blickkontakt halten.
- Körperliche Zu- statt Abwendung und mehr auffordernde, beruhigende statt abwehrende Gestik zeigen.
- Nicht stehen, sondern auf gleicher Ebene sitzen.

▶ **Neutralität:** Er ist neutraler Leiter, hat also die Rolle eines Moderators, der keine Meinung zu den strittigen Sachverhalten äußert. Macht er hier Fehler, dann ist er für die Vertreter der jeweiligen Gegenseite nicht mehr akzeptabel. Er stellt Anträge zur Abstimmung, macht aber keine Aussagen, wie er abstimmt. Ist er stimmberechtigt, dann sollte er für eine geheime Abstimmung sein.

▶ **Positive Hochachtung:** Dieses Verhalten erkennen Sie an wenigen Beispielen.

Kriterium	Formulierungen	
	Falsch	Richtig
Negativ – positiv	Sie bedauern diesen Fehler.	Als erfolgreiche Lösung schlagen Sie also vor …
Rückblick – Ausblick	Bisher hatten Sie …	Sie wollen in Zukunft …
Verbot – Bitte	Das dürfen Sie aber nicht …	Bitte machen Sie …
Angriff – Kooperation	Von faulen Mitarbeitern müssen Sie sich trennen.	Sie suchen also engagierte Kollegen.
Pessimismus – Optimismus	Das Glas ist halb leer.	Das Glas ist halb voll.
Ichform – Wirform	Ich sage hiermit …	Wir sehen also …
Einengend – erweiternd	Reden Sie keinen Unsinn!	Bitte, kommen Sie zur Sache!
Autorität – demokratisch	Ich sehe nur eine Lösung.	Welche Lösungen sehen Sie?

Aufgabe

Berichtigen Sie die folgenden Formulierungen:

- Sie haben diese Fehler gemacht.
- Dieses Verhalten ist falsch.
- Dummschwätzer haben hier nichts verloren.
- Ich habe mich für folgende Lösung entschieden.

6.3 Zusammenarbeit und Verhaltensregeln

Situation

Eine Mitarbeiterin meldete sich fast jede Woche für einige Tage krank, bis ihr Vorgesetzter erfuhr, dass sie an diesen Tagen im Ruderclub der Nachbarstadt war.

Frage

Was unternehmen Sie als Vorgesetzter in diesem Fall?

Verhaltensregeln haben für die jeweilige Gruppe, Institution und Organisation zwingenden Charakter. Sie verpflichten das jeweilige Mitglied zur Einhaltung und Beachtung der gültigen Ordnungen. Wenn ein Mitarbeiter seinen Arbeitsvertrag unterschreibt, verpflichtet er sich zur Einhaltung der jeweiligen Verhaltensregeln = **juristischer Aspekt**.

Der Industriemeister hat alles zu tun, um Regeln und Ordnungen durchzusetzen. Verhaltensregeln einzuhalten kann nicht nur vertraglich erzwungen werden. Haben die Mitarbeiter die Regeln bejaht und verinnerlicht, kann die Kontrolle minimiert werden. Voraussetzung ist, dass der Mitarbeiter über alle für ihn geltenden Ordnungen informiert und entsprechend geschult wird = **sozialerzieherischer Aspekt**.

Inhalt der Information:

- Arbeitsgesetze
- Betriebsvereinbarungen
- Hausordnung
- Arbeitssicherheitsvorschriften
- Tarifvereinbarungen
- Technische Vorschriften

• Einhaltung bewirken

Nur wenn Regeln und Vereinbarungen eingehalten werden, ist eine fruchtbare, erfolgreiche Zusammenarbeit aller Mitarbeiter möglich. Der Industriemeister muss im Einzelfall genau abwägen, ob Ausnahmen zugelassen werden können. Bei Arbeitssicherheitsvorschriften ist das nicht möglich. Für Ausnahmen gelten folgende Regeln:

- Begründung
- Einsicht und Nachvollziehbarkeit
- Ausschluss von Präzedenzfällen
- Eindeutige Beschränkung

• Aufgaben der Führungskraft bei Übertretungen

Der Industriemeister hat auf die Einhaltung von Regeln hinzuwirken.

Kriterien der Überprüfung	
Permanent	• in allen betrieblichen Belangen
Präventiv	• vorbeugend – informativ
Erzieherisch	• Einsicht, Haltungen, Sozialverhalten

Schritte

- Notwendigkeit begründen und an Einsichten appellieren
- Verantwortung aufzeigen
- Konsequent einwirken
- Den Anfängen wehren

Langfristiges Ziel muss es sein, Verantwortungsbewusstsein zu wecken. Je höher der Grad der Identifikation des Mitarbeiters mit dem Betrieb ist, umso zuverlässiger ist die Einhaltung von Regeln und Ordnungen im Betrieb. Aufgabe des Industriemeisters ist es also, ein Vertrauensverhältnis zu den Mitarbeitern aufzubauen, damit sie sich mit dem Betrieb identifizieren können.

Fragen

1. Warum ist die Einhaltung von Verhaltensregeln in Ihrem Betrieb notwendig?
2. Was verstehen Sie unter dem juristischen und sozialerzieherischen Aspekt der Einhaltung von Ordnungen und Regeln?
3. Unter welchen Bedingungen sind Ausnahmen möglich?
4. Wie wirken Sie auf die Einhaltung von Regeln hin?

Situation

Mitarbeiter Schulze ist in der Beachtung von Sicherheitsmaßnahmen sehr nachlässig. Als er daraufhin von Ihnen angesprochen wird, begründet er sein Verhalten mit seiner jahrelangen Erfahrung. Er wusste schon, was er zu tun und zu lassen habe. Was tun Sie? Wie reagieren Sie?

6.4 Bildung und Lenkung von Arbeitsgruppen

Der Einsatz von Arbeitsgruppen ist längst aus dem Versuchsstadium heraus. Die Automobil-, Maschinen-, Elektroindustrie und der Anlagenbau haben zuverlässige Daten über den Nutzen von Arbeitsgruppen. Kein Betrieb kann es sich auf Dauer leisten, Ressourcen ungenutzt verstreichen zu lassen. Daher wird der Bildung von Arbeitsgruppen in Zukunft noch mehr Gewicht beigemessen, als dies bisher der Fall war.

Die schrittweise Einführung der Qualitätssicherung und der Fertigungssteuerung haben den Boden bereitet für Aufgaben, die einen hohen Grad an Selbstorganisation, Dezentralisierung, Transparenz von Entscheidungen sowie Kommunikation und Kooperation fordern.

6.4.1 Arten und Grundsätze der Zusammensetzung

Grundsätzlich gelten alle Merkmale, wie sie für soziale Gruppen auch gelten (vgl. dazu auch Kap. 3 ab S. 43). Arbeitsgruppen haben als besonderes Kennzeichen:

Planung und Durchführung gemeinsamer Ziele

Arbeitsgruppen sind klar abgegrenzte Einheiten in den betrieblichen Abläufen. Sie werden als organisatorische Einheit zur Leistungssteigerung bewusst genutzt. Charakteristisch sind Kooperation/Interaktion und gemeinsame Arbeitsaufgaben.

Die Entscheidung, ob eine Aufgabe einer Gruppe übertragen wird, hängt von der Art der Aufgabe und der Gruppenzusammensetzung ab. Sind keine höheren, messbaren Leistungen zu erwarten – aus quantitativer wie aus qualitativer Sicht – so wird die Erledigung besser einzelnen Mitarbeitern übertragen.

Nur was ein einzelner mit hoher Kompetenz ausgestatteter Mitarbeiter nicht besser leisten kann als eine Teilgruppe, eine Großgruppe oder ein Team, muss einer Gruppe übertragen werden! Aufgaben, die ein hohes Maß an Zusammenarbeit erfordern, sind ebenfalls besser in Gruppen untergebracht.

- **Arten der Gruppen**

	Projektgruppe	Qualitätszirkel	Teilautonome Gruppe
Größe		4–10 Mitglieder	4–9 Mitglieder
Teilnahme	verpflichtend	freiwillig	verpflichtend und freiwillig
Zeitdauer	begrenzt, Auflösung nach Problemlösung	Treffen in regelmäßigen Abständen (Wochenrhythmus)	als reguläre Arbeitsorganisation relativ dauerhaft
Mitglieder	mittleres und oberes Management	untere Betriebsebene	Fachkräfte
Konzepte	Lösung übergreifender Probleme nach fachlichen Kriterien	Erarbeitung von Problemlösungen – Entscheidungskompetenz bei der Betriebsleitung	Arbeitserweiterung (job enlargement) Arbeitsbereicherung (job enrichment) Arbeitswechsel (job rotation)
Ziele	hauptsächlich ökonomisch ausgerichtet	bereichsübergreifende Analyse von Problemen. Förderung der Kommunikation der Mitarbeiter untereinander	Steigerung der Leistung durch Verlagerung der Entscheidungsgewalt durch Selbstregulierung und die damit verbundene Verantwortung auf die Gruppe.

Entscheidend für ein erfolgreiches Arbeiten der Gruppen sind beobachtbare, messbare Zielvereinbarungen, sowie Rückmeldungen über Erfolge und Misserfolge (Feedback).

Rückmeldungen können motivationssteigernd wirken, die Ergebnisse werden transparent gemacht, neue Prioritäten können gesetzt werden.

Untersuchungen haben Folgendes ergeben:

Je mehr der Mitarbeiter in den Prozess der Selbstregulierung und der Nutzung von Spielräumen eingebunden ist, umso größer ist die Bereitschaft zur Leistung und zur Eingliederung in die Gruppe mit wechselseitiger Unterstützung und Hilfe. Die Zufriedenheit am Arbeitsplatz wächst und die Qualität der Leistung nimmt zu.

6.4.2 Sozialverhalten der Gruppenmitglieder

Äußere materielle, messbare Ergebnisse sind nicht allein ausschlaggebend für die Bewertung der menschlichen Arbeitsleistung. Soziale Randbedingungen schaffen eine Grundlage für die Zufriedenheit und das Wohlbefinden des Mitarbeiters.

Die Verhaltensweise des Mitarbeiters wird stark geprägt durch:

- die Arbeitsatmosphäre
- den Führungsstil der Vorgesetzten
- den Umgang der Mitarbeiter untereinander
- die Bedürfnisse nach sozialem Prestige und persönlichem Ansehen
- eine gerechte Entlohnung für erbrachte Leistungen

Eignung durch Eingliederung und Anpassung

Fall

Abteilungsleiter Klump berichtet: „Unser Mitarbeiter Herr Stöpsel ist seit achtunddreißig Jahren in unserem Betrieb und macht seither still und ruhig seine Arbeit. Er hat sich noch nie beschwert und hat noch nie etwas gefragt. Jede Arbeit war ihm immer recht. Wenn er nicht jeden Morgen mit einem leisen „Grüß Gott" zur Tür hereinkäme, wüsste niemand, dass Herr Stöpsel bei uns arbeitet. Tagsüber fällt er nicht auf und niemand nimmt Notiz von ihm. Mit solch einem Mitarbeiter arbeite ich gern zusammen."

Aufgabe

Wie beurteilen Sie diesen Fall?

Es gibt verschiedene Möglichkeiten, wie Mitarbeiter sich dem Betrieb anpassen:

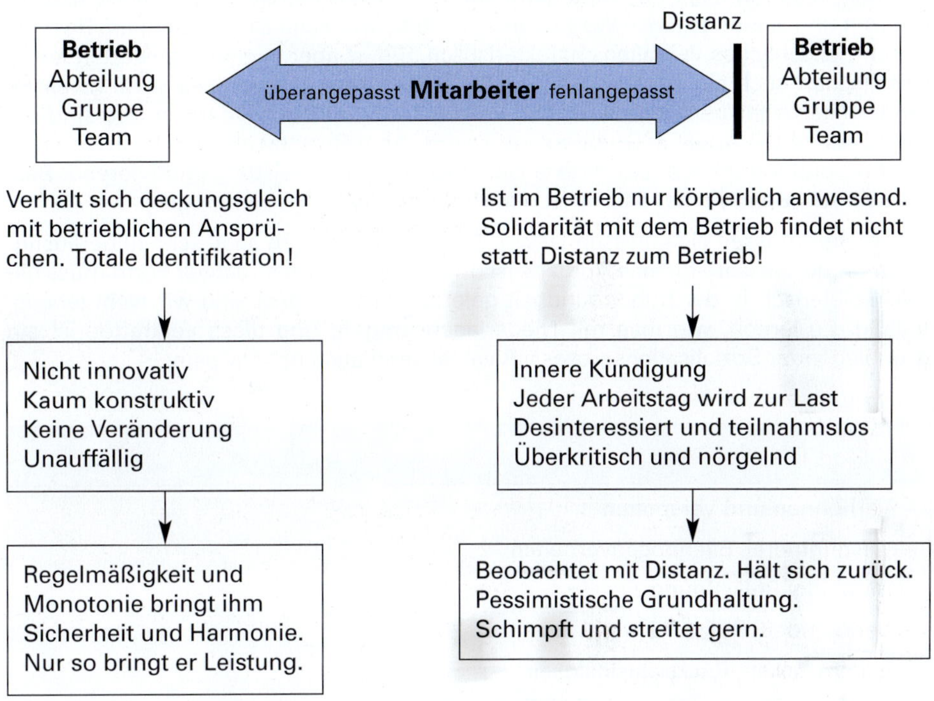

Beide Persönlichkeitstypen können sehr leistungsstark sein. Sie fallen im betrieblichen Alltag kaum auf. Wenn einer von beiden in eine Gruppe oder ein Team integriert werden soll, ist der erste leichter zu integrieren. Er bringt aber die Gruppe nicht weiter. Der zweite hat dagegen wahrscheinlich viel Dynamit. Damit wird er aber wahrscheinlich die Gruppe sprengen. Beide sind nicht gruppenfähig. Jedes dieser beiden Verhaltensmuster kann so stark ausgeprägt sein, dass keiner für eine Mitarbeit in einer Gruppe oder in einem Team geeignet ist.

Weitere Erschwernisse für einen angemessenen Umgang miteinander sind z. B.:

- Konzeptlosigkeit
- Unklare Ziele und Strukturen
- Keine Rückmeldungen
- Geschlossene Informationskanäle
- Mehrdeutige Positions- und Rollenbilder
- Konflikte zwischen den Abteilungen und den Gruppen
- Gerüchte/Hörensagen

Aufgaben/Fragen

1. Begründen Sie, warum der überangepasste Mitarbeiter ebenso wenig für die Gruppen- oder Teamarbeiten geeignet ist wie der fehlangepasste.
2. Welche Konsequenzen ergeben sich für die Einstellung neuer Mitarbeiter?

- **Rivalität**

Situation

Eine Sekretärin beobachtet, wie eine Mitarbeiterin, die ihrem Chef eine Akte vorlegt, ihm gleichzeitig die Hand auf seine Schulter legt. Seit diesem Tag dichtet die Sekretärin der Mitarbeiterin ein Liebesverhältnis zu ihrem Chef an. Sie verbreitet dieses Gerücht bei jeder Gelegenheit im Betrieb. Der betriebliche Frieden wird so dauerhaft gestört. Die Betriebsleitung entschließt sich die Sekretärin zu entlassen. Erst danach wird allen Mitarbeitern bewusst, wie „vergiftet" das betriebliche Klima war.

Aufgabe/Frage

1. Schildern Sie ähnliche Situationen.
2. Was unternehmen Sie in einem solchen Fall?

Rivalität bedeutet nicht nur wetteifern, sondern hilft auch, sich gegen andere abzugrenzen und seinen eigenen Weg zu finden. Sie spornt auch zur Leistung an. Rivalität ist für menschliches Verhalten charakteristisch. Sie ist aber in einer sozialorientierten Gesellschaft auch ein Tabu, weil sie zunächst als störend angesehen wird. Rivalisierende Mitarbeiter gelten als unsozial, unkooperativ und unsolidarisch. Sie sind ein Hindernis für die Arbeit in Gruppen und Teams. Aber Rivalität aktiviert auch Kommunikation und Interaktion, das direkte Gespräch und wirkt leistungsmotivierend. Besser sein zu wollen als der andere ist der Motor für diese Anstrengungen.

Mitarbeiter müssen sich messen lassen. So kann der Betrieb auch schnell herausfinden, wer der Bessere für eine Aufgabe ist. Rivalisieren in konstruktiver Form muss bereits spielerisch in der frühen Kindheit gelernt werden, sonst sind wir nicht lebenstüchtig. Zu lernen, wie man mit Niederlagen umgeht und diese verkraftet, ist ein grundlegender Sozialisationsprozess. Rivalität kann auch negativ sein:

Negative Auswirkungen
– Verhöhnen und Verspotten
– Wichtigtuerei, Ellenbogenverhalten
– Mobbing, Belästigung
– Verleumden, Rufmord
– Unterdrücken, Rücksichtslosigkeit

Das Wichtigste für eine Führungskraft ist, das Problem Rivalität offen im Team zur Sprache zu bringen.

Fragen

1. Welche Gefahren sind mit einer destruktiven Rivalität verbunden?
2. Wie kann Rivalität konstruktiv unter Mitarbeitern wirken?
3. Was können Sie gegen destruktive Rivalen unternehmen?

6.4.3 Rollenverhalten der Führungskraft

Wirtschaft und Industrie unterliegen dem Zwang zu ständiger Weiterentwicklung, die zu technischen, wirtschaftlichen und rechtlichen Veränderungen führt. Globalisierungen, Konkurrenz, Wettbewerb und Qualitätsbewusstsein sind die Motoren dieser Veränderung. Führungskräfte müssen auf diese Veränderungen reagieren.

- **Rolle**

Eine Rolle besteht aus allen Erwartungen, die an einen Positionsträger gestellt werden.

Position ist der Platz, der „Ort“ innerhalb eines sozialen Systems (Betrieb). Führungskräfte passen in ihre Rolle, wenn sie mit den Anforderungen an diese Rolle übereinstimmen. Eine Führungskraft wird nicht geboren. Der betriebliche Mitarbeiter wird erst durch betriebliche Sozialisierung, lebenslange Fort- und Weiterbildung und führungsorientiertes Training zum Spezialisten, dem der Betrieb die „Führung“ von Mitarbeitern anvertrauen kann.

Nur wer gelernt hat, sich selbst führen zu lassen, und für sich und andere ein bejahendes, positives Menschenbild zu entwickeln, kann auch Führungskraft für andere sein. Führungskräfte sind hohen Erwartungen ausgesetzt.

Erwartungen an eine Führungskraft
– Perspektiven entwickeln und umsetzen – Orientierung geben, Richtung weisen – Wissen auf der Basis von Kommunikation und Interaktion erarbeiten – Begeistern können – Sich seiner Begrenztheit bewusst sein – Respekt und Glaubwürdigkeit gegenüber Mitarbeitern zeigen – Toleranz und Aufgeschlossenheit gegenüber Mitarbeitern aus anderen Kulturen zeigen – Sachlich richtige Entscheidungen konsequent vertreten

Hindernisse auf dem Weg zu einer guten Führungskraft sind Allwissenheit, Herrschaftswissen, Machtausspielung, unkritische Fortschrittsgläubigkeit und passive Anpassung ohne den Willen zur Veränderung.

Der zunehmende Rollendruck kann bis an oder über die Grenze der körperlichen und seelischen Belastung führen und krank machen. Falsche Wege sind Alkohol, Rauschmittel, Tabletten in Selbstmedikation oder andere unangemessene Flucht- und Abwehrreaktionen.

Belastend sind oft folgende Faktoren:

- für alles zuständig zu sein (Aufgabenumfang)
- immer und überall am richtigen Ort zu sein (Mobilitätsdruck)
- möglichst schon vorgestern alle Probleme gelöst zu haben (Zeitdruck)
- immer fehlerfreie Leistung zu erbringen (Qualitätsdruck)
- jeden Mitarbeiter mit seinen privaten Problemen zu verstehen (Therapeutenrolle)
- überall und sofort perfekte Lösungen parat zu haben (Perfektionismus)
- ohne Wenn und Aber sich mit der Unternehmensphilosophie zu identifizieren (Gefolgschaft)
- sich selbst und die Familie nach dem Betrieb an zweiter Stelle zu setzen (Karriererolle)

Jeder Betrieb muss ein Interesse daran haben, dass die Führungskräfte nicht „verschlissen“ werden. Betriebliche Beanspruchung und das persönliche, individuelle Leben, z. B. die freie Zeit, müssen in Einklang gebracht werden können.

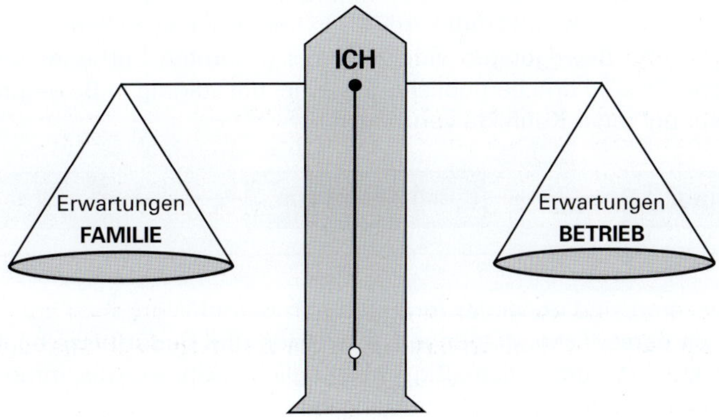

Die Balance, die Ausgewogenheit von privaten/familiären und betrieblichen/beruflichen Erwartungen schaffen Lebensqualität und sind die besten Voraussetzungen für eigene hohe Zufriedenheit und betrieblichen Leistungen. Die Weiterbildung darf nicht nur im betrieblichen Management liegen, sondern auch im Persönlichkeitsmanagement.

Der Grad der Belastung kann durch folgende Fragen eruiert werden:

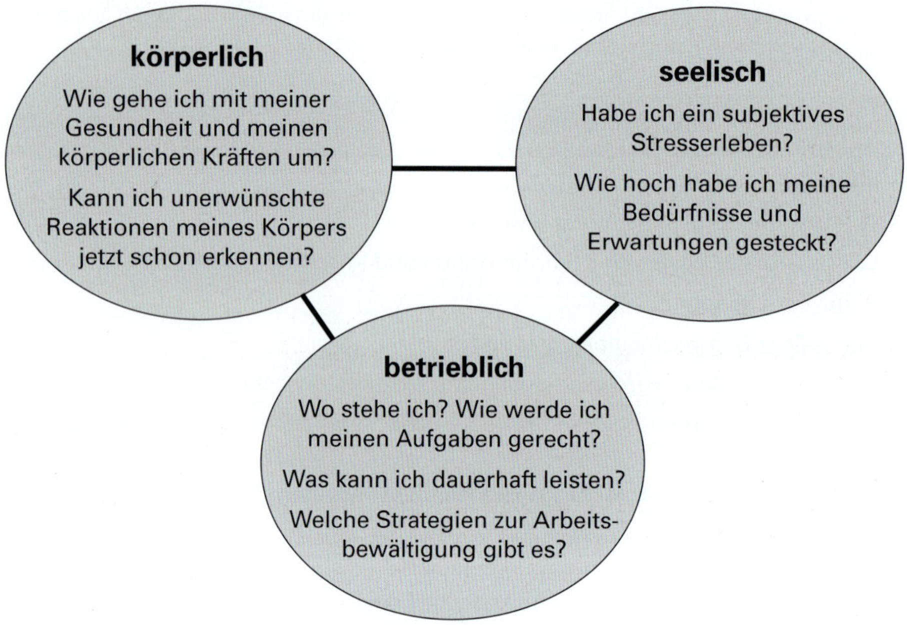

Nur eine seelisch und körperlich gesunde Führungskraft mit Lebensqualität bringt auf Dauer gute Leistungen für den Betrieb!

Eine Unternehmensphilosophie, die nur auf materielle und ökonomische Gewinnmaximierungen baut, ist schädlich. Sie muss auch die sozialethischen, menschlichen Werte berücksichtigen.

6.4.4 Gruppendynamik und Teamentwicklung

Fall

Eine Führungskraft berichtet: „Wir haben ein hervorragendes Betriebsklima, bei uns gibt es keine Probleme. Wir achten strikt auf die Trennung von Privatleben und betrieblichem Arbeiten. Das ist unser Erfolgsrezept!"

Frage

Wie stehen Sie zu dieser Lösung?

- **Gruppendynamik**

In einer Betriebsgruppe versucht jeder Mitarbeiter, für sich das beste Umfeld zu schaffen, um harmonisch und konfliktfrei leben und arbeiten zu können. Dies führt zu Veränderungen und Bewegungen innerhalb des gesamten Betriebes und auch der Betriebsgruppe. Es sind drei betriebliche Systeme, die ständig in Bewegung sind und oft auch „Reibung" oder Konflikte verursachen:

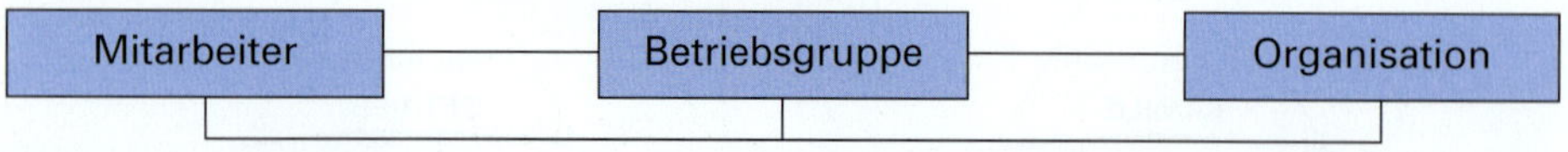

Diese drei Systeme sind entweder formell durch Betriebsvorgaben strukturiert oder informell durch persönliche Meinungen, Interessen und Bedürfnisse beeinflusst. Die formelle Struktur ist verhältnismäßig unbeweglich, während die informelle unbewusst und unbemerkt eine Dynamik in Gang setzt.

Strukturen		
formell		informell
Organigramme		Beziehungen
Verträge		Rollen
Absprachen	←	Sympathien
Beschreibungen		Interessen
Verteilungen		Rivalitäten
Hierarchien	←	Futterneid
Verantwortlichkeiten		Einfluss
Befugnisse		Eitelkeiten

Die informellen Strukturen nehmen Einfluss auf alle formellen Ebenen und umgekehrt.

Beispiele:

Ein Chef, der in seine Sekretärin verliebt ist und ein privates Verhältnis mit ihr hat, ist befangen. Er ist in den notwendigen formellen Entscheidungen und Organisationen nicht mehr frei.

Ein inkompetenter Industriemeister kann seine Anordnungsbefugnis schnell an einen Mitarbeiter verlieren, der ihm vorher unterstellt war.

• Team

Ein Team ist mehr als eine Gruppe. Voraussetzung für ein erfolgreiches Team ist, dass die Teammitglieder bereits gruppenfähig sind. Grundlegende Sozialisierungsprozesse müssen bereits durchlaufen sein. Mitarbeiter sind teamfähig, wenn sie folgende Kriterien erfüllen:

- Nicht nur ergebnisorientiert, sondern auch prozessorientiert denken und handeln.
- Verantwortung für sich und andere übernehmen.
- Bewusst die gemeinsamen Entscheidungen treffen und durchtragen.
- Ein hohes Maß an gemeinsamer Planung und Absprache anstreben.
- Die Gelassenheit und das Vertrauen in einen gemeinsamen Leistungsprozess einbringen.
- Sich um Einfühlungsvermögen für andere Teammitglieder bemühen.

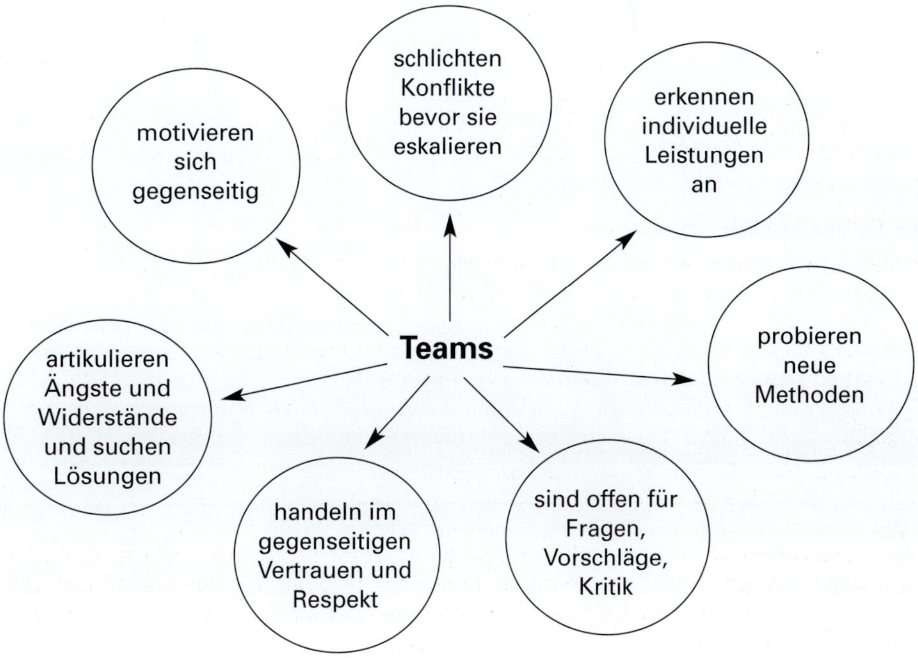

Für den Mitarbeiter hat die Arbeit im Team folgende Vorteile: Er kann

- Vorbehalte angstfrei formulieren,
- über den Nutzen seiner Arbeit eine Rückmeldung erfahren,
- bei seinen eigenen Problemen Hilfe von anderen bekommen,
- von den Kenntnissen und Fertigkeiten der anderen profitieren,
- nie zum Außenseiter werden,
- seine Fähigkeiten produktiv einbringen,
- das Bewusstsein haben, für den gesamten Erfolg Verantwortung zu tragen.

Die Teambildung kann erschwert werden durch

- gruppendistanzierte, starre Hierarchien
- blockierende, negative zwischenmenschliche Erfahrungen
- Ellenbogenhandeln, Egoismus
- nicht gruppenfähige Mitarbeiter
- Fachegoismus, Einzelkämpfertum
- Dauerkonflikte, Abspaltungen, innere Kündigung
- mangelnde Vorbereitung auf die Teamarbeit

Arbeitsschritte in der Teambildung:

1. Analyse des IST-Zustandes. Der Wunsch nach Veränderung oder Weiterentwicklung
2. Definition des Problems
3. Definition des gewünschten Zustandes (Zielformulierung)
4. Behandlung des Problems und Zukunftsorientierung. Notwendige Maßnahmen und Aktionen
5. Erfolgskontrolle und Evaluation
6. Weiterentwicklung: Arbeit mit dem Tätigkeitskatalog

Fall

Peter Schneider wird von einem Arbeitskollegen aus einer anderen Abteilung beneidet, dass er in einem sehr gut funktionierenden Team arbeiten kann. Er wird gefragt, warum sein Team so gute Leistungen bringt und warum jeder gern dort arbeitet. Peter Schneider zählt jene Punkte auf, die für ihn die wichtigsten sind:

- Konflikte werden offen angesprochen.
- Uns sind die Ziele unserer Arbeit klar.
- Jeder von uns hat einen hohen fachlichen Standard.
- Verbundenheit mit den Teampartnern.
- Es gibt keine Intrigen.
- Gegenüber neuen Ideen von außen sind wir aufgeschlossen.
- Wir setzen angemessene Methoden ein.
- Vereinbarungen werden gemeinsam getroffen und eingehalten.
- Wenn einer ausfällt, übernimmt ein anderer seine Aufgaben.

Peter Schneider erzählt weiter:

„Das kam uns alles nicht zugeflogen. Wir haben viele Entwicklungsprozesse durchlaufen mit effektiven Teamsitzungen und Absprachen. Eine große Hilfe war unser Teamleiter, Industriemeister Brechtl, der mit Teamerfahrung und sehr viel Sachverstand uns zu dieser stolzen Leistung brachte. Wir verdanken ihm viel!"

Aufgabe

Wenn Sie in einem Team arbeiten: Welche der von Peter Schneider genannten Stichpunkte überzeugen Sie am meisten? Begründen Sie Ihre Antwort.

6.5 Probleme und soziale Konflikte

6.5.1 Arten und Ursachen

Wo Menschen zusammentreffen, entstehen Konflikte. Sie beinhalten die Chance zum Abstecken von Interessen und Meinungen. Sie ermöglichen einen Neubeginn. Konflikte können aber auch zwischenmenschliche Beziehungen zerstören, belastend sein und existenzbedrohende Ausmaße annehmen.

Konfliktarten

Individualkonflikt (individuell – einzeln) → Einzelne Mitarbeiter haben Rollen- oder Motivkonflikte mit sich, mit anderen Mitarbeitern oder mit Vorgesetzten.

Intragruppenkonflikt (intra – innerhalb) → Innerhalb der Gruppen gibt es „Reibungen" in offener oder versteckter Auseinandersetzung:

- unterschiedliche Interessen
- Hierarchiestreitigkeiten
- Führungsansprüche
- Dissens

Intergruppenkonflikt (inter – zwischen) → Es bestehen Auseinandersetzungen zwischen einzelnen Gruppen:

- Neid, Missgunst über erbrachte Leistungen
- Mangelnde Zusammenarbeit
- Nicht funktionierende Informationskanäle
- Missverständnisse, Halbinformationen

6.5.2 Möglichkeiten der Prävention und Lösung

Konflikte werden um so besser bewältigt, je früher sie angegangen und Lösungen gesucht werden. Folgende vorbeugende Maßnahmen haben sich bewährt:

Prävention
– Informationskanäle öffnen – Entscheidungen transparent machen – Offene Aussprachen suchen – Klare Vereinbarungen und Regeln aufstellen – Positionen und Rollenkompetenzen klären – Beziehungen auf eine menschliche Basis stellen

Die Auswahl der richtigen Lösung zu einem Konflikt hängt von folgenden Faktoren ab:

- Konfliktart (vom leichten bis existenzbedrohenden Konflikt)
- Konfliktpartner (inwieweit ist der Einzelne in den Konflikt eingebunden)
- Soziale Rahmenbedingungen (betriebliche Strukturen, Hierarchien, Entscheidungsspielräume, Erfahrung)

Konfliktlösungen können sein:

- ▶ Versachlichen → Argumentative Lösung. Die besseren Argumente überzeugen alle Konfliktpartner.
- ▶ Beseitigen → Ursachen, die zu Konflikten führen könnten, werden beseitigt.
- ▶ Institutionalisieren → Entschieden wird aufgrund von Rechten und Pflichten. Richtlinien für Konfliktaustragungen werden betrieblich festgelegt.

Es gibt Scheinlösungen, die den Konflikt nur unterdrücken oder verlagern. Sie sind keine brauchbaren Lösungsmuster.

• Stufen zur Lösung von Konflikten

1. Art:	Um welchen Konflikt handelt es sich?
2. Inhalt:	Worum geht es in diesem Konflikt?
3. Ursachen:	Gibt es interne oder externe Ursachen?
4. Bedingtheit:	Woraus ergeben sich diese Ursachen? Wozu haben sie geführt?
5. Subjektivität:	Wie erleben die Konfliktpartner den Konflikt? Emotional, aggressiv, hilflos, ausgeliefert?
6. Entscheidung:	Beseitigung der Ursachen
7. Einsicht:	Klärung mit den Beteiligten. Einsichtsprozesse erarbeiten. Einverständnis erzielen.
8. Regeln:	Regeln aufstellen für Konflikte, die nicht gelöst werden können. Einhaltung von beschlossenen Lösungen kontrollieren.

6.5.3 Grundsätze des Umgangs mit Beschwerden

Meistens sind Beschwerden eine betriebsinterne Angelegenheit. Ob eine Beschwerde berechtigt ist, wird sich erst nach eingehender Prüfung herausstellen. Jeder, der eine Beschwerde vorbringt, hat das Recht Gehör zu finden und ernst genommen zu werden.

Beschwerdemöglichkeiten gibt es auf geregelten Wegen über Vorgesetzte, Betriebsrat, Ombudsstellen und Personalverbände.

Ursachen für Beschwerden sind Mitarbeiterbeurteilungen, Lohneinstufungen, Versetzungen, sexuelle Belästigungen und Mobbing. Entscheidend ist die Frage, welches Verhältnis der Vortragende, der Beschwerdeführer, zu seiner Beschwerde hat:

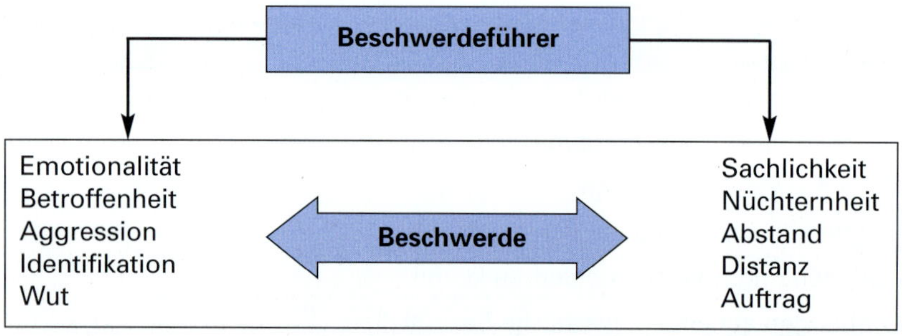

Ist der Beschwerdeführer mit seinem Problem persönlich betroffen, seit langer Zeit belastet, seelisch erniedrigt und verletzt, existentiell bedroht, in der Ehre gekränkt und von Hass und Abneigung erfüllt oder bringt er als Mittler, Überbringer oder Sprecher eines Mitarbeiters oder einer Gruppe die Beschwerde vor? Je weniger er emotional betroffen ist, desto leichter ist der Konflikt zu lösen.

Beschwerden können positive Folgen haben:

- Unzulänglichkeiten und Mängel werden offen gelegt, die bisher nicht entdeckt wurden.
- Kontakte, Beziehungen werden aufgebaut.
- Mitarbeiter werden zum Mitdenken und zur Übernahme von Verantwortung angeregt.
- Verbesserungen in Produktion und Dienstleistung können vorgenommen werden.
- Der Ruf der Firma, auch in Bezug auf Unternehmenskultur, wird aufgewertet.
- Zufriedenheit bringt Motivation und höhere Leistung.

Die ***12 goldenen Regeln*** eine Beschwerde **vorzubringen**:

1. Bleiben Sie auch bei starker emotionaler Belastung ruhig und sachlich.
2. Drohen und dramatisieren Sie nicht.
3. Bitten Sie um Gehör, wenn Sie unterbrochen werden.
4. Verweisen Sie nicht auf Sanktionen. Rufen Sie nicht nach dem Anwalt.
5. Erklären Sie, wie Sie diese Beschwerde berührt hat. Erläutern Sie klar Ihren Kummer.
6. Bestehen Sie darauf, Ihre Beschwerde ganz und ohne Abstriche vortragen zu dürfen.
7. Verweisen Sie in juristischen Fragen auf die Rechtslage und vorhandene Gerichtsurteile.
8. Greifen Sie nie einen Zuhörer oder Konfliktpartner persönlich an. Gehen Sie auf die Sach- und Problemlage ein.
9. Vermeiden Sie Zynismus, Spott oder Herabsetzung.
10. Seien Sie ein geduldiger Zuhörer.
11. Bestehen Sie auf konkreten Lösungsschritten. Mit Unverbindlichkeiten, Leersätzen und gespielten Höflichkeiten sollten Sie sich nicht zufrieden geben.
12. Machen Sie sich Notizen. Fassen Sie die Ergebnisse des Gesprächs zusammen.

Die ***12 goldenen Regeln*** eine Beschwerde **entgegenzunehmen**:

1. Nehmen Sie sich Zeit, wenn Ihnen eine Beschwerde vorgebracht wird.
2. Hören Sie aktiv und geduldig zu. Erledigen Sie neben dem Gespräch keine anderen Dinge.
3. Nehmen Sie durch Ihre freundliche Art Ängste und Beklommenheiten.
4. Zeigen Sie ruhig und sachlich Verständnis, wenn der Beschwerdeführer als Ventilfunktion erst „Dampf ablassen" muss.
5. Beleidigungen und Tätlichkeiten brauchen Sie nicht hinzunehmen. Sie haben das Recht sich zu schützen. Brechen Sie in diesem Fall das Gespräch ab und bleiben Sie offen für einen neuen Gesprächstermin.
6. Unterbrechen Sie nicht den Gesprächsverlauf.
7. Machen Sie sich Notizen und stellen Sie danach Verständnisfragen, die Ihr Bild von der Sachlage vervollständigen oder ergänzen.
8. Spielen Sie das Problem nicht herunter. Spielen Sie Macht nicht aus.
9. Sitzen Sie das Problem nicht aus, sondern vereinbaren Sie konkrete Lösungsschritte.
10. Vereinbaren Sie dafür Zeiträume für die Umsetzung.
11. Sind Sie ehrlich, wenn Sie keine Lösung anbieten können. Begründen Sie Ihre Sachlage.
12. Beenden Sie das Gespräch mit vertrauensbildenden Hinweisen und Maßnahmen.

Fall

Frau Blasberg kommt mit mutigem Schritt auf Herrn Schirmer, ihren Vorgesetzten zu. Sichtlich erregt und mit vibrierender Stimme will sie ihn an die Versprechungen vom letzten Jahr erinnern: „Sie hatten schon im letzten Jahr versprochen, uns in die nächst höhere Gehaltsstufe zu bringen. Aber es tut sich nichts! Das Fass ist voll, Herr Schirmer! Sie wissen es ganz genau, wir leisten moderne Sklavenarbeit zu einem Hungerlohn. So geht es jetzt nicht mehr weiter!"

Für Herrn Schirmer ist das schon die zweite Beschwerde an diesem Vormittag. „Ihre Arbeit ist noch nicht einmal die Hälfte Ihres Stundenlohnes wert, Frau Blasberg. Nur meckern und Forderungen stellen verbessert nicht die Qualität der Arbeit in ihrer gesamten Abteilung!"

„Ich werde mir einen Anwalt nehmen!" brüllt Frau Blasberg. „Und morgen bin ich bei der Zeitung, wo die Machenschaften in diesem Sklavenlager der Öffentlichkeit zugänglich gemacht werden!"

„Tun Sie, was Sie nicht lassen können", meinte Herr Schirmer zynisch und geht seinen Weg weiter.

Aufgaben

1. Erläutern Sie den ungünstigen Gesprächsverlauf.
2. Gegen welche Regeln der Beschwerdeführung hat Herr Schirmer verstoßen?
3. Spielen Sie das Gespräch so durch, dass beide Seiten nicht gegen die goldenen Regeln verstoßen.

6.6 Moderation

Situation

„Jetzt haben diese Besserwisser (BW = Betriebswirte) schon wieder unsere Arbeit torpediert...“ schimpft Ihr Kollege. „Soll der Krieg zwischen Produktion und Verwaltung so weiter gehen?“ Sie erinnern sich, dass die Moderationstechnik ideal ist, um dieses Problem zu bewältigen.

6.6.1 Aufgaben des Moderators

Der Moderator ist bei dieser Art der Gesprächsführung im Grunde Organisator, Leiter und Kontrolleur in einem. Er hat dafür zu sorgen, dass alle für die Moderation wichtigen Gegenstände vorhanden sind, ein Zeitplan existiert und eingehalten wird, die Ergebnisse der Gruppe strukturiert und dokumentiert werden und der ganze Ablauf überschaubar bleibt. Die Inhalte und Ergebnisse beeinflusst er nur durch seine Nachfragen, Zusammenfassungen und Strukturierungen. D.h. er hält seine persönliche Einstellung und Meinung zurück, um die Gruppe nicht zu lenken, sondern ihr nur als Helfer zur Seite zu stehen.

Er hilft der Gruppe die Ideen auf den Punkt zu bringen und vermittelt bei Unstimmigkeiten.

Aufgaben:

- Vorbereitung
- Einleitung und Darstellung des Problems oder der Frage
- Strukturierung der Inhalte
- Zusammenfassung und Dokumentation der Ergebnisse

Wichtige Merkmale des Moderators:

- Durchsetzungsvermögen
- Organisationstalent
- Vermittlerfunktion
- Schnelles Auffassungsvermögen
- Geduld
- Zeitgefühl
- Neutrales und objektives Auftreten
- Selbstbewusstsein

Sitzordnung

Quelle: Seifert: Visualisieren ... Gabal-Verlag, S. 84

6.6.2 Methoden und Techniken

- **Vorbereitung**

▶ **Moderator:** Moderatoren entscheiden nichts, Sie helfen nur beim Prozess der Meinungsbildung und Entscheidung, als Methodenspezialisten steuern sie den Gruppenprozess. Grundlage des Erfolges ist die Erkenntnis von Watzlawick: „Du kannst Dich nicht nicht verhalten“. Entscheidend ist, ob die Gruppe mitarbeiten will und ob sie eine positive Arbeitsatmosphäre schafft. Förderlich ist geistige und körperliche Fitness, d.h. vorher wenig essen, dafür gut ausgeschlafen sein, keinen Alkohol- bzw. Tabakgenuss, Pausen machen. Der Moderator sollte seinen „Heimvorteil“ nutzen, indem er die Arbeitsräume und Medien vorher kennen lernt.

- **Inhalt:** Hilfreich ist, wenn sich der Moderator in die Sache hineindenken kann. Er hilft der Gruppe durch gezielte Fragen. Gute Fragen setzen aber Wissen voraus. Die Fragetechnik ist ein Herzstück der Moderation.
- **Ziel:** „Wer nicht weiß, wohin er will, der kommt oft da an, wo er nicht hin wollte ...". Darum müssen mindestens grobe Ziele vereinbart werden.
- **Methodenplan:** Er muss aus Inhalt und Ziel entwickelt werden. Das Ziel jedes Moderationsausschnitts, der Zeitbedarf und die nötigen Medien sind zu vereinbaren.

Moderationsplan als Beispiel zu einem Ablauf Thema: Wie können wir unsere Lieferzeiten verkürzen?					
Schritt	Ziel	Methodik	Hilfsmittel	Zeit	Moderator
Gesamte Moderation	Beschluss von ersten Maßnahmen zur Verkürzung der Lieferzeiten.	Gesamter Moderationszyklus	1 Moderationskoffer 5 Pinnwände 1 Flip-Chart + Visualisierung	ca. $3^1/_2$ Std.	Team: A + B
1. Einstieg	Eröffnung gutes Arbeitsklima Hinführung.	Ein-Punkt-Abfrage	Vorbereitetes Plakat – visualisiertes Raster – visualisierte Frage	15′	A eröffnet B stellt Frage vor ...
2. Sammeln	Kennen der Aspekte, über die aus Sicht der Gruppe gesprochen werden muss.	Karten-Abfrage	Vorbereitetes Plakat – visualisierte Frage – Reservewände	20′	B steuert A schreibt
3. Auswählen	Festlegen des Themas, das die Gruppe zuerst bearbeiten will.	Mehr-Punkt-Abfrage	Vorbereitete Plakate – Themenspeicher	10′	A moderiert Mehr-Punkt-Abfrage
4. Bearbeiten	Problemanalyse und Finden von Ansatzpunkten zur Problemlösung	Situative Entscheidung: Problem-Analyse-Schema oder Ursachen-Wirkungs-Diagramm	Vorbereitete Plakate – Problem-Analyse-Schema und Ursachen-Wirkungs-Diagramm	90′	B steuert A schreibt
5. Planen	Katalog von Maßnahmen zur Verbesserung der Situation	Maßnahmenkatalog	Vorbereitetes Plakat – Maßnahmenplan	60′	A steuert B schreibt
6. Abschluss	Abschluss der Gruppenarbeit	Stimmungs-Barometer	Vorbereitetes Plakat – Barometer – visualisierte Frage	20′	B fasst zusammen. A verabschiedet.

Quelle: Seifert, Visualisieren ... Gabal Verlag, S. 84

- **Visualisierungen:** Sie sind das zweite Kernstück der Moderation. Darum muss der Moderator die geeigneten Medien bereithalten.
- **Organisation:** Folgende Aspekte müssen vorher geklärt werden:
  - Einladung: Teilnehmer, Moderator, Veranstalter, Thema/Ziel, Zeit, Ort/Raum
  - Zeit: Datum, Uhrzeit, Dauer, Pausen
  - Ort/Raum: Wo? Größe der Räume, Medien, Verpflegung, Sitzordnung (Halbkreis)

▶ **Medien:** Für die Moderation werden die folgenden Medien benötigt:

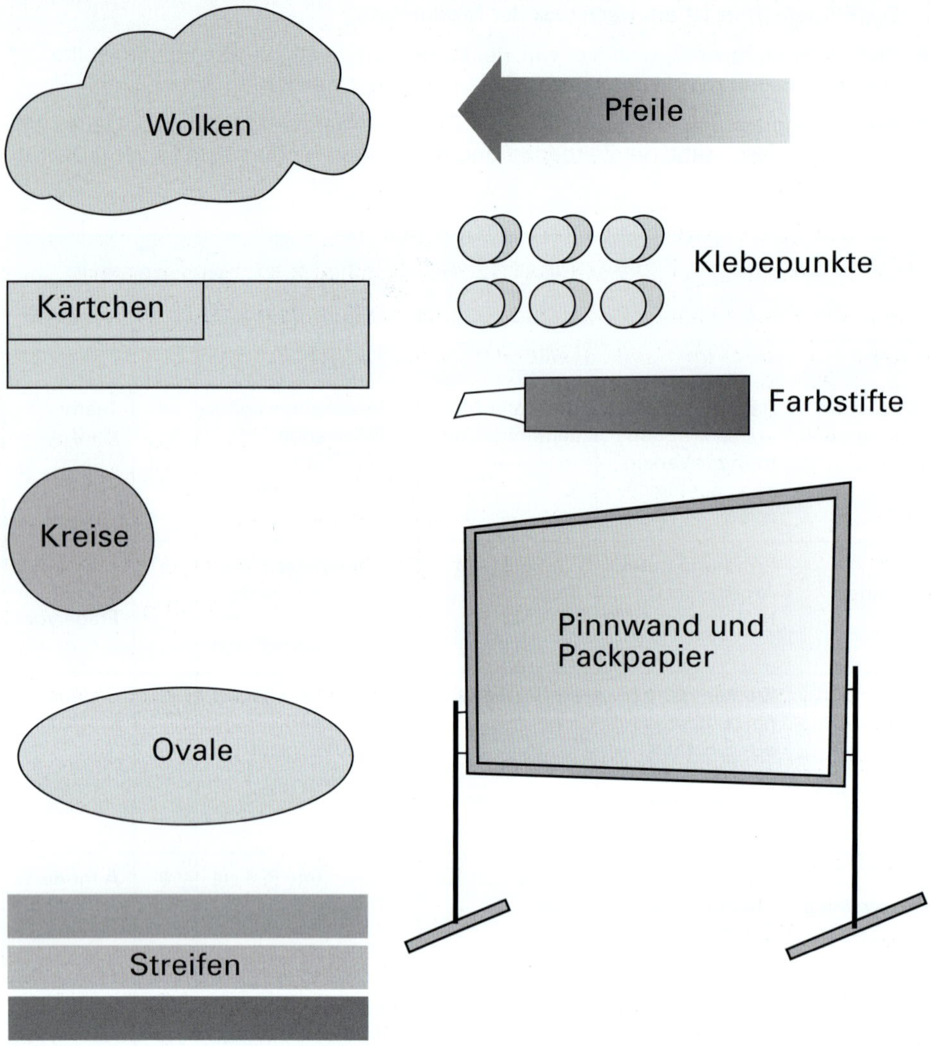

▶ **Teilnehmer:** Sie sind das dritte zentrale Element, insbesondere dann, wenn sie vom Thema direkt betroffen sind. Darum muss der Moderator wissen:

- Wer nimmt teil, mit welchen Einstellungen, Interessen und Zielen?
- Welche Konflikte haben sie miteinander – mit anderen Beteiligten – mit dem Problem?
- Wie ist ihr Verhältnis zum Moderator?
- Welche Erfahrungen haben sie mit der Methode?

● Durchführung

Der klassische Aufbau einer Moderation besteht aus sechs Schritten.

1. Einstieg

- Ein positives Arbeitsklima schaffen.
- Evtl. gegenseitiges Kennenlernen.
- Evtl. Vorbehalte klären.
- Erwartungen feststellen.
- Regeln für die Arbeit klären.
- Zielsetzung formulieren.
- Zeitplan festlegen.
- Methoden abstimmen (Vorgehensweise).
- Protokoll: Wer schreibt es – in welcher Form?

Name und Steckbrief der Teilnehmer:	**Ziel:**	**Zeitplan:**
☺	Firmengründung	08.00 – 10.00 10.00 – 10.30 Pause 10.45 – 12.00

2. Themen sammeln, die bearbeitet werden sollen.

- Aufgabenstellung genau formulieren und als Überschrift an Pinnwand heften.
- Teilnehmer schreiben Einfälle dazu auf Kärtchen und heften sie an die Pinnwand.
- Kärtchen vorordnen (evtl. aus 2. Pinnwand): Überblick gewinnen/Transparenz durch Klumpenbildung.

Themen sammeln			
– Branche – Absatz –	– Standort – Größe –	– Finanzierung – Eigenkapital –	– Rechtsform – Name – Haftung

3. Themen auswählen, die bearbeitet werden sollen, und Reihenfolge auswählen: Prioritäten.

- Themen an Pinnwand nach Themengruppen auflisten und mit einem Oberbegriff versehen.
- Zielgerichtete Fragen zu jeder Themengruppe formulieren und visualisieren, um die Aktivitäten auf die Suche nach Lösungswegen zu konzentrieren.
- Teilnehmer gewichten diese Themen, durch Klebepunkte, um sie nach der gewünschten Reihenfolge zu ordnen.

Themen gewichten, auswählen			
Absatz	Standort	Finanzierung	Rechtslage
– Branche – Mitbewerber – Kunden – Angebote	– Größe – Lager – Straßen – Schienenweg	– Eigenkapital – Fremdkapital – Subventionen	– Rechtsform – Vertrag – Risiko – Haftung

4. Kleingruppenarbeit zu jeweils einem Unterthema.

- Informationen sammeln
- Problem analysieren
- Lösungsvorschläge erarbeiten
- Entscheidung für eine Lösung

5. Maßnahmen planen (Plenum)

Visualisierung der Maßnahmen: An der Pinnwand, z. B.

Maßnahmen		
Was	Wer	bis wann
Eintragen wer, was, bis wann zu tun hat. Evtl. Kontrollen vorsehen.		

6. Arbeitsprozess reflektieren

Entscheidend sind nicht die Probleme und Maßnahmen, sondern die Menschen, die sie auslösen, bearbeiten und gemeinsam lösen wollen. Darum die Fragen an jeden Beteiligten:

- Sind Sie mit dem Ergebnis zufrieden?
- Sind Ihre Erwartungen erfüllt?
- Haben Sie sich in der Gruppe wohlgefühlt?

Der Moderator dankt für die gute Zusammenarbeit.

Reflektion
1. Dank 2. Hoffnung/Wunsch 3. Erwartung

Anhang

1 Prüfungsfragen

1.1 Programmierte Prüfungsfragen

(Bei einigen Aufgaben sind mehrere Antworten richtig)

1. Auf welchen Voraussetzungen baut unser Gesellschaftsleben auf?

a) Menschen regeln ihre Bedürfnisse über politisch-gesellschaftliche Entscheidungen. a) ☐

b) Der Mensch ist ein Sozialwesen, dessen Entwicklung von Reifung, Erziehung und Lernen abhängig ist. b) ☐

c) Das Gesellschaftsleben orientiert sich an der Individualität des Menschen. c) ☐

d) Die Sozialität entwickelt sich nur unter dem genetischen Erbprogramm und ist nicht beeinflussbar. d) ☐

e) Unser Gesellschaftsleben konnte sich erst durch eine freiheitlich-demokratische Grundordnung entfalten. e) ☐

2. Welche besonderen Sozialkompetenzen benötigt ein Industriemeister?

a) Sicherheit und Ausstrahlung im Auftreten sowie Führungsqualitäten im Umgang mit Mitarbeitern. a) ☐

b) Es kommt allein auf die Qualität der Arbeitsergebnisse an und nicht auf die Sozialkompetenz. b) ☐

c) Rechtsbewusstes und schnelles Eingreifen macht Sozialkompetenz überflüssig. c) ☐

d) Sozialkompetenz ist ausschließlich die Fähigkeit zum Verbalisieren und Kommunizieren. d) ☐

e) Hohes Fachwissen und -können ersetzt die Sozialkompetenz. e) ☐

3. Welche der folgenden Aussagen sind der Milieu- bzw. Umwelttheorie zuzuordnen?

a) Der Mensch ist das, was sein soziales Umfeld aus ihm macht. a) ☐

b) „Dumm geboren, nichts dazugelernt!“ b) ☐

c) Wir machen uns zu viele Illusionen über die Wirksamkeit der Erziehung. c) ☐

d) Anlagen sind ein großes Potenzial zur Verwirklichung des Menschen. d) ☐

e) Die Machbarkeit des Menschen ist durch die Gentechnik längst Wirklichkeit geworden. e) ☐

4. Welche Aussage trifft für die Vererbungstheorie zu?

a) Am Verhalten des Menschen ist seine „Kinderstube“ erkennbar. a) ☐

b) Anlagen setzen Grenzen, sie sind aber auch ein großes Potenzial zur Verwirklichung des Menschen. b) ☐

c) Zur Intelligenz wird man nicht geboren, sondern erzogen. c) ☐

d) Über- und Unterforderung sind das Ergebnis einer fehlgeleiteten Erziehung. d) ☐

e) Man kann aus einem Menschen alles machen – entscheidend ist sein soziales Umfeld, in dem er geboren wird. e) ☐

5. Welcher Lernvorgang ist der klassischen Konditionierung zuzuordnen?

a) Seit der neue Abteilungsleiter jeden morgen pünktlich zur Arbeit erscheint, sind auch die übrigen Mitarbeiter pünktlich am Arbeitsplatz. a) ☐

b) Seit Frau Schulze gründlich in die Warenannahme eingeführt worden ist, arbeitet sie in diesem Bereich schon selbstständig. b) ☐

c) Ein lebensbedrohlicher Unfall an einem defekten Sicherheitsventil führte dazu, dass der verantwortliche Mitarbeiter immer mit Angst diese Ventile überprüft. c) ☐

d) Eine neue Mitarbeiterin wird gründlich in die EDV eingeführt. d) ☐

e) Ein Industriemeister erläutert zwei Praktikanten die Betriebsabläufe in seiner Abteilung. e) ☐

6. Welches Beispiel entspricht der Operanten Konditionierung?

a) Mitarbeiter Schulze wird für seine Idee, welche die Arbeitsgüte eines Werkstückes verbessert, belohnt und gelobt. a) ☐

b) Auf seinen Kollegen wirkt diese Auszeichnung motivierend. Er strengt sich an, ebenfalls Verbesserungsvorschläge vorlegen zu können. b) ☐

c) Seit der Auszubildende von Industriemeister Müller zurechtgewiesen worden ist, zuckt er jedes Mal zusammen, wenn er Herrn Müller begegnet. c) ☐

d) Industriemeister Müller hält nichts davon, über Sicherheit große Reden zu halten. Er trägt selbst Sicherheitskleidung und geht auch sonst mit gutem Beispiel voran. d) ☐

e) Ein Sicherheitsbeauftragter schlägt vor, die Sicherheitshinweise an den Turbinen in Signalfarben anzubringen. e) ☐

7. Welcher Lernvorgang entspricht dem Modelllernen?

a) Eine Mitarbeiterin mahnt an, dass in der Kostenkalkulation die Mehrwertsteuer vergessen worden ist. a) ☐

b) Ein Mitarbeiter, der seit zwanzig Jahren keinen Krankheitstag aufzuweisen hat, wird in einem „Vier-Augen-Gespräch" besonders gelobt. b) ☐

c) Ein Betriebsratsmitglied arbeitet sich intensiv in die Neuerungen des Betriebsverfassungsgesetzes ein. c) ☐

d) Ein erfahrener Kollege erklärt einem jungen Mitarbeiter die Funktion einer Fräsmaschine. d) ☐

e) Ein ausländischer Mitarbeiter, der sich in wenigen Jahren in eine leitende Stellung im Betrieb „hochgearbeitet" hat, wird seither von allen ausländischen Mitarbeitern als Vorbild gesehen. e) ☐

8. Ordnen Sie das kognitive Lernen einem Beispiel zu.

a) Der Betriebsratsvorsitzende appelliert an die älteren Mitarbeiter, in der praktischen Umsetzung der Betriebsphilosophie für die jüngeren mit gutem Beispiel voranzugehen. a) ☐

b) Ein Beinahe-Absturz eines nicht vorschriftsmäßig gesicherten Mitarbeiters auf einem Lagergerüst verursacht bei ihm heute noch Schweißausbrüche und Zittern, wenn er das Gerüst besteigt. b) ☐

c) Eine Mitarbeiterin wurde vor Jahren auf einer Weihnachtsfeier durch ihr ungeschicktes Auftreten und ihre aufreizende Kleidung dem Gelächter der Abteilungsleiter ausgesetzt. Seither lässt sich die Mitarbeiterin auf allen Feiern des Betriebs entschuldigen. c) ☐

d) Ein Auszubildender versucht zum ersten Mal eine Aufgabe mit der Leittextmethode zu lösen. d) ☐

e) Die in letzter Zeit häufig vorkommenden Fehler in der Produktion werden vom verantwortlichen Meister angemahnt und gerügt. e) ☐

9. Woran orientieren sich heute die Bedürfnisse der Mitarbeiter?

a) Sie orientieren sich nur an der momentanen Situation des Betriebes. a) ☐

b) Bedürfnisse orientieren sich am existenziellen Erhalt des Menschen. b) ☐

c) Die Ausprägungen von Bedürfnissen und Erwartungen sind das Ergebnis der jeweiligen individuellen Lerngeschichte und der betrieblichen Gegebenheiten. c) ☐

d) Sicherheit und ökonomische Bedingungen sind die Prämissen für die Bedürfnisse. d) ☐

e) Bedürfnisse haben sich klar und eindeutig den betrieblichen Ziel- und Zwecksetzungen unterzuordnen. e) ☐

10. Wie können Sie die „Ausrede" als eine Form der Selbstdarstellung erkennen?

a) Ein Mitarbeiter behauptet rechthaberisch seine Meinung und signalisiert Überlegenheit. a) ☐

b) Peinlichkeiten werden durch täuschen, bagatellisieren und lügen vermieden. b) ☐

c) Ein Kollege versucht durch Sachargumente Mitarbeiter für seine Pläne zu gewinnen. c) ☐

d) Durch Drohungen und Beschimpfungen werden Machtpositionen ausgebaut. d) ☐

e) Eine Kollegin versucht durch Einschmeichelungen und „Ausspielen" von Mitarbeitern den Chef auf ihre „Seite" zu ziehen. e) ☐

11. Welches Verhalten des Industriemeisters gegenüber Jugendlichen ist angemessen?

a) Führung und Lenkung in klaren Zielvorgaben und Entscheidungen, in Wert- und Normsetzungen und in konsequentem Verhalten. a) ☐

b) Durchsetzung von Positionen und Anordnungen als ein Zeichen von Stärke. b) ☐

c) Jugendliche dort abholen, wo sie stehen, und sensibel werden für ihre Wünsche. c) ☐

d) Jugendlichen die berufliche Wirklichkeit aufzeigen, indem man sie wie Erwachsene behandelt. d) ☐

e) Er stellt sich mit den Jugendlichen auf eine Stufe, um ihr Vertrauen zu gewinnen. e) ☐

12. Woran liegt es, dass Frauen in den „Schaltstellen" der Arbeitswelt noch unterrepräsentiert sind?

a) Frauen lassen sich schneller entmutigen und sind leichter beleidigt. a) ☐

b) Es mangelt ihnen an physischer Kraft und Verständnis für die Technik. b) ☐

c) Es fehlt ihnen die körperliche Konstitution und das Durchhaltevermögen. c) ☐

d) Frauen haben für Sozialberufe bessere Voraussetzungen als Männer. d) ☐

e) Die tiefe Verwurzelung in den Rollenfixierungen der Geschlechter führen zur Unterrepräsentation der Frau in bestimmten beruflichen Bereichen. e) ☐

13. Welche Persönlichkeitseigenschaften können ältere Mitarbeiter betrieblich nutzen und einbringen?

a) Umsicht und Verantwortung, Zuverlässigkeit und hohe Identifikation mit dem Betrieb. a) ☐
b) Körperliche Fitness und Mobilität in allen beruflichen Bereichen. b) ☐
c) Anpassungsfähigkeit, Reaktionsvermögen und Widerstandsfähigkeit bei Dauerbelastungen. c) ☐
d) Experimentierfreudigkeit und Offenheit für alle Neuerungen als Herausforderungen. d) ☐
e) Lernfähigkeit im Sinne von Neuorientierungen und Neuanfängen. e) ☐

14. Wovon ist die Integration Behinderter in die Arbeitswelt abhängig?

a) Von politischen Entscheidungen, die in den Ministerien gefällt werden. a) ☐
b) Das ist abhängig vom Grad der Behinderung und der Gestaltung des Arbeitsplatzes. b) ☐
c) Behinderte können nicht in eine normale Arbeitswelt integriert werden. c) ☐
d) Durch die Zunahme an computer-unterstützten Arbeiten können Behinderte nicht mehr integriert werden. d) ☐
e) Es liegt am Behinderten selbst, ob er integriert werden kann oder will. e) ☐

15. Welche Regeln sind im Umgang mit ausländischen Mitarbeitern zu beachten?

a) Jede Andersartigkeit wird ignoriert, wegen der Gleichbehandlung aller Mitarbeiter. a) ☐
b) Jeder besondere Umgang würde bei anderen Mitarbeitern zu Neid und Missgunst führen. b) ☐
c) Die Andersartigkeit wird nicht beachtet, um bestimmte Verhaltensweisen nicht zu verstärken. c) ☐
d) Zwischenmenschliche Beziehungen aufbauen, Zeit zur Eingewöhnung geben und so weit wie möglich die Andersartigkeit tolerieren. d) ☐
e) Ausländer haben sich deutschen beruflichen Realitäten anzupassen, ansonsten ist eine berufliche Integration nicht möglich. e) ☐

16. Was versteht man im berufs- und arbeitspädagogischen Sinne unter einer Gruppe?

a) Es genügen bestimmte, beobachtbare Merkmale, um von einer Gruppe sprechen zu können. a) ☐
b) Physische Nähe und Kommunikation machen eine Gruppe aus. b) ☐
c) Überschaubarkeit, gemeinsame Normen, Werte, Zielsetzungen und Wir-Bewusstsein sind Kriterien für eine Gruppe. c) ☐
d) Eine Anzahl von Menschen, die ein bestimmtes, gemeinsames Merkmal besitzen, bilden eine Gruppe. d) ☐
e) Gemeinsame Zielsetzungen genügen, dass aus einer Menge oder Masse von Menschen eine Gruppe wird. e) ☐

17. Betriebsgruppen sind häufig formelle Gruppen. Welche Eigenschaften haben sie?

a) Formelle Gruppen bilden sich spontan und durch Sympathie und Solidarität. a) ☐
b) Sie setzen sich ihre Ziele selbst und achten auf deren Einhaltung und Umsetzung. b) ☐
c) Das Wir-Bewusstsein ist ein entscheidendes Merkmal einer formellen Gruppe. c) ☐
d) In formellen Gruppen gibt es die geringsten „Reibungsflächen" und Konflikte. d) ☐
e) Ziel einer formellen Gruppe ist ein Höchstmaß an Formalität, verbunden mit betriebsinternen, informellen Beziehungen. e) ☐

18. Welche Spannungen und Konflikte könnten durch die Bildung von informellen Gruppen im Betrieb auftreten?

a) Machtkämpfe, Sündenbockrollen, Ausgrenzungen und Antipathien. a) ☐

b) Unüberschaubarkeit von betrieblichen Abläufen und Rollenverteilungen. b) ☐

c) Hilfsbereitschaft und Motivation im Umgang miteinander. c) ☐

d) Klare vorgegebene Kommunikations- und Informationsketten. d) ☐

e) Distanz der Mitarbeiter untereinander, Kälte und Abweisung im Umgang. e) ☐

19. Welche kluge und geschickte Gruppenführung muss ein Industriemeister beherrschen?

a) Er setzt sich gegenüber der Gruppe durch und zeigt sofort die Grenzen auf. a) ☐

b) Er übt sachlich-konstruktive Kritik und fördert Selbstständigkeit und Verantwortung. b) ☐

c) Er greift grundsätzlich nicht in das Gruppengeschehen ein. c) ☐

d) Er wird selbst zum Gruppenmitglied und passt sich den Entscheidungen der Gruppe an. d) ☐

e) Gruppenentscheidungen dürfen keinen Einfluss auf die Planung und Zielsetzung des Industriemeisters haben. e) ☐

20. Welche negativen Einflüsse kann eine Gruppe auf den einzelnen Mitarbeiter haben?

a) Ein Mitarbeiter erkennt, dass nur gemeinsam berufliche Ziele erreicht werden können. a) ☐

b) Ein Mitarbeiter erkennt durch die Gruppe seine eigenen Grenzen in der Leistungsfähigkeit und im Durchsetzungsvermögen. b) ☐

c) Die Gruppe spornt an und fördert die individuelle Leistungsfähigkeit. c) ☐

d) Abgrenzung, Nörgelei, Ausklinken und Burn-out. d) ☐

e) Ein Kollege wird in seiner überheblichen Art in die Schranken verwiesen. e) ☐

21. Womit beschäftigt sich die Theorie X/Y des amerikanischen Wirtschaftsforschers und Psychologen McGregor?

a) Mit den fünf verschiedenen Arten von Bedürfnissen im Menschen. a) ☐

b) Mit den Folgen der Arbeitsplatzgestaltung auf die Zufriedenheit der Mitarbeiter. b) ☐

c) Mit zwei grundsätzlichen Einstellungen im Sinne von Menschenbildern einer Führungskraft gegenüber ihren Mitarbeitern. c) ☐

d) Mit den grundsätzlichen Unterschieden im Führungsverhalten von Frauen und Männern im betrieblichen Alltag. d) ☐

e) Mit zwei grundsätzlich verschiedenen Strategien zur Sicherung der erfolgreichen Organisationsentwicklung. e) ☐

22. Was sind die wesentlichen Kennzeichen des Führungs-Verhaltens-Gitters von Blake und Mouton?

a) Dadurch können 5 verschiedene Führungsstile unterschieden werden. a) ☐

b) Es verdeutlicht die Unterschiede des Führungsverhaltens aufgrund kultureller Unterschiede in den westeuropäischen Gesellschaften. b) ☐

c) Dadurch kann das Arbeitsverhalten verschiedener Mitarbeitergruppen (z. B. je nach Betriebszugehörigkeit) vorausgesagt werden. c) ☐

d) Damit lässt sich die Motivationstheorie von K. Langholm auf 7 zentrale Dimensionen reduzieren. d) ☐

e) Es erklärt Unterschiede in der Arbeitszufriedenheit zwischen Frauen und Männern. e) ☐

23. Was kann passieren, wenn die Arbeitszufriedenheit in der Abteilung einer Führungskraft sinkt?

a) Die Produktivität steigt. a) ☐
b) Die Fluktuation steigt. b) ☐
c) Die Bereitschaft, Überstunden zu leisten, steigt. c) ☐
d) Der offene Umgang mit Informationen steigt. d) ☐
e) Die Fehlzeiten sinken. e) ☐

24. Welche Aussage lässt sich über den Zusammenhang von bestimmten Eigenschaften und Führungserfolg treffen?

a) Am wichtigsten ist die Intelligenz, denn wenn die stimmt, lässt sich alles andere leicht erlernen. a) ☐
b) Es gibt keine generell gültige Eigenschaft, die den Erfolg garantiert. b) ☐
c) Den generellen Erfolg garantiert nur die Basisqualifikation: Eine hohe emotionale und intellektuelle Mindestausstattung. c) ☐
d) Umso souveräner eine Führungskraft ist, desto eher wird sie Erfolg haben. d) ☐
e) Intelligenz, Durchsetzungsvermögen und Sensibilität sind die drei Basiseigenschaften einer erfolgreichen Führungskraft. e) ☐

25. Was verstehen wir unter menschlicher Arbeit?

a) Jene bewusste Tätigkeit, bei der körperliche und geistige Fähigkeiten zweckmäßig eingesetzt werden, um mithilfe von Arbeitsmitteln die Natur so zu verändern, dass sie zur Sicherung der Existenz genutzt wird. a) ☐
b) Tätigkeiten, die im Auftrag anderer und durch den Einsatz von Maschinen ausgeübt werden. b) ☐
c) Alle Tätigkeiten, die aus eigenem Antrieb heraus ausgeführt werden und deren Entlohnungen zur Sicherung des Lebensunterhaltes beitragen. c) ☐
d) Tätigkeiten, die einem sozialen Zweck dienen. d) ☐
e) Alle Tätigkeiten, die entgeltlich ausgeführt werden. e) ☐

26. Wozu dient die Standardisierung in der industriellen Fertigung?

a) Sie dient der Beschreibung von wiederholt auftretenden Arbeiten, sodass sie im Wiederholungsfall routiniert und gleichartig ablaufen. a) ☐
b) Ziel ist die Kennzeichnung des Ausmaßes, in dem Arbeitsprozesse in einzelne Teilaktivitäten aufgespalten werden. b) ☐
c) Aufgabe ist die Aufzählung der Anzahl gleichartiger Arbeitsprozesse pro Zeiteinheit. c) ☐
d) Es ist die Wiederholung von vorgegebenen Arbeitsabläufen. d) ☐
e) Inhalt ist die Zerlegung von Arbeitsprozessen in gleiche Zeiteinheiten. e) ☐

27. Welche der folgenden Aussagen gehören nicht zu den Motivatoren nach Frederik Herzberg?

a) Hohe Leistungs- und Erfolgserlebnisse durch Arbeit. a) ☐
b) Gewährung von Aufstiegschancen. b) ☐
c) Führungstechniken und -stile. c) ☐
d) Interessante Arbeitsinhalte. d) ☐
e) Verantwortlichkeit und Verantwortungsgefühl durch selbstständiges Arbeiten. e) ☐

28. Welche der folgenden Aussagen gehören nicht zu den Hygienefaktoren nach Frederik Herzberg?

a) Entlohnung. a) ☐
b) Betriebsausstattung und Arbeitsumgebung. b) ☐
c) Entfaltungsmöglichkeiten des Wissens und Könnens bei der Arbeit. c) ☐
d) Die Unternehmensphilosophie. d) ☐
e) Beziehungsgeflechte zu den Mitarbeitern und Vorgesetzten. e) ☐

29. Welche der Maßnahmen eignet sich nicht zur Reduktion der körperlichen Belastung?

a) Selbst- und Mitbestimmung im Arbeitsprozess. a) ☐
b) Die Bandgeschwindigkeit wird entsprechend festgelegter Intervalle im Tagesrhythmus an die physiologisch bedingten Schwankungen der Leistungsbereitschaft eingestellt. b) ☐
c) Es werden häufiger Kurzpausen eingeschaltet. c) ☐
d) Die Mitglieder einer Bandgruppe können die Bandgeschwindigkeit selbst beeinflussen. d) ☐
e) Zwischen den Arbeitsplätzen bzw. Bandabschnitten werden so genannte Puffer eingebaut, die eine Variation des Arbeitstempos zulassen. e) ☐

30. Wann sprechen wir von „Monotonie"?

a) Bei starker Ermüdung durch die Arbeit. a) ☐
b) Bei reizarmen Tätigkeiten oder Betriebsabläufen, die sich ständig wiederholen oder eintönig ablaufen. b) ☐
c) Bei Tätigkeiten in völliger Ruhe. c) ☐
d) Bei Tätigkeiten, die unter ständiger Musikberieselung verrichtet werden. d) ☐
e) Bei jeder Art von Ermüdung. e) ☐

31. Wie lässt sich die Arbeitsbereicherung (Job Enrichment) umschreiben?

a) Sie bringt dem Mitarbeiter eine quantitative Vergrößerung des Arbeitsfeldes. a) ☐
b) Diese Organisationsform beinhaltet den Tausch von Arbeitsaufgaben innerhalb eines variablen Zeitraums zwischen Mitarbeitern mit etwa gleichem Qualifikationsniveau. b) ☐
c) Das Arbeitsfeld wird qualitativ vergrößert. Dazu werden in die zu verrichtenden Arbeitsaufgaben Kompetenzen integriert, die zuvor von einer hierarchisch höheren Stelle wahrgenommen wurden. c) ☐
d) Innerhalb einer Montagegruppe werden die Plätze getauscht. d) ☐
e) Die Mitarbeiter treffen alle Entscheidungen selbst. e) ☐

32. Welche Vorteile bietet der Aufgabenwechsel?

a) Die Arbeiter können sich bei jedem Wechsel einige Minuten ausruhen. a) ☐
b) Einseitige Tätigkeiten und Monotonie werden vermieden. b) ☐
c) Die Taktzeiten lassen sich verkürzen. c) ☐
d) Die Arbeiter können sich leichter vom Arbeitsplatz verdrücken. d) ☐
e) Die Taktzeiten werden variabler. e) ☐

33. Was verstehen wir unter Ergonomie?

a) Den Mitarbeiter möglichst oft mit neuen Aufgaben zu beauftragen. a) ☐

b) Die Mitarbeiter sollen möglichst alle Arbeiten eigenständig ausführen. b) ☐

c) Das Schaffen eines aufgabengerechten, optimalen Zusammenwirkens von arbeitenden Menschen, Betriebsmitteln und Arbeitsgegenständen durch zweckmäßige Organisation von Arbeitssystemen. c) ☐

d) Die Mitarbeiter sollen ihren Arbeitsplatz nach eigenen Wünschen wohnlich einrichten. d) ☐

e) Die Arbeit wird auf möglichst viele Mitarbeiter verteilt. e) ☐

34. Was ist das Ziel der Ergonomie im Betrieb?

a) Förderung der Muskeltätigkeit und Muskelbildung. a) ☐

b) Abbau bzw. Verhinderung körperlicher Verschleißerscheinungen und psychischer Belastung. b) ☐

c) Stärkere Beanspruchung der Sinnesorgane. c) ☐

d) Alle Tätigkeiten sollen im Sitzen ausgeübt werden. d) ☐

e) Alle Tätigkeiten sollen im Stehen ausgeübt werden. e) ☐

35. Welche Gründe sprechen dagegen, dass die Arbeit ganz oder größtenteils sitzend verrichtet wird?

a) Die Bauchmuskulatur wird wenig beansprucht und entspannt sich. a) ☐

b) Allgemein geringerer Energieverbrauch. b) ☐

c) Entlastung der Beine und des Kreislaufs. c) ☐

d) Einschränkung der Funktion von Verdauungsorganen. d) ☐

e) Allgemein geringere Beanspruchung der Muskulatur und des Kreislaufes. e) ☐

36. Welche der folgenden Maßnahmen sind zur Reduzierung von Lärmbelastungen nicht besonders geeignet?

a) Austausch harter Materialien durch weiche. a) ☐

b) Abkapselung von Lärmquellen, z.B. lärmdämmende Gehäuse anbringen. b) ☐

c) Lärmintensive Arbeitsvorgänge möglichst vormittags ausführen, denn da ist Lärm weniger schädlich. c) ☐

d) Raumschalldämmung, z.B. absorbierende Deckenverkleidung anbringen. d) ☐

e) Lärmintensive Arbeiten immer mit geeignetem Ohrenschutz ausführen. e) ☐

37. Zu den Faktoren, die das Raumklima beeinflussen, gehören nicht?

a) Die Beleuchtung. a) ☐

b) Die Luftfeuchtigkeit. b) ☐

c) Der Luftaustausch. c) ☐

d) Die Raumtemperatur. d) ☐

e) Die Wärmestrahlung der Umgebung. e) ☐

38. Welche der Aussagen gehört nicht zu den Hauptgründen, die für einen zunehmenden Bedarf an Teilzeitarbeitsplätzen sprechen?

a) Viele Menschen haben genügend Erspartes und wollen deshalb keine Vollzeitbeschäftigung. a) ☐

b) Frauen möchten nach der Geburt eines Kindes im Berufsleben verbleiben. b) ☐

c) Schülern/Studenten bietet Teilzeitarbeit eine Ergänzung zum Lebensunterhalt und den Erwerb von beruflicher Praxis. c) ☐

d) Älteren Arbeitnehmern ermöglicht die Teilzeitarbeit eine Reduzierung der Belastung, die sich aus einer Vollzeitbeschäftigung ergeben würde. d) ☐

e) Sozialpolitiker sehen in Teilzeitarbeitsplätzen ein Instrument der gerechteren Arbeitsverteilung. e) ☐

39. Was sind die Vorteile, die sich für den Betrieb aus der Teilzeitarbeit ergeben können?

a) Entgelt und Aufwendungen sind relativ ungünstig, z. B. Arbeitsweg – Arbeitszeit. a) ☐
b) Der Betrieb hat eine größere Anpassungsfähigkeit gegenüber Schwankungen des Arbeitskräftebedarfs. b) ☐
c) Die Lohnnebenkosten sind erheblich höher als bei einem Vollzeitarbeitsplatz. c) ☐
d) Die Teilzeitkräfte sind weniger motiviert als Vollzeitarbeitskräfte. d) ☐
e) Höherer Koordinierungsbedarf bei der Dienstplanung. e) ☐

40. Was spricht gegen einen höheren Grad an Selbstbestimmung der Arbeitszeit durch den Mitarbeiter?

a) Verminderung psychischer und physischer Belastung, weil Arbeitsbeginn und -ende den individuellen Leistungsdispositionen angepasst werden können. a) ☐
b) Mitarbeiter neigen dazu, dass sie die zugestandene Freizeit missbrauchen. b) ☐
c) Besseres Betriebsklima in Folge der Lockerung des Pünktlichkeitsgebotes und des damit verbundenen Gefühls der Selbstbestimmung. c) ☐
d) Gleitzeit stellt höhere Anforderungen an die flexible Handhabung des Arbeitsablaufes und an die zeitliche Koordinierung. d) ☐
e) Steigerung der Arbeitsleistung aufgrund der besseren Anpassung an die individuelle Leistungsrhythmik. e) ☐

41. Welche Kriterien sind bei der Festlegung eines Prämienlohns nicht zu beachten?

a) Die Lohnnebenkosten. a) ☐
b) Der Grundlohn, er darf nicht unter dem Tariflohn liegen. b) ☐
c) Die Leistungsspanne, in der sich die Mehrleistung bewegen kann. c) ☐
d) Die Prämienspanne – Relation von Leistung und Prozent. d) ☐
e) Die Prämienlohnlinie. e) ☐

42. Was gehört nicht in eine Arbeitsanalyse?

a) Die Beschreibung der Arbeitsaufgabe. a) ☐
b) Die Darlegung der Arbeitsorganisation, z. B. Einzel- und Gruppenarbeit. b) ☐
c) Die genauen Umgebungseinflüsse, z. B. Klima, Lärm, Belastungen u. a. c) ☐
d) Das Alter der Mitarbeiter. d) ☐
e) Beschreibung der Qualifikationsvoraussetzung. e) ☐

43. Wie lässt sich begründen, dass ein Industriemeister die Anforderungen nicht kennt, die bestimmte Arbeitsplätze an die Mitarbeiter stellen?

a) Er ist für eine derartige Analyse nicht ausgebildet. a) ☐
b) Er bewertet alle Arbeitsplätze bezüglich den Anforderungen gleich. b) ☐
c) Er gibt keine Maßstäbe für die Bewertung der Arbeitsplätze. c) ☐
d) Es ist nicht seine Aufgabe, solche Bewertungen vorzunehmen. d) ☐
e) Eine genaue Bewertung von Arbeitsplätzen ist nicht möglich. e) ☐

44. Was kann bei einer gründlichen Analyse der Arbeitsanforderungen herauskommen?

a) Im Allgemeinen lohnt sich der ganze Aufwand nicht. a) ☐
b) Einige Arbeitsplätze sind seit längerer Zeit überflüssig. b) ☐
c) Durch die Befragung der Mitarbeiter ergeben sich teils sehr gute, teils auch weniger brauchbare Hinweise auf zweckmäßige und erfolgsversprechende Verbesserungen. c) ☐
d) Es werden kaum Mängel festgestellt. d) ☐
e) Es lassen sich keine Hinweise auf Verbesserungen feststellen. e) ☐

45. Wer sollte nur Arbeitsanforderungsanalysen durchführen?

a) Dazu benötigt man eine Vielzahl von teuren Spezialisten. a) ☐
b) Die jeweiligen Arbeiter und Angestellten der Arbeitsplätze machen diese selbst. b) ☐
c) Die Vorarbeiter mit etwas Betriebserfahrung. c) ☐
d) Industriemeister oder ähnlich qualifizierte Mitarbeiter nach gründlicher Vorbereitung. d) ☐
e) Nur der Betriebsrat. e) ☐

46. Wie lässt sich die Stellung des Industriemeisters im Betrieb beschreiben?

a) Er gehört jetzt zur Betriebsleitung und sollte auf die Interessen seiner Mitarbeiter möglichst wenig Rücksicht nehmen. a) ☐
b) Als Interessenvertreter der ihm unterstellten Mitarbeiter befindet er sich im Gegensatz zur Betriebsleitung. b) ☐
c) Er steht zwischen der Betriebsleitung und der Mitarbeiterschaft und übt eine ausgleichende Mittlerfunktion aus. c) ☐
d) Er ist fachlicher Vorgesetzter, mit Mitarbeiterführungsaufgaben hat er nichts zu tun. d) ☐
e) Er übt die Vorarbeiterfunktion aus. e) ☐

47. Wie kann der Industriemeister Spannungen und Konflikte verhindern oder diese lösen?

a) Er bezieht immer die Position des Stärkeren. a) ☐
b) Er verhält sich neutral. b) ☐
c) Er vermittelt, gleicht aus und mäßigt die Kontrahenten. c) ☐
d) Er holt von anderer Seite Hilfe, um nicht selbst Stellung beziehen zu müssen. d) ☐
e) Er bezieht immer die Position des Schwächeren. e) ☐

48. Worauf gründet die persönliche Autorität des Industriemeisters?

a) Auf seine betriebliche Stellung. a) ☐
b) Auf den Einfluss, den er als Industriemeister ausüben kann. b) ☐
c) Auf sein Lebensalter. c) ☐
d) Auf seine nachahmenswerte Verhaltensweise und das Vertrauen, das er von den Mitarbeitern erworben hat und das nicht enttäuscht wird. d) ☐
e) Auf seine fachliche Qualifikation. e) ☐

49. Was ermöglicht die soziale Kompetenz des Industriemeisters?

a) Sich fachlich bei den Mitarbeitern durchzusetzen. a) ☐
b) Gedanken, Gefühle, Einstellungen der Mitarbeiter wahrnehmen und sich situations- und personenbezogen verständigen zu können. b) ☐
c) Konflikte immer zu seinen Gunsten zu entscheiden. c) ☐
d) Alle Konflikte bereits im Vorfeld vermeiden zu können. d) ☐
e) Das Vertrauen aller Mitarbeiter zu erwerben. e) ☐

50. Welche Maßnahme hat sich als wirksame Hilfe im Umgang mit Stress erwiesen?

a) Erhöhung des Arbeitstempos. a) ☐
b) Probleme unter allen Umständen lösen wollen. b) ☐
c) Überprüfung des Tagesplanes und Zeitplanabstimmung mit den Mitarbeitern sowie weitsichtige realistische Arbeitsvorbereitung und Terminplanung. c) ☐
d) Komplizierte und wichtige Dinge möglichst aufschieben. d) ☐
e) Den Umgangston etwas verschärfen, dadurch arbeiten die Mitarbeiter konzentrierter. e) ☐

51. Welche Aussage zur Handhabung von Gesprächsregeln trifft zu?

a) Gesprächsregeln sind meistens erst mühsam zu lernen, damit Kommunikation gelingen kann. a) ☐

b) In der Regel haben wir im Laufe unseres Lebens ein Gespür dafür entwickelt, wie wir uns in Gesprächen verhalten sollen, und wenden Gesprächsregeln unterbewusst an. b) ☐

c) Das Bewusstmachen und die Anwendung von Gesprächsregeln ist weniger in Konfliktsituationen wichtig, sondern gerade dann, wenn man sich „blind versteht". c) ☐

d) Die Einhaltung einer Gesprächsregel ist unabhängig von der eigenen Persönlichkeit, der des Gesprächspartners und der Gesprächssituation. d) ☐

e) Das altbekannte Sprichwort „der Ton macht die Musik" widerspricht den Erkenntnissen der Kommunikationswissenschaft und ist deshalb veraltet. e) ☐

52. Als was wird der Sachaspekt einer Botschaft beschrieben?

a) Was man von sich selbst kundgibt. a) ☐

b) Was man von seinem Gesprächspartner hält. b) ☐

c) Wozu man seinen Gesprächspartner veranlassen möchte. c) ☐

d) Worüber man ihn informiert. d) ☐

e) Was vor allem durch Körpersprache zum Ausdruck kommt. e) ☐

53. Welche Aussage über die so genannten heimlichen oder leisen Botschaften ist richtig?

a) Sie haben keinen Einfluss auf das Gesprächsergebnis und die Motivation des Mitarbeiters. a) ☐

b) Sie sind stets genauso wichtig wie die Botschaften, die offen ausgesprochen werden. b) ☐

c) Sie sind Botschaften, die im Betrieb „hinter dem Rücken" des Senders verbreitet werden. c) ☐

d) Sie haben je nach Thema, Situation und Kommunikationsstil unterschiedliches Gewicht. d) ☐

e) Sie kommen beim Empfänger stets gleich an, unabhängig davon, welches Ohr dieser „auf Empfang schaltet". e) ☐

54. Welche Aussage zu Klarheit und Selbstklärung trifft zu?

a) Bevor die Lösungsmöglichkeiten für ein dringendes Problem mit einem Mitarbeiter geklärt werden, sollte der Industriemeister die Gesprächsziele für sich selbst formulieren. a) ☐

b) Aus Gründen der Zeitersparnis ist es sinnvoller, auf eine Selbsterklärung zu verzichten und gleich in einen Dialog mit dem betreffenden Mitarbeiter zu treten, um gemeinsam mit ihm Lösungen für das Problem zu suchen. b) ☐

c) Vorformulierte Ziele hindern nicht daran, offen für die Vorschläge anderer zu sein. Sie engen zu sehr ein und beeinträchtigen die Suche nach gemeinsamen Lösungen. c) ☐

d) „Sich in vierfacher Hinsicht klar zu äußern" bedeutet, sich bei jeder Äußerung in jeder Gesprächssituation bewusst zu sein, welche Inhalts-, Beziehungs-, Selbstoffenbarungs- und Appellaspekte die Aussage gerade hat. d) ☐

e) Einen „Ballon steigen zu lassen", um zu sehen, welchen Verlauf ein Gespräch nimmt, gehört nur in Privatgespräche. In Gesprächen mit Mitarbeitern würde auf diese Weise die Autorität als Vorgesetzter untergraben werden. e) ☐

55. Welche Bedeutung haben Ich-Botschaften?

a) Sie sind vor allem bei täglichen Routineanweisungen von Bedeutung und weniger bei ausgewählten Konfliktsituationen, bei deren Lösung der Vorgesetzte mitwirken muss. a) ☐

b) Sie sind Informationen über eigene Erlebnisse und Gefühle, die immer gleich dann kundgegeben werden sollen, wenn ein Mitarbeiter schildert, wie es ihm im Betrieb geht. b) ☐

c) Sie eignen sich besonders dann, wenn die Leistung der Mitarbeiter bewertet und das Ergebnis schriftlich festgehalten werden muss. c) ☐

d) Sie werden vor allem dann eingesetzt, wenn man gezieltem Mobbing durch Kollegen ausgesetzt ist. d) ☐

e) Sie sind eine neben mehreren Möglichkeiten, authentisch (d.h. offen) miteinander zu kommunizieren, da sie zum Ausdruck bringen, was in einem vorgeht. e) ☐

56. Was bedeutet aktives Zuhören?

a) Es können während des Zuhörens Routinetätigkeiten ausgeführt werden, die nicht vom Gesprächsinhalt ablenken. a) ☐

b) Dem Gesprächspartner kann vermittelt werden, dass man ganz seiner Meinung ist. b) ☐

c) Dem Gesprächspartner kann signalisiert werden, dass ein grundsätzliches Interesse an seinen Mitteilungen vorliegt und man bereit ist, sich in seine Situation hineinzuversetzen. c) ☐

d) Es kann einmal ganz bewusst nur auf die Sachaspekte der Mitteilung geachtet werden. d) ☐

e) Es können bei der Wiedergabe ausschließlich die Worte des Sprechenden verwendet werden. e) ☐

57. Für welche Aussage gilt der Grundsatz „Äußere offen deine Wünsche ...“?

a) Er sollte besonders zu Beginn eines Konfliktgesprächs befolgt werden. a) ☐

b) Er ist vor allem für die Kommunikation zwischen Partnern wichtig, die sich auf gleicher Hierarchieebene befinden. b) ☐

c) Er setzt den Grundsatz des aktiven Zuhörens deshalb nicht außer Kraft, weil er zumeist in eine andere Phase des Gesprächs fällt und die gleichen Ziele verfolgt, nämlich u.a. „Konfliktvermeidung“ und „Verbesserung des Gesprächsklimas“. c) ☐

d) Er ist mit einer kritischen Bewertung des Mitarbeiterverhaltens unvereinbar, da sonst der Betriebsfriede gestört werden würde. d) ☐

e) Er schließt weitestgehend aus, dass die Vorstellungen des Mitarbeiters in den Problemlösungsprozess miteinbezogen werden. e) ☐

58. Welche Aussage zu den „vier Dimensionen der Verständlichkeit“ trifft zu?

a) Die vier Dimensionen der Verständlichkeit sind nur für die Schriftsprache von Bedeutung, also nicht für die mündliche Vermittlung von Informationen an Mitarbeiter. a) ☐

b) Die vier Dimensionen widersprechen sich zum Teil, sodass im Einzelfall abgewägt werden muss, welche Dimensionen zugunsten der anderen zurücktreten muss, z.B. die Kürze der Darstellung eines Sachverhalts zugunsten einer lebendigen und aufgelockerten. b) ☐

c) Die Verwendung lebensnaher Beispiele und wörtlicher Rede beeinträchtigt meistens die Verständlichkeit, da sie der Forderung nach „Kürze“ widerspricht. c) ☐

d) Durch die häufige Verwendung seltener Fremdwörter gegenüber Mitarbeitern und Kunden dokumentiert man Fachkompetenz und verschafft sich dadurch langfristig mehr Anerkennung. d) ☐

e) Die verständliche Darstellung komplizierter Sachverhalte erfolgt automatisch und bedarf keiner Einübung. e) ☐

59. Welche Aussage zu einem Bericht trifft zu?

a) Er informiert über alle Sachverhalte des Betriebes. a) ☐
b) Gegenstand ist z. B. ein Vortrag oder eine Tagung. b) ☐
c) Inhalte sind fast immer konkrete Handlungen. c) ☐
d) Er enthält stets alle Einzelheiten eines Vorganges. d) ☐
e) Er berichtet nur über die wichtigsten Ereignisse. e) ☐

60. Welche Ziele gehören nicht zu den primären Aufgaben des Protokolls?

a) Informationen von Betroffenen über Beschlüsse. a) ☐
b) Material für Geschäftsberichte. b) ☐
c) Dokumentation zur Vorbereitung der nächsten Sitzung. c) ☐
d) Urkunde als Beweismittel für die Rechtslage. d) ☐
e) Sicheres Dokument über die Eigentumsübertragung, z. B. eines Hauses. e) ☐

61. Eine gegliederte Information ist …

a) leichter verständlich. a) ☐
b) schwerer verständlich. b) ☐
c) schwieriger zu merken. c) ☐
d) schwieriger zu lesen. d) ☐
e) nur für Schreib- und Leseungewohnte eine Hilfe. e) ☐
f) überflüssig. f) ☐

62. Welche Aussage über die Visualisierung ist wichtig?

a) Sie benötigt zu viel Zeit. a) ☐
b) Sie ist zu umständlich. b) ☐
c) Die Behaltensquote wird erhöht. c) ☐
d) Sie lenkt vom Thema ab. d) ☐
e) Sie lässt sich nur in Ausnahmefällen anwenden. e) ☐

63. Kreuzen Sie die richtige Aussage über das Lampenfieber an.

a) Bei allen ist es immer gleich stark. a) ☐
b) Am Anfang ist es bei jedem gleich. b) ☐
c) Man kann es nicht abbauen. c) ☐
d) Durch Training lässt es sich verringern. d) ☐
e) Durch Übung verschwindet es ganz. e) ☐

64. Bei welchen Gelegenheiten ist eine Ausdrucksrede wichtig?

a) Zur Information. a) ☐
b) Beim Firmenjubiläum. b) ☐
c) In der Werbung. c) ☐
d) Zur Sachdarstellung. d) ☐
e) In der Wissenschaft. e) ☐

65. Der Stichwortzettel für eine Rede sollte Folgendes beinhalten:

a) Möglichst viele vorformulierte Sätze. a) ☐
b) Den genauen Redetext. b) ☐
c) Die Körpersprache. c) ☐
d) Die Folien. d) ☐
e) Nur Stichworte. e) ☐

66. Welche Bedeutung hat die Körpersprache?

a) Sie ist unwichtig. a) ☐
b) Sie lenkt nur vom Thema ab. b) ☐
c) Richtige Körpersprache soll die Aussagen interpretieren. c) ☐
d) Der Redner sollte darauf verzichten. d) ☐
e) Es sollte so viel Körpersprache wie möglich eingesetzt werden. e) ☐

67. Welche Aussage über das Bewerbungsgespräch ist wichtig?

a) Der Personalchef sollte möglichst viele Fragen stellen. a) ☐
b) Er sollte den Ablauf seiner Intuition überlassen. b) ☐
c) Er sollte im Gespräch systematisch vorgehen. c) ☐
d) Der Bewerber sollte den Gesprächsverlauf selbst bestimmen. d) ☐
e) Entscheidend ist, dass alle Fragen ausführlich beantwortet werden. e) ☐

68. Wie sollte sich der Vorgesetzte im Kritikgespräch verhalten?

a) Er sollte zunächst gute Leistungen loben. a) ☐
b) Nur die schlechten Leistungen sollen erwähnt werden. b) ☐
c) Der Kritisierte soll erfahren, dass er in Zukunft streng beobachtet wird. c) ☐
d) Der Vorgesetzte soll über Fehler großzügig hinwegsehen. d) ☐
e) Entscheidend ist die reine Sachkritik, die Verfassung des Kritisierten ist unwichtig. e) ☐

69. Welches Vorgehen beim Beurteilungsgespräch ist wichtig?

a) Rechtfertigungsgründe sind unwichtig. a) ☐
b) Das Gespräch soll positiv begonnen und beendet werden. b) ☐
c) Es soll rein sachlich beendet werden. c) ☐
d) Der kritisierte Mensch muss die Überlegenheit des Vorgesetzten deutlich spüren. d) ☐
e) Der Kritisierte soll sich vor allem die Konsequenzen von Fehlern einprägen. e) ☐

70. Worauf sollten Sie bei Lob und Anerkennung achten?

a) Nur außergewöhnliche Leistungen sollten gelobt werden. a) ☐
b) Lob und Tadel sollte gleichmäßig verteilt werden. b) ☐
c) Es sollte möglichst selten gelobt werden. c) ☐
d) Lob sollte stets mit Kritik verbunden werden. d) ☐
e) Es sollten stets Gelegenheiten gesucht werden, um häufig zu loben. e) ☐

71. Welche Vorteile hat ein Abgangsgespräch?

a) Es hat keine Vorteile. a) ☐
b) Dabei kann eine Wiedereinstellung geprüft und oft eigene Fehler erkannt werden. b) ☐
c) Der Ausscheidende ist nach der Kündigung uninteressant. c) ☐
d) Vor- und Nachteile sind ausgewogen. d) ☐
e) Der Ausscheidende wird nur Negatives sagen, was ärgert. e) ☐

72. Welche Aussagen über das Streitgespräch sind wichtig?

a) Streiten macht aggressiv. a) ☐
b) Im Streitgespräch sollte man die Argumentation des Streitgegners vernichten. b) ☐
c) Ziel des Streitgesprächs ist nicht den Gegner, sondern seine Argumente zu bekämpfen. c) ☐
d) Im Streit werden nur die Konflikte vergrößert. d) ☐
e) Im Streit sind alle Mittel recht. e) ☐

73. Wie sollten wir bei der Bitte um Gehaltserhöhung vorgehen?

a) Entscheidend ist, unsere Notlage genau darzustellen. a) ☐
b) Im Mittelpunkt sollte die gute Ertragslage des Betriebes stehen. b) ☐
c) Wir sollten auf die unsoziale Bezahlung hinweisen. c) ☐
d) Wir können Einsparungen vorschlagen, von denen ein Teil uns zufließen soll. d) ☐
e) Meistens ist die Drohung mit der Kündigung hilfreich. e) ☐

74. Was sollten wir bei der Vorbereitung eines Gesprächs beachten?

a) Die Kenntnis der Sachverhalte ist entscheidend. a) ☐
b) Die Methode der Gesprächsführung ist das Wichtigste. b) ☐
c) Entscheidend ist die genaue Kenntnis des Gesprächspartners. c) ☐
d) Alle drei genannten Aspekte sind wichtig. d) ☐
e) Ein klar formuliertes Ziel genügt. e) ☐

75. Welche Aussagen über die Fragetechnik treffen zu?

a) Am besten sind geschlossene Fragen. a) ☐
b) Meistens sind offene Fragen am sinnvollsten. b) ☐
c) Wir sollten möglichst Suggestivfragen einsetzen. c) ☐
d) Alternativfragen sind meistens schädlich. d) ☐
e) Fragen nach den Motiven sind schädlich. e) ☐

76. Kennzeichnen Sie die wichtige Aussage über das Aktive Zuhören.

a) Es schadet dem Verständnis. a) ☐
b) Es kostet zu viel Zeit. b) ☐
c) Es hilft dem Gesprächspartner bei seiner Willensbildung. c) ☐
d) Es ist besser, dafür zu sorgen, dass der Partner zuhört. d) ☐
e) Es ist überflüssig, weil das Gesagte mit dem Gemeinten identisch ist. e) ☐

77. Welche Ich-Botschaft ist meistens falsch?

a) Ich freue mich über Ihren Erfolg. a) ☐
b) Ich bin gern gekommen. b) ☐
c) Ich gratuliere Ihnen zu diesem Kauf. c) ☐
d) Ich bin erleichtert, dass Sie wieder gesund sind. d) ☐
e) Ich glaube Ihnen kein Wort. e) ☐

78. Ihr Gesprächspartner möchte Sie mit einer beleidigenden Behauptung manipulieren. Welche Reaktion halten Sie für angemessen?

a) Sie verwenden eine Retourkutsche: „... Sie auch". a) ☐
b) Sie greifen ihn auch beleidigend an. b) ☐
c) Sie verallgemeinern, z. B.: „so seid ihr doch alle". c) ☐
d) Sie übertreiben. d) ☐
e) Sie fragen nach, wie er das meint. e) ☐

79. Was bedeutet Job Rotation?

a) Aufgabenvergrößerung durch Übernahme verschiedener Tätigkeiten. a) ☐
b) Job Rotation betrifft/meint einen Wechsel des Arbeitgebers innerhalb bestimmter Zeiträume. b) ☐
c) Job Rotation bedeutet eine größere Entlohnung. c) ☐
d) Job Rotation ist die Anreicherung der Arbeitsaufträge mit mehr Verantwortung. d) ☐
e) Job Rotation umfasst die Aufgabenvergrößerung durch Übernahme verschiedener Tätigkeiten innerhalb eines Arbeitsplatzes. e) ☐

80. Was bedeutet Delegation?

a) Delegation ist ein Mittel, um unliebsame Arbeiten und Verantwortungen an andere abzugeben. a) ☐
b) Delegation ist ein Führungsmittel zum Abwälzen von Verantwortung. b) ☐
c) Delegation kommt zunehmend aus der Mode, weil die Mitarbeiter zunehmend verantwortungsscheuer werden. c) ☐
d) Prinzipiell ist alles delegierbar, was auf der jeweils nächstunteren Ebene entschieden und ausgeführt werden kann. d) ☐
e) Delegation degradiert Mitarbeiter zum Erfüllungsgehilfen. e) ☐

81. Was bedeutet verantwortliche Führung? (2 richtige Antworten)

a) Führungsverantwortung (z. B. Zielsetzung, Planung) ist vom Vorgesetzten prinzipiell an alle Mitarbeiter delegierbar. a) ☐

b) Der Vorgesetzte kann in delegierte Aufgaben willkürlich eingreifen. b) ☐

c) Keine Rückdelegation zulassen oder initiieren. c) ☐

d) Delegation von Aufgaben ohne Verantwortungsdelegation entspricht modernem Führungsdenken. d) ☐

e) Bei Fehlern sollte angemessen reagiert werden: Fehler verbessern und daraus lernen, statt den Schuldigen zu suchen. e) ☐

82. Qualifikationen von Mitarbeitern erkennen und fördern. Zu den Aufgaben des Industriemeisters gehört: (2 richtige Antworten)

a) Auswahl der richtigen Mitarbeiter zum richtigen Zeitpunkt und Einsatz dieser neu ausgewählten Mitarbeiter am richtigen Arbeitsplatz. a) ☐

b) Die permanente Qualifizierung/Weiterbildung der Mitarbeiter. b) ☐

c) Das systematische Ausfindigmachen/Entdecken von Schwächen der Mitarbeiter. c) ☐

d) Das Lernen am Arbeitsplatz zu verhindern, da die Weiterbildung ins Seminar gehört. d) ☐

e) Intentionales Lernen dem Vorrang vor informellem Lernen zu geben. e) ☐

83. Welche Aussagen über Formen des Lernens im Betrieb sind richtig? (3 richtige)

a) Lernen am Arbeitsplatz ist ein notwendiger und effizienter Teil moderner Arbeit. a) ☐

b) Lernen am Arbeitsplatz ist ein bloßes Reduzieren von Seminarkosten und Vermeiden von Abwesenheiten. b) ☐

c) Qualitätszirkel dienen der Lösung von betrieblichen Problemen, z. B. der Qualitätsverbesserung. c) ☐

d) Lernstatt ist eine Variante der Qualitätszirkel mit dem Ziel, über eine Erhöhung, z. B. der Teamfähigkeit, Sozialkompetenz, betriebliche Probleme besser zu lösen. d) ☐

e) Beim Qualitätszirkel geht es ausschließlich darum, Kosten zu senken. e) ☐

84. Welche Aussagen zur Erteilung von Arbeitsaufträgen sind richtig? (2 richtige)

a) Bei Ad-hoc-Delegation (Delegation von Arbeitsaufträgen) muss der Industriemeister keine weiteren Fragen klären, da diese Aufgaben sofort zu erledigen sind. a) ☐

b) Ad-hoc-Delegationsaufgaben sind im Vergleich zu Dauer-Delegationsaufgaben planbar. b) ☐

c) Auch bei Ad-hoc-Delegation hängen betriebliches Klima und Qualität der Produkte von der Art ab, wie diese Aufträge erteilt werden. c) ☐

d) Passiver Widerstand ist eine der möglichen Reaktionen auf nicht verstandene, unangenehme bzw. über- bzw. unterfordernde Aufgaben. d) ☐

e) Kompetente Arbeitsaufträge sind nur dann schriftlich zu formulieren, wenn mehrere Personen/Gruppen betroffen sind. e) ☐

85. Welche Aussagen zur Kontrolle von Mitarbeitern sind richtig? (3 richtige)

a) Kontrolle ist kein zeitgemäßes Führungsinstrument. a) ☐

b) Je besser es gelingt, Ziele klar zu formulieren, zu quantifizieren und mit Qualitäts-Standards zu versehen, umso eher kann Kontrolle als Selbstkontrolle erfolgen. b) ☐

c) Kontrolle betrifft nur die erbrachte Leistung. c) ☐

d) Die negative Einstellung zur Kontrolle wird oft auch durch ein falsches Führungsverhalten, z. B. öffentliche, unsachgemäße Kritik, gefördert. d) ☐

e) Ein gutes Kontrollgespräch umfasst eine gemeinsame Problemerörterung und Lösungsentwicklung. e) ☐

86. Welche Aussagen zu Grundsätzen der Beurteilung/Beurteilungsfehler treffen zu? (3 richtige)

a) Der Industriemeister benötigt zur Beurteilung möglichst objektive Beobachtungen, deshalb sollte er möglichst viele Verhaltensweisen und Einzelbeobachtungen schriftlich festhalten. a) ☐

b) Die Beurteilungskriterien sollten dem Mitarbeiter möglichst verschwiegen werden, da er sonst sein Verhalten ja darauf einstellen kann. b) ☐

c) Die Beurteilung sollte möglichst schriftlich erfolgen, obwohl es hiervon im Betriebsverfassungsgesetz keine klare Aussage gibt. c) ☐

d) Der „Halo-Effekt" basiert auf dem ersten Eindruck, von dem aus alle weiteren Beobachtungen beeinflusst werden können. d) ☐

e) Frühere Beurteilungen von Vorgesetzten sollten die Basis für die eigene Beurteilung sein. e) ☐

87. Welche Aussagen zum Thema Motivation sind zutreffend?

a) Motivation leitet sich aus dem Lateinischen „movere" = bewegen ab. Unter Motivation versteht man einen inneren Zustand (Bedürfnis), der in einer konkreten Situation zu einer Handlung führt. a) ☐

b) Unter sachbezogener Motivation versteht man unter anderem, dass der Mitarbeiter um der Sache willen arbeitet, die ihm Anreiz genug bietet, um sich in Bewegung zu setzen. b) ☐

c) Die sachfremde Motivation, z. B. durch Belohnung/Geld, ist bei vielen Mitarbeitern wichtiger als die sachbezogene Motivation. c) ☐

d) Um Mitarbeiter zu Höchstleistungen zu bringen, ist eine Kombination von Druck- und Zugmotivation notwendig. d) ☐

e) Motivation und Arbeitszufriedenheit sind von der Unternehmenspolitik unabhängig. e) ☐

88. Kreativität fördernde Techniken: Welche Aussagen hierzu sind richtig? (3 richtige)

a) Produktionsprozesse würden sich oft optimieren lassen, wenn die Kreativitäts- und Denkpotenziale der Mitarbeiter stärker einbezogen würden. a) ☐

b) Das Neue ist oft eine Gefahr des Bewährten, es sollten deshalb keine ungewöhnlichen und alles infrage stellenden Wege zugelassen werden. b) ☐

c) Die „Motivationstechnik" trägt dazu bei, dass sehr viele fürs Lernen und kreative Prozesse notwendige Sinne aktiviert werden. c) ☐

d) Bei der „6-3-5-Methode" werden Probleme verbal diskutiert. d) ☐

e) Die „Mind-Map-Methode" aktiviert sowohl das rationale als auch das emotionale Denken, da sowohl die rechte (rationales/analytisches Denken) als auch die linke Gehirnhälfte (zuständig für Kreativität, Emotion) bei dieser Methode beteiligt werden. e) ☐

1.2 Offene Prüfungsfragen

1. Die Sozialkompetenz ist eine wesentliche Voraussetzung für erfolgreiches berufliches Handeln.
   Sammeln Sie in Ihrer Gruppe alle Aussagen, die diese Behauptung stützen können. Übertragen Sie Ihre Ergebnisse auf die Arbeit des Industriemeisters.

2. Zeigen Sie an Beispielen, wie die drei Entwicklungsbereiche
   Denken – Feinmotorik – Interessen und Neigungen sich gegenseitig beeinflussen.

3. Sie haben einen siebzehnjährigen Mitarbeiter in Ihrer Gruppe.
   Mit welchen Verhaltensweisen müssen Sie rechnen?
   Diskutieren Sie in der Gruppe, wie die Zusammenarbeit mit diesem Jugendlichen zu gestalten ist.

4. „Dumm geboren, nichts dazu gelernt"
   Zu welcher Theorie passt diese Aussage?
   Welche Folgen können solche Etikettierungen haben?

5. Erörtern Sie in der Gruppe, welchen Beitrag zur beruflichen Sozialisation
   a) die Familie und b) die Schule leisten können.

6. Industriemeister Schulze möchte für jeden Mitarbeiter Vorbild sein, weil er um die Bedeutung des Modelllernens weiß. Trotzdem wird er nur belächelt und nicht ernst genommen.
   Suchen Sie in Ihrer Gruppe nach möglichen Gründen.
   Geben Sie in einem Beratungsgespräch Herrn Schulze einen Rat.

7. Verfolgen Sie in Ihrer Gruppe einen kognitiven Lernvorgang von der Wahrnehmung bis zum Transfer.

8. Sehen Sie Möglichkeiten, in Ihrer Gruppe über den Weg der klassischen Konditionierung das Lernen zu verbessern? Erarbeiten Sie praktische Beispiele!

9. a) Nennen Sie entwicklungsfördernde Umwelteinflüsse und deren berufliche Auswirkungen.
   b) Welchen Beitrag kann der Betrieb leisten, um Entwicklungen zu fördern?

10. Ein sehr witziger und humorvoller Mitarbeiter versucht ständig eigene Schwächen zu überdecken. Wie könnten Sie diesem Mitarbeiter begegnen?

11. Welchen Beitrag kann die Jugendvertretung im Betrieb für Jugendliche leisten?

12. Was ist im Jugendarbeitsschutzgesetz geregelt? Listen Sie Ihre Ergebnisse stichwortartig auf.

13. Frauen müssen oft das Doppelte leisten als Männer, um beruflich anerkannt zu werden! Wo liegen die Ursachen?

14. In Ihrer Abteilung sind auch ältere Mitarbeiter beschäftigt.
    Welche Besonderheiten in der Fürsorgepflicht hat der Industriemeister?

15. Sie stellen in Ihrer Abteilung einen Behinderten ein.
    Welche besonderen Pflichten ergeben sich für die Verantwortlichen aus diesem Arbeitsverhältnis?

16. In Ihrer Gruppe wird bekannt, dass zwei zusätzliche neue Mitarbeiter eingestellt werden, die Ausländer sind. Die ersten fremdenfeindlichen Sticheleien sind Ihnen bereits zu Ohren gekommen.
    Was können Sie tun?

17. Diskutieren Sie, wie viel Sie an Formalität durchsetzen und Informalität in Ihrer Arbeitsgruppe zulassen wollen.
Begründen Sie jeweils Ihr Vorhaben!

18. Einige Mitarbeiter beklagen sich über zunehmende Machtkämpfe und Antipathien in ihrer Arbeitsgruppe. Sie setzen sich mit den Betroffenen zusammen und beraten diese Situation.
Erarbeiten Sie eine Analyse und die ersten Schritte für eine Lösung!

19. Welchen Einfluss können Sie über die Gruppenführung auf die Gruppenmitglieder nehmen?

20. Die Gruppe ist die Basis für eine erfolgreiche Teamarbeit!
Setzen Sie sich mit dieser Aussage auseinander.

21. Was versteht man generell unter Führung?

22. Wenn man den Führungsvorgang in einzelne Schritte unterteilt, lassen sich 5 verschiedene Funktionen unterscheiden. Wie heißen diese?

23. Was verstehen wir unter teilautonomen Arbeitsgruppen?

24. Die Begriffe und Erklärungen der Zeiterfassung nach REFA sind durcheinander geraten. Ordnen Sie diese.

1	Rüstzeit	*a*	Der erforderliche Zeitraum zur Durchführung der reinen Arbeitsverrichtung.
2	Grundzeit	*b*	Sie ist zur Vorbereitung des Arbeitsganges erforderlich, z.B. zum Einrichten und Reinigen der Maschinen und zum Werkzeugwechsel.
3	Ausführzeit	*c*	Alle regelmäßig anfallenden arbeitsablaufbedingten Warte- oder Überwachungszeiten.
4	Erholzeit	*d*	Geschätzte Zeiteinheiten, die zur Behebung von nicht vorhersehbaren Störungen im Arbeitsablauf anfallen.
5	Verteilzeit	*e*	Angemessene Zeiteinheiten zum Ausgleich der im Arbeitsablauf auftretenden physischen und psychischen Belastungen.

25. Setzen Sie folgende Elemente in die Formel zur Errechnung des Leistungsgrades richtig ein:
Normalleistung – Ist-Zeit × Leistungsgrad – Normalzeit

Leistungsgrad	=	$\frac{\text{beobachtete Leistung} \times 100}{}$	=		=	$\frac{}{100}$

26. Bringen Sie die Bedürfnishierarchie nach Maslow in die richtige Reihenfolge.

a) Soziale Bedürfnisse	
b) Sicherheitsbedürfnisse	
c) Ich-Bedürfnisse	
d) Bedürfnisse der Selbsverwirklicheung	
e) Grundbedürfnisse	

27. Wie erklären Sie es sich, dass Sie zwei gleich lautende Aussagen (heimliche Botschaften) Ihres Kollegen unter Umständen vollkommen unterschiedlich auffassen?

28. In welchen Situationen schreiben Sie einen Bericht, ein Protokoll, eine Aktennotiz, eine Meldung bzw. eine Beurteilung?

29. Betriebssoziologen sehen in höheren Fluktuationsquoten auch ein Indiz für Arbeitsunzufriedenheit. Sie schlagen deshalb gezielte Maßnahmen zur Verringerung dieser Quote vor.

a) Verdeutlichen Sie zunächst die Begriffe.

b) Unterscheiden Sie dabei „natürliche" und „unnatürliche" Faktoren.

30. a) Zeigen Sie an ausgewählten Beispielen auf, welche Probleme bei häufigen Mitarbeiterwechseln den Betrieben und Ihnen als Führungskraft bevorstehen können.

b) Beschreiben Sie geeignete Maßnahmen, die Sie zur Verringerung von hohen Fluktuationsraten vorschlagen und wie Sie diese umsetzen. Beziehen Sie dabei auch die Zwei-Faktoren-Theorie nach Herzberg mit ein.

1.3 Fallorientierte Prüfungsfragen

1. Situation

Als Industriemeister und Vorgesetzter müssen Sie sich in letzter Zeit mit zunehmenden Spannungen und Konflikten auseinander setzen.

Sie haben ein sehr heterogenes Team von Mitarbeitern und Mitarbeiterinnen, das nicht frei ist von Spannungen und zwischenmenschlichen Konflikten. In letzter Zeit treten diese aber vermehrt auf. Die Suche nach Lösungen und deren Umsetzungen erfordert von Ihnen viel Energie und Zeit, die Sie an anderer Stelle im Betrieb sinnvoller einsetzen könnten.

Charlie nennen alle mehr oder weniger liebevoll den zwanzigjährigen Togolesen mit dunkler Hautfarbe, der immerhin in Deutschland eine Ausbildung absolviert hat und immer noch die deutsche Sprache besser versteht, als er sie spricht. Sie schätzen seine Zuverlässigkeit und hohe Motivation. Allerdings sinkt diese Motivation schlagartig auf den Nullpunkt, wenn Mitarbeiter Kern, der neunundfünfzig Jahre alt ist und erst vor kurzem sein vierzigjähriges Firmenjubiläum feiern konnte, seine bissigen Bemerkungen gegenüber Charlie nicht zurückhalten kann: „Charlie würde besser seinen Bastrock anziehen und uns was vortanzen." ... „Wo kämen wir hin, wenn wir alle Nigger aus dem Busch in unseren Betrieb holen würden!" ... Niemand wagt Herrn Kern, der sich im Betrieb hochgearbeitet hat, zu widersprechen. Herr Stolle, im selben Alter wie Herr Kern, pflichtet ihm bei und meint: „Unsereins muss sich im Alter noch abrackern, und die bekommen den Zucker in den A... geblasen!" Charlie ist in solchen Augenblicken sehr „verletzt". – Frau Rieder ist erst seit fünf Jahren in Ihrem Betrieb. Sie hat ein „Herz" für Charlie und versucht ihn durch Gespräche und tröstliche Zuwendungen wieder „seelisch aufzubauen". Kern meinte sie wäre besser Krankenschwester geworden. „Frauen gehören nicht in eine so harte berufliche Wirklichkeit", bemerkt Stolle beiläufig. Herr Franzen, der ebenfalls zu Ihrem Team gehört und eine mittelschwere Gehbehinderung hat, schweigt zu diesen Vorfällen und tut so, als bekäme er gar nichts mit. Seit Kern ihn einen „tollpatschigen Hinkefuß" genannt hat, ist Franzen mit Äußerungen eher zurückhaltend.

Die beiden jungen männlichen Mitarbeiter, die erst im letzten Jahr eingestellt wurden und nicht besonders leistungsstark sind, lachen sich über die Bissigkeit von Kern gegenüber Charlie halb tot. Ihr Lachen versteht Kern als Motivation, seinen Sarkasmus noch zu steigern. Sie haben Sorge, dass sich innerhalb der Gruppe Machtkämpfe entwickeln, die sehr offen und aggressiv ausgetragen werden. Ein Wir-Bewusstsein existiert schon lange nicht mehr.

Es gibt Tage, da möchten Sie am liebsten aus der Haut fahren!

Es ist Ihnen klar geworden, dass Sie die Augen vor diesen Problemen nicht mehr verschließen dürfen – Sie stehen unter Zugzwang, rasch, aber besonnen handeln zu müssen.

Aufgaben

a) Skizzieren Sie die Probleme und Handlungsmotive der einzelnen Mitarbeiter in den folgenden Bereichen:
Fremden- und Frauenfeindlichkeit, Generationskonflikte, Geringschätzung von Behinderten, gruppendynamische Spannungen.

b) Welche Lösungsansätze bieten sich an, und wie setzen Sie diese um?

2. Situation

Der Mitarbeiter Leichtfuß fällt immer wieder dadurch auf, dass er nicht die geforderte Sorgfalt walten lässt, was zu fehlerhaften Ergebnissen führt und immer wieder Reklamationen zur Folge hat. Eines Tages kommt der Geschäftsführer in den Produktionsraum und stellt diesen Mitarbeiter folgendermaßen zur Rede: „Wenn ich Ihre Arbeit und Arbeitsweise sehe, überfällt mich das kalte Grausen", brüllt er den Mitarbeiter an. „Noch einmal so eine Arbeit, und Sie können einpacken. Sie haben wohl noch nie etwas von einer sauberen und ordentlichen Arbeit gehört. Höchste Zeit, dass man es Ihnen einmal lehrt. Alle anderen Mitarbeiter strengen sich an, nur Sie nicht." Nach diesem Donnerwetter lässt er alle stehen und geht für einige Tage aus dem Haus.

Fragen und Aufgaben:

a) Welche gravierenden Fehler hat dieser Geschäftsführer gegenüber dem Industriemeister gemacht? Begründen Sie, weshalb die zwar verständliche Kritik wirkungslos ist bzw. in dieser Situation vollkommen daneben liegt?

b) Beschreiben Sie Ihre Vorgehensweise in einer derartigen Situation. Hätte es nach Ihrer Meinung eine Möglichkeit gegeben, dass es gar nicht zu einer solch fatalen Situation kommen braucht?

c) Mit welcher Strategie werden Sie einen Mitarbeiter zu einer positiven Änderung seines Verhaltens bewegen?

3. Situation

In der Ausbildung zum Industriemeister hat Kaiser gelernt, dass Lob ein wichtiges Motivationsinstrument in der Mitarbeiterführung ist. Deshalb will er es in der betrieblichen Praxis sofort anwenden und geht folgendermaßen vor:

Zunächst vermerkt er in einem Kalender, wann er welchen Mitarbeiter bzw. Mitarbeiterin loben will, damit er auch keinen vergisst. Als Ersten nimmt er sich den Vorarbeiter König, der ihn inzwischen vertreten hat, vor: „Herr König, ich bin mit Ihnen sehr zufrieden. In meiner Abwesenheit scheint alles gut geklappt zu haben. Meine Anerkennung!" König scheint über ein derartiges Lob gar nicht so sehr begeistert zu sein und antwortet: „Ja, dachten Sie denn, es würde nicht klappen?"

Dann geht er zum Werkzeugeinrichter Fred Schmidt und sagt zu ihm: „Fred, ich wollte dir immer schon sagen, dass ich mich freue, wie zuverlässig du bist. Ich wünschte, auf die anderen Mitarbeiter könnte ich mich genauso verlassen." Fred Schmidt ist peinlich berührt; zwei andere Mitarbeiter, die das Gespräch mitgehört haben, blicken ärgerlich drein.

Als ihm danach Frau Stöckel, eine recht hübsche und selbstbewusste Bandarbeiterin, begegnet, lobt er deren Aussehen mit den Worten: „Toll sehen Sie heute wieder aus, Frau Stöckel; bei Ihrer Figur ist das ja auch kein Wunder." Auch hier ist die Reaktion eher peinlich für den Industriemeister.

Fragen und Aufgaben:

a) Welchen Missverständnissen ist hier Industriemeister Kaiser aufgesessen?

b) Was müsste er berücksichtigen, damit seine Lobe den beabsichtigten Zweck erfüllen?

c) Begründen Sie Ihre Aussagen.

d) Wie hätten Sie in den geschilderten Situationen gehandelt?

e) Wie lässt sich begründen, dass Menschen ein Bedürfnis nach Lob und Anerkennung haben?

4. Situation

„Kommunikation schafft Gemeinsamkeit – durch Kommunikation zur Motivation.

Die vertrauensvolle Kommunikation zwischen Führungskraft und Mitarbeiter ist eine wesentliche Voraussetzung für deren Arbeitsmotivation.

Wir wollen unsere Mitarbeiter so motivieren, dass sie sich als Person mit ihren Stärken und Wertvorstellungen in das Unternehmen Viessmann einbringen können. Zur Kommunikation bei Viessmann gehören klare Rückmeldung (Reaktion) auf Aussagen im Sinne eines echten Austausches, Eingehen auf individuelle Stärken und Werthaltungen und unter diesen Voraussetzungen auch offener Umgang mit Konflikten. Dies gilt auch für den Umgang der Führungskräfte untereinander."
(Quelle: Faltblatt „Führungsgrundsätze" der Viessmann Werke GmbH & Co.)

Aufgaben

a) Welche Kriterien gelten für die Kommunikation nach dem obigen Leittext in der Unternehmung?

b) Welche fünf der „zehn Grundsätze für erfolgreiche Gespräche" (Abschnitt C II b) passen Ihrer Ansicht nach besonders zu obigem Leittext?

c) Was erhofft sich die obige Unternehmung durch eine gelungene Kommunikation in ihrem Betrieb?

d) Welche Aspekte, die in dem Leittext nicht genannt sind, haben für Sie eine so große Bedeutung, dass Sie sie in Ihre eigenen Führungsgrundsätze aufnehmen würden?
Verfassen Sie als Antwort einen eigenen kurzen Leittext, in dem Sie Ihre Grundsätze anführen und begründen, weshalb sie Ihnen wichtig sind.

5. Situation

Die Beschwerden der Kunden häufen sich. Der Direktor einer kleinen Firma mit 40 Mitarbeitern kann sich den vielen Ärger mit seinen Mitarbeitern nicht mehr erklären.

Anrufe werden nicht mehr notiert, versprochene Rückrufe unterbleiben, Vereinbarungen verschwinden. Solche Versäumnisse können eigentlich nur passieren, wenn Mitarbeiter faul oder desinteressiert sind. Einen Führungsfehler will sich Direktor Weil freilich nicht eingestehen.

Um diese Mängel sofort abzustellen, zieht er nahezu alle Arbeiten an sich und kontrolliert seine Mitarbeiter bis ins Kleinste. Insgesamt fragt er sich, ob er wirklich zu hohe Anforderungen stellt, oder ob er nur eine schlechte Hand bei der Auswahl des Personals gehabt hat.

Anlässlich eines Gesprächs mit Kollegen über Personalführung überlegt er, was er besser machen könnte.

Aufgaben

a) Welche Gesprächsform ist angemessen?

b) Welches Ziel hat Sie?

c) Von welcher Hypothese geht der Direktor aus?

d) Was kann Direktor Weil Ihrer Ansicht nach besser machen?

6. Situation

Herr Direktor Maier sucht in letzter Zeit öfter nach Unterlagen, findet sie jedoch nicht. Nach mehreren vergeblichen Suchaktionen erfährt er von dem Lohnbuchhalter Emsig, dass die Auszubildende Pfiffig, die im Rahmen ihres Ausbildungsverhältnisses als Kauffrau auch mit der Ablage von Schriftstücken beschäftigt wird, die Ablage umgestellt hat. Herr Maier habe seinerzeit der Umstellung zugestimmt, ohne sich jedoch die Zeit zu nehmen, nach dem von Frau Pfiffig angestrebten Ablagesystem zu fragen.

Erbost über die seiner Ansicht nach von Frau Pfiffig bezeugte Eigenmächtigkeit ruft Herr Maier diese zu sich: „Frau Pfiffig, ich bin mit der Ablage überhaupt nicht zufrieden. Immer wieder suche ich bestimmte Schreiben, finde aber nichts, obwohl ich sowohl unter dem Namen des Adressaten als auch unter dem Firmennamen nachsehe. Augenscheinlich haben Sie eine andere Ablagetechnik angewandt, von der Sie, ich muss es zugeben, mich seinerzeit zwar unterrichten wollten, jedoch wegen meiner Terminfülle nicht informieren konnten. Die Handhabung ist mir also nicht vertraut. Ich muss Ihnen jedoch energisch sagen, dass ich Ihr Ablagesystem schon deshalb ablehne, weil in meinem Betrieb kein Mitarbeiter irgendwelche Konzeptionen anwenden darf, schon gar nicht ein Auszubildender. Ich ordne deshalb in aller Strenge an, dass Sie das Ablagesystem schnellstens nach meinen Wünschen, also nach dem Namen des Adressaten neu ordnen. So geht es nicht! Eigene Konzeptionen dürfen in Zukunft von Ihnen in meinem Betrieb nicht mehr realisiert werden! Ansonsten muss ich mir entsprechende Konsequenzen überlegen! Fangen Sie sofort mit der Neuordnung an! Sie müssen eine schnelle Umstellung schaffen, um mich zu überzeugen! Sie können jetzt gehen! Ich habe zu arbeiten!"

Aufgaben

a) Kennzeichnen Sie die Fehler des Direktors.

b) Welchen Führungsstil des Chefs können Sie erkennen?

c) Welche Atmosphäre nehmen Sie wahr?

d) Welche Auswirkungen hat das Verhalten des Direktors auf die Motivation von Frau Pfiffig?

e) Würden Sie als Frau Pfiffig in Zukunft Verbesserungen realisieren?

f) Was ist nach der Ausbildung voraussichtlich ihr wichtigstes berufliches Ziel?

7. Situation

Sie haben in Ihrer Abteilung den 24-jährigen Mechaniker Flott, der über gute Sachkenntnisse verfügt.

Trotz Ihrer Mahnungen kommen in den letzten Wochen Klagen über nachlässigen Umgang mit Informationen. Außerdem kommt er häufig zu spät und geht dafür eher, wenn er meint, dass es keiner merkt. Die Gruppe äußert sich über Flotts mangelhafte Arbeitsmoral.

Mechaniker Flott

Nach dem Abitur wollten Sie studieren, was am schlechten Notendurchschnitt scheiterte. So wählten Sie Ihren Beruf als Notlösung. Sie würden gern die Arbeit anweisen, müssen sich aber leider Ihre Aufgaben zuweisen lassen. Das stinkt Ihnen gewaltig. So arbeiten Sie ohne Engagement, kommen oft zu spät und verabreden sich zu früh für das nächste Tennisspiel, für das Sie leider allzu oft die Werkshalle vorzeitig verlassen müssen.

Ihr Industriemeister hat Sie nun zu einem Gespräch aufgefordert. Was werden Sie ihm sagen?

Aufgaben

a) Wofür werden Sie Herrn Flott loben – wofür tadeln?

b) Stellen Sie Fragen an Herrn Flott.

c) Stellen Sie ihn vor Alternativen.

d) Was bieten Sie ihm an?

8. Situation

Der Industriemeister Adam hat zusammen mit der Personalabteilung einen neuen Fachmann für die Steuerung der CAD-Maschinen gefunden. Der junge Mann, Herr Beifuß, hatte bei den verschiedenen Gesprächsrunden einen sehr guten Eindruck hinterlassen, sein Auftreten war tadellos. Er ist wortgewandt, gut motiviert und vor allem fachlich versiert. Sein Interesse an dem neuen Job begründet er mit gehaltlichen Verbesserungen und mittelfristigem Aufstieg – Perspektiven, die ihm sein bisheriger Arbeitgeber nicht gab. Herr Beifuß fände großen Gefallen an dem neuen Unternehmen, das ihn aus vielerlei Gründen sehr anspricht. Am liebsten würde er schon morgen mit seiner neuen Tätigkeit beginnen.

Meister Adam war sehr zufrieden, einen guten und motivierten Mitarbeiter zu bekommen. Darum stellte er dem jungen Mann auch manches in Aussicht, da sich sein Unternehmen auf Wachstumskurs befand: überdurchschnittliche Aufstiegschancen, Weiterbildungsmöglichkeiten und bei entsprechender Leistung auch gehaltliche Entwicklungen. Herr Beifuß war einverstanden, dass sein neues Einstiegsgehalt mit 200,00 DM mehr nur wenig über seinem alten Gehalt lag. Er gehe davon aus, dass alles, was Herr Adam sage, auch in Zukunft eintreten werde. Insofern sei er auch mit dem Einstiegsgehalt zufrieden. Industriemeister Adam setzte Herrn Beifuß in seinem neuen Maschinenteam ein, einer Spezialgruppe, die für Bedienung, Einarbeitung an diesen Maschinen und Wartung der neuesten Maschinen zuständig war. Auf diese Aufgabe freute sich Herr Beifuß auch schon sehr, da sie sehr herausfordernd für ihn war.

Nach kurzer Einarbeitungszeit bemerkte Meister Adam mit großer Freude, dass Herr Beifuß sowohl fachlich als auch menschlich sehr gut in das Team passte und hervorragend mitarbeitete.

Eigentlich wollte er schon längst ein ausführliches Gespräch mit seinem neuen Mitarbeiter führen, doch es kamen immer wieder dringende und unerwartete Termine dazwischen, sodass Herr Adam einfach nicht dazu kam, nach der Einarbeitungszeit Herrn Beifuß mitzuteilen, dass er ihn für eine leistungsgerechte Anpassung seines Gehaltes vorgeschlagen habe.

Sieben Monate nach Einstellung des jungen Mannes gab es zur Jahreswende eine überaus hohe Gewinnbeteiligung für alle Mitarbeiter, die auch Herrn Beifuß zugute kam.

Meister Adam dachte, damit sei die Gehaltsfrage vorerst beantwortet. Es kam zu keinem weiteren nicht-fachlichen Gespräch.

Einige Monate danach beobachtete Meister Adam jedoch ein Nachlassen des Engagements und auch der Qualität der abgelieferten Arbeit. Zudem fehlte Herr Beifuß krankheitsbedingt mehr als die anderen Mitarbeiter, er kam manchmal unentschuldigt zu spät, vergaß Zusagen, wurde launisch, was in der Summe zu Auseinandersetzungen mit seinen Kollegen führte.

Einmal sah Meister Adam seinen neuen Mitarbeiter außerhalb der Arbeitszeit in Begleitung einer jungen Dame, mit der er ein sehr ernsthaftes Gespräch zu führen schien. Er schloss daraus, dass Herr Beifuß, ein attraktiver Junggeselle, wohl Schwierigkeiten mit seiner Partnerin habe und dass es deshalb zu einer Leistungsminderung kam.

Im weiteren Verlauf verbesserte sich das Verhalten Beifuß' nicht. Meister Adam dachte ernsthaft darüber nach, ein Kritikgespräch mit Herrn Beifuß zu führen, ließ es aber sein. Außer kurzen Arbeitsgesprächen kam es deshalb zu keinem weiteren Austausch. „Das wird sich schon wieder legen, Beziehungsprobleme kosten Kraft", meinte Meister Adam.

Herr Beifuß war zwölf Monate im Unternehmen, als er eines Tages Meister Adam konfrontierte: Er sei enttäuscht, alle Versprechungen seien nicht eingehalten worden, bei der Konkurrenz würde er eine Gehaltsstufe mehr verdienen. Wenn Meister Adam nicht seine Versprechungen einlöse, würde er sofort kündigen.

Aufgaben

a) Beschreiben und beurteilen Sie die Motivationsstruktur des neuen Mitarbeiters Beifuß und die Entwicklung seiner Arbeitszufriedenheit/Motivation.

b) Welche Fehler hat Meister Adam gemacht?

c) Entwickeln Sie eine Strategie, wie Herr Adam die mögliche Kündigung verhindern und Herrn Beifuß wieder motivieren kann.

9. Situation

In Ihrer Firma finden die Verhandlungen zu einem neuen Hauskauf statt. Sie führen Protokoll.

Aufgaben

a) Auf welche Punkte werden Sie besonders achten?

b) Welche Protokollart benutzen Sie?

10. Situation

Ihre Abteilung hat eine bewegte 10-jährige Entwicklung hinter sich: Die Zahl der Mitarbeiter ist um 10 % gewachsen, der Umsatz um 20 %, die Kosten aber nur um 15 %, während der Materialeinsatz um 12 % fiel, ist der erwirtschaftete Gewinn um 25 % gestiegen.

Aufgabe

Sie haben die Aufgabe, diese Daten für die Mitarbeiter in Kurven und Balken leicht verständlich darzustellen.

11. Situation

Sie haben einen freundlichen, fleißigen Absolventen einer Sonderschule in Ihrer Abteilung, der einen Unfall hatte, den er Ihnen so niederschreibt.

Sehr geehrte Versicherung!

Nachdem ich nun im Krankenhaus bin und wieder schreiben kann, muss ich Sie, verehrte Versicherung, bitten, meinen Unfallschaden wie folgt aufzunehmen: Ich hatte vom Bau meines kleinen Häuschens noch Backsteine übrig und diese wegen der Trockenheit auf dem Speicher gelagert. Jetzt wollte ich aber ein Hühnerhaus bauen und dazu die da oben gelagerten Steine verwenden. Dazu erdachte ich mir folgende Maschinerie: Der Speicher hatte an der Hauswand eine Tür, woraus ich ein Seil laufen ließ. An dem Seil hatte ich eine Holzkiste befestigt, die ich dann hinaufzog. Das Seil hatte ich dann unten an einem Pflock festgebunden. Jetzt bin ich hinausgegangen und habe die Steine in die Kiste geladen. Dann bin ich wieder hinuntergegangen und wollte die Steine in der Kiste an dem Seil langsam herunterlassen.

Ich band das Seil los, hatte aber dabei nicht daran gedacht, dass die Steine in der Kiste schwerer waren wie meine Person. Als ich bemerkte, dass die Steine so schwer waren, hielt ich das Seil ganz fest, damit die Steine nicht herunterstürzten und kaputtgingen, denn die brauchte ich ja für mein Hühnerhaus. So ist es dann geschehen, dass mich die Steine an dem Seil nach oben zogen, wobei mir die Kiste die linke Schulter aufgerissen hat, als wir uns in der Mitte begegneten. Ansonsten bin ich gut an der Kiste vorbeigekommen. Habe aber oben mir meinen Kopf angestoßen und zwar erst an dem Bälkchen und dann an dem Balken.

Trotzdem habe ich aber das Seil fest gehalten, damit ich nicht herunterfalle. In demselben Augenblick ist aber die Kiste mit den Steinen unten auf dem Boden angelangt, durch den heftigen Aufprall ist der Boden herausgebrochen, und so konnte es geschehen, dass die Kiste wieder leichter wurde wie ich. Die Folge davon war, dass ich als der schwerere Teil wieder nach unten sauste und die Umrandung der Kiste nach oben, wobei wir uns wieder in der Mitte begegneten. Dabei schrammte mir der Kistenrest die rechte Schulter. Als die Kiste oben war, fiel ich unten so unglücklich auf den Boden, dass ich mir das rechte Bein gebrochen habe und sofort in Ohnmacht fiel. Nur dadurch konnte es geschehen, dass ich das Seil losließ, was wiederum bewirkte, dass die Kiste, allerdings ohne Boden, wie eine Birne von oben auf mich herabfiel und mich so unglücklich traf, dass ich demnächst oben und unten ein Gebiss angepasst bekomme.

Dass der Schaden nicht noch größer geworden ist, verdanke ich Ihrem Versicherungsagenten, bei dem ich eine Unfallversicherung unterschreiben musste und zu der ich nach Wiederherstellung meiner Gesundheit und meiner Zähne die Rechnung einreichen werde. Wenn Sie diese dann beglichen haben, werde ich Sie in unserem Dorf weiterempfehlen.

Hochachtungsvoll

Wim Krüger

Aufgabe

Er bittet Sie, für ihn den Brief an die Versicherung zu schreiben. Ergänzen Sie dabei die fehlenden Angaben. Kürzen Sie Unnötiges und formulieren Sie den Brief ziel- und adressatengerecht an die Berufsgenossenschaft Chemie, Kurfürstenanlage 100, 69123 Heidelberg. Unterschreiben Sie in seinem Auftrag.

12. Situation

Die Sozialpartner Ihrer Firma haben vereinbart, dass in allen Räumen nicht geraucht werden darf:

In den letzten Jahren gab es besonders viele Fälle von Lungen- und Kehlkopfkrebs, Arbeitsräume waren oft verqualmt, viele Mitarbeiter litten an Atembeschwerden und waren oft krank, es gab sogar wegen dieser Umweltverschmutzung mehrere Todesfälle.

Aufgabe

Entwerfen Sie die Gliederung einer Rede, in der Sie die Situation darstellen und das Ziel, die Betriebsvereinbarung. Bitten Sie um Einhaltung des Verbots, und verabschieden Sie die Kolleg(en)innen.

13. Situation

Formulieren Sie zur Frage der gleitenden Arbeitszeitverkürzung einen dialektischen Fünfsatz.

14. Situation

Ihr Assistent hält vor den Mitarbeitern eine Rede und bittet Sie, ihn sprachlich zu kritisieren.

Aufgaben

Verbessern Sie die folgenden sprachlichen Mängel:

a) Man sollte vielleicht versuchen, diesen Satz zu verbessern.

b) Wenn Sie ehrlich sind, dann müssen Sie das eigentlich doch zustimmen.

c) Ich würde sagen, dass ich möglicherweise irgendwo das Gefühl haben könnte.

15. Situation

Berichtigen Sie alle 10 Fehler des Herrn Kork.

Kork: So, Herr Selg, dies ist das komplette Programm. Es ist äußerst sorgfältig ausgearbeitet und gründlich getestet. Wir wissen, dass es funktioniert, und ich möchte, dass Sie es ausprobieren.

Selg: Ich weiß nicht, Herr Kork, das ist nicht so einfach. Da muss vieles bedacht werden.

Kork: Finden Sie nicht auch, dass es eine gute Sache ist?

Selg: Es ist sicherlich ein interessantes Programm. Ich weiß aber nicht, ob ich es im Moment gebrauchen kann. Wir stecken sehr in Arbeit und haben keine Zeit für Experimente.

Kork: Aber das neue Programm benötigt viel weniger Zeit als das bisherige. Sie werden sofort feststellen, dass es echte Vorteile hat.

Selg: Kann schon sein, ich möchte es mir aber noch einmal in Ruhe überlegen.

Kork: Ich werde Ihnen die Vorteile noch einmal erläutern. Vielleicht war ich noch nicht deutlich genug.

Selg: Ich glaube, dass das Programm manchen Vorteil bietet, aber vielleicht funktioniert es in der Praxis nicht ganz so gut, wie es auf dem Papier steht.

Kork: Aber es hat sich doch schon in der Praxis bewährt. Jeder, der das Programm ausprobiert hat, findet es großartig.

Selg: Nun, ich will auch nicht sagen, dass das Programm nicht gut ist, nur vielleicht nicht für mich.

Kork: Es gibt nichts Besseres für Sie. Sie werden es bereuen, wenn Sie sich nicht dazu entschließen.

Selg: Das Risiko muss ich wohl auf mich nehmen.

Kork: Ich kann es nicht begreifen, warum Sie die Sache ablehnen.

Selg: Falls ich meine Meinung ändere, gebe ich Ihnen Bescheid.

16. Situation

Morgen kommt die erste Bewerberin für die in Ihrer Abteilung zu besetzende Stelle.

Aufgaben

a) Nummerieren Sie die Phasen und formulieren Sie Aussagen und Fragen, die Sie bei diesem Einstellungsgespräch als Personalchef(in) stellen werden.

b) Nach welchen Kriterien der Bewerbungsunterlagen und des Bewerbungsgesprächs werden Sie die Kandidaten beurteilen und auswählen?

17. Situation

Die zu besetzende Stelle hatte ein Mitarbeiter inne, der Ihre Firma schimpfend verlassen hat, weil er sich ungerecht behandelt fühlte. Sie hätten ihn gern behalten.

Aufgabe

Welche Vorteile ergeben sich für Arbeitgeber und Arbeitnehmer aus einem gelungenen Abgangsgespräch?

18. Situation

Berichtigen Sie bitte die unklaren oder unangemessenen Formulierungen durch Fragen oder Aussagen.

Beim Bewerbungsgespräch sagt Ihre Kollegin zur Bewerberin u. a.:

a) Im nächsten Monat telefonieren wir.

b) Sie müssen nachweisen ...

c) Sie müssen nachprüfen, ob ...

d) Vielleicht sind Sie einverstanden.

19. Situation

Die Tagung zum Thema Beurteilung von Mitarbeitern begann mit einem Experiment. Eine Hälfte der Teilnehmer erhielt vom Tagungsleiter die freudige Mitteilung, dass der erwartete Universitätsprofessor noch seinen Assistenten mitgebracht habe, einen hervorragenden Spezialisten. Der anderen Hälfte wurde gesagt, der Professor hätte leider darauf bestanden, seinen Assistenten mitzuschleifen, der als Niete bekannt sei. Beide Gruppen hörten dann gleichzeitig den gleichen Assistenten.

Aufgaben

a) Welche Erwartungen hätten Sie als Mitglied der 1. Gruppe?

b) Welche in der 2. Gruppe?

c) Welche Folgen für die Beurteilung hat das im 1. bzw. 2. Fall?

d) Begründen Sie Ihre Meinung.

e) Welche Folgerungen sollten die Prüfer daraus ziehen?

20. Situation

Industriemeister Späth bekam von der Geschäftsleitung den Auftrag, für den Großkunden Süd zusätzlich 100 Stück schnellstmöglich zu produzieren. Der Auftrag kann nur mit großer Mühe und durch Überstunden des Mitarbeiters Huber zwar nicht wie gewünscht am nächsten, doch am übernächsten Tag erfüllt werden. Die Geschäftsleitung ist dennoch mit Industriemeister Späth sehr unzufrieden. Wie sollte sich die Geschäftsleitung Herrn Späth und seinem Mitarbeiter gegenüber sinnvollerweise verhalten?

21. Situation

In Zeugnissen wurden folgende Formulierungen über die Leistungen Auszubildender benutzt. Übertragen Sie diese in Noten:

a) „Er hat die Arbeiten zu unserer vollen Zufriedenheit ausgeführt."

b) „Wir waren in jeder Hinsicht stets außerordentlich zufrieden."

c) „Sie hatte Gelegenheit, alle Arbeiten kennen zu lernen und hat sich nach Kräften bemüht."

d) „Wir waren mit den Leistungen zufrieden."

e) „Wir waren stets voll zufrieden."

f) „Er hat die Aufgaben im Großen und Ganzen zufrieden stellend ausgeführt."

22. Situation

Formulieren Sie ein Ausbildungszeugnis mit allen Einzelheiten, das in jeder Hinsicht einer glatten 1 entspricht.

23. Situation

Edwin Ende, geb. am 13. 03. 1974, war vom 01. 01. 1993 bis 31. 08. 1994 bei uns als Verkäufer beschäftigt. Er gab sich stets große Mühe und versuchte mit viel Fleiß, die ihm übertragenen Arbeiten zu erledigen. Er war im Allgemeinen höflich und pünktlich und scheidet auf eigenen Wunsch aus unserer Firma, um eine Stelle anzutreten, die seinen Neigungen und Fähigkeiten besser entspricht.

Wir wünschen ihm für seinen Lebensweg alles Gute.

Aufgaben

a) An welcher Stelle ist (offen oder versteckt) ein Tadel ausgesprochen?

b) Welche Schwächen sind angedeutet?

c) Welcher Leistungsnote entspricht die verbale Beurteilung?

d) Welche Führungsnote erhielt Herr Ende?

24. Situation

In Zukunft sollen Sie Ihre Mitarbeiter beobachten und beurteilen.

Aufgaben

a) Beschreiben Sie in kurzen Worten je 5 Beobachtungsfehler.

b) Nennen Sie die Beurteilungsfehler.

c) Beschreiben Sie wesentliche Unterschiede dieser beiden Fehlerkategorien.

d) Nennen Sie mindestens 3 Möglichkeiten, Beobachtungs- und Beurteilungsfehler zu vermeiden.

25. Situation

Sie sind mit der Einstellung und Betreuung von neuen Kollegen betraut.

Aufgaben

Erläutern Sie kurz, was zu tun ist, um einen mit viel Mühe ausgewählten Mitarbeiter einzuarbeiten:

a) ihn optimal in den neuen Betrieb einzuführen,

b) den neuen Arbeitsplatz zu zeigen,

c) in die vorhandene Gruppe zu integrieren.

26. Situation

In den letzten zwei Jahren ist der Krankenstand außergewöhnlich gestiegen.

Aufgaben

Analysieren Sie:

a) Was führt zu hohen Fehlzeiten?

b) Was können Sie als Industriemeister zur Verringerung der Fehlzeiten beitragen?

Nennen Sie je 2 Punkte.

27. Situation

Seit der Industriemeister Müller vor zwei Jahren die Fertigungsleitung übernommen hat, ist ein auffallend häufiger Mitarbeiterwechsel eingetreten. Einige neue Mitarbeiter kündigten bereits nach wenigen Wochen wieder.

Aufgaben

a) Gehen Sie möglichst ausführlich auf die möglichen Ursachen dieser Situation ein.

b) Zeigen Sie mögliche Risiken dieser Entwicklungen auf.

c) Mit welchen Maßnahmen würden Sie dieser Entwicklung entgegenwirken?

28. Situation

Betriebssoziologen sehen in höheren Fluktuations- und Fehlzeitenquoten auch ein Indiz für Arbeitsunzufriedenheit. Sie schlagen deshalb gezielte Maßnahmen zur Verringerung dieser Quote vor.

Aufgaben

a) Verdeutlichen Sie zunächst die Begriffe, und unterscheiden Sie dabei „natürliche" und „unnatürliche" Faktoren.

b) Zeigen Sie an ausgewählten Beispielen auf, welche Probleme bei häufigen Mitarbeiterwechseln den Betrieben und Ihnen als Führungskraft erwachsen können.

c) Beschreiben Sie geeignete Maßnahmen, die Sie zur Verringerung von hohen Fluktuationsraten vorschlagen und wie Sie diese umsetzen. Beziehen Sie dabei auch die Zwei-Faktoren-Theorie nach Herzberg mit ein.

29. Situation

In Ihrer Firma ist ein Streit darüber ausgebrochen, ob die geleisteten Überstunden durch Freizeit oder Geldwert ausgeglichen werden sollen. Ein größerer Teil der meist jüngeren Belegschaft spricht sich für die zusätzliche Entlohnung aus. Die meisten älteren Mitarbeiter plädieren für den Freizeitausgleich.

Aufgaben

a) Verdeutlichen Sie diese Interessengegensätze mithilfe der Bedürfnishierarchie nach Maslow.

b) Gehen Sie dabei auf die entsprechenden Motive der einzelnen Bedürfnisstufen, die Möglichkeiten der Befriedigung durch Arbeit und Betrieb und die möglichen Folgen bei Nichtbefriedigung ein.

c) Als Industriemeister müssen Sie sich dieser Auseinandersetzung stellen und Lösungsvorschläge unterbreiten. Verdeutlichen Sie Ihre Vorgehensweise, und begründen Sie Ihre Strategie.

30. Situation

Bei einem Mitarbeiter, der seit 2 Jahren in Ihrer Gruppe zu Ihrer Zufriedenheit arbeitet, fällt Ihnen seit einiger Zeit auf, dass er in seiner Arbeitsqualität und seinem sozialen Verhalten den Arbeitskollegen gegenüber unangenehm auffällt. Durch Tuscheleien unter den Mitarbeitern erfahren Sie von angeblichen privaten Problemen wie starker Verschuldung, Arbeitslosigkeit der Ehefrau und häufigen Alkoholexzessen.

Aufgaben

a) Welche Alarmzeichen können diese Entwicklung begleitet haben, und wie hätten Sie dieser Entwicklung möglicherweise frühzeitiger entgegenwirken können?

b) Erläutern Sie mögliche Zusammenhänge zwischen seinen Privat- und Betriebsproblemen.

c) Zeigen Sie Möglichkeiten auf, wie Sie diese Konfliktsituation angehen können und begründen Sie die Schritte Ihrer Strategie.

31. Situation

Die Geschäftsleitung hat den Eindruck, dass die Leistung der Mitarbeiter zu gering ist. Sie werden damit beauftragt, die Leistungsbereitschaft und -fähigkeit zu steigern.

Aufgaben

a) Verdeutlichen Sie die jeweiligen Faktoren, und begründen Sie den generellen Unterschied. Gehen Sie dabei auf Ursachen ein, die eine Minderung dieser Leistungsmerkmale bedingen können.

b) Machen Sie Vorschläge, wie Sie durch gezielte Maßnahmen Leistungsfähigkeit und -bereitschaft bei Mitarbeitern verbessern würden.

32. Situation

Ihr Personalchef sagt Ihnen in einem Dienstgespräch: „Mit der Ablegung der Industriemeisterprüfung ist noch nicht entschieden, ob Sie auch die Qualifikation zum ‚Meister' haben." Sie sollen ihn davon überzeugen, dass Sie die Fähigkeiten dazu haben.

Aufgaben

a) Verdeutlichen Sie die Problematik seiner Aussage.

b) Welche Qualifikationsmerkmale werden heute von einem „Meister" von Seiten der Geschäftsleitung und der Mitarbeiter bezüglich der Mitarbeiterführung erwartet?

33. Situation

Da Sie der Meinung sind, dass eine kontinuierliche Weiterbildung dem Betrieb und den Mitarbeitern dient, sind Sie für Kostenteilung. Da der Betrieb die Seminarkosten übernimmt, erwarten Sie von den Mitarbeitern, dass sie dafür ihre Freizeit einsetzen. Das Interesse der Mitarbeiter an diesem Angebot ist denkbar gering.

Aufgaben

a) Mit welchen Argumenten werden die Mitarbeiter ihr Verhalten begründen?

b) Bereiten Sie entsprechende Gegenargumente vor, und begründen Sie diese.

c) Machen Sie alternative Vorschläge, wie Sie die Bereitschaft der Mitarbeiter für Weiterbildungsmaßnahmen wesentlich steigern würden.

34. Situation

Die erfolgswirksame Mitarbeiterführung ist vor allem eine Frage der Kommunikation. Dabei kommt es nicht nur auf Worte an.

Aufgaben

a) Verdeutlichen Sie diese Feststellungen an Beispielen und erklären Sie die verwendeten Begriffe.

b) Beschreiben Sie unterschiedliche Kommunikationswege und -mittel bezüglich deren Möglichkeiten und Grenzen.

c) Machen Sie Vorschläge, wie sich der Informationsfluss im Betrieb verbessern lässt.

35. **Situation**

Als Führungskraft werden Sie aus verschiedenen Gründen Kontrollen bei Ihren Mitarbeitern durchführen. Dabei unterscheiden wird in der Mitarbeiterführung zwischen Fremd- und Selbstkontrolle. In jedem Fall wird von Ihnen ein besonderes Fingerspitzengefühl verlangt.

Aufgaben

a) Verdeutlichen Sie an entsprechenden Beispielen, weshalb Kontrollen ein wichtiges Instrument der Mitarbeiterführung sind.

b) Beschreiben Sie einige Formen und Verfahren der Kontrolle mit den entsprechenden Merkmalen.

c) Welche Grundsätze sollten Sie bei Kontrollen immer berücksichtigen bzw. welche Folgen können falsch praktizierte Kontrollen verursachen?

2 Antworten zu den Prüfungsfragen

2.1 Programmierte Prüfungsfragen

1	b	**16**	c	**31**	c	**46**	c	**61**	a	**76**	c
2	a	**17**	e	**32**	b	**47**	c	**62**	c	**77**	e
3	a	**18**	a	**33**	c	**48**	d	**63**	d	**78**	e
4	b	**19**	b	**34**	b	**49**	b	**64**	b	**79**	e
5	c	**20**	d	**35**	d	**50**	c	**65**	e	**80**	d
6	a	**21**	c	**36**	c	**51**	b	**66**	c	**81**	c, e
7	e	**22**	a	**37**	a	**52**	d	**67**	c	**82**	a, b
8	d	**23**	b	**38**	a	**53**	d	**68**	a	**83**	a, c, d
9	c	**24**	b	**39**	b	**54**	a	**69**	b	**84**	c, d
10	b	**25**	a	**40**	d	**55**	e	**70**	e	**85**	b, d, e
11	a	**26**	a	**41**	a	**56**	c	**71**	b	**86**	a, c, d
12	e	**27**	c	**42**	d	**57**	c	**72**	c	**87**	a, b, d
13	a	**28**	a	**43**	b	**58**	b	**73**	d	**88**	a, c, e
14	b	**29**	b	**44**	c	**59**	b	**74**	d		
15	d	**30**	b	**45**	d	**60**	e	**75**	d		

2.2 Offene Prüfungsfragen

1. Sozialkompetenz ist Voraussetzung für
   - Personalplanung/Personalführung
   - Teamentwicklung/Teamarbeit
   - Gruppenbildung/Gruppenarbeit
   - Konfliktanalyse/Konfliktgespräche
   - Erzieherisches Einwirken
   - Zusammenarbeit mit Mitarbeitern und Vorgesetzten

2. Beispiel: Neigungen und Interessen können die Motive für ein hohes Anreizverhalten (Motivation) sein, sich mit betriebsinternen EDV-Programmen zu beschäftigen und sich einzuarbeiten.

Über das logische Denken werden Zusammenhänge in den Programmabläufen erfasst.

Praktische Übungen im Umgang mit der Computertechnik bringen eine Geläufigkeit, die eine rasche und problemlose Handhabung von Software und Hardware ermöglichen (Feinmotorik).

3. Verhaltensweisen eines Siebzehnjährigen (spätpuberale Phase):

Im Vordergrund steht das Bestreben zur Selbstständigkeit und die Absicht, sein eigenes Leben selbst zu gestalten. Entscheidungen und konkretes Verhalten werden an der Loslösung von der Erwachsenenwelt ausgerichtet. Aufträge werden nicht widerspruchsfrei und kritiklos entgegengenommen. Häufig neigen Jugendliche in dieser Altersspanne dazu, durch auffälliges Verhalten Anerkennung und Beachtung in der Gruppe zu bekommen. Die Mehrheit der Jugendlichen ist sehr realitätsbezogen, ist bereit, Leistung zu bringen, und möchte auf der beruflichen Karriereleiter aufsteigen. Loser, Drop-outs und „Null-Bock-Gruppen" sind Ausnahmen bzw. Minderheiten.

Entscheidend im Umgang mit Jugendlichen ist das eigene Vorbild. Erwachsene und Vorgesetzte werden nicht an dem „gemessen", was sie sagen, sondern was sie „vorleben". Vorbildverhalten zeigt sich in der Fach-, Sozial- und Persönlichkeitskompetenz. In der Gruppenführung ist Offenheit, Gesprächsbereitschaft, die Fähigkeit, Konflikte offen zu legen, auszuhalten und Lösungen gemeinsam zu suchen, gefragt. Wertorientierungen, klare Entscheidungen mit Konsequenzen, die Bereitschaft, sich selbst infrage zu stellen, und eine positive, zwischenmenschliche Grundhaltung gegenüber allen Mitarbeitern sind wesentliche Führungsqualitäten.

4. Diese Aussage stützt die Anlagen- oder Vererbungstheorie (Nativismus).

Folgen solcher Etikettierungen: Bei extremer Betrachtungsweise kann auf Erziehung und Bildung weitgehend verzichtet werden. Aussagen dieser Art sind beleidigend, menschenverachtend und zeigen eine pessimistische Grundhaltung. Der Umwelt, der Erziehung und der Fähigkeit, sich zu verändern, wird wenig Einfluss zugestanden. Die Chancen für eine Persönlichkeitsbildung und Weiterentwicklung werden nicht genutzt.

5. a) Familiale Sozialisation als Berufsvorbereitung: Entwickelt werden Einstellungen/Haltungen zu Fleiß und Leistungsbereitschaft.

- Kognitive und kreative Fähigkeiten werden spielerisch gefördert und entwickelt.
- Die optimistische Grundeinstellung zu sich selbst und zur personalen bzw. sozialen Umwelt sind der Motor für beruflichen Erfolg!

b) Schulische Sozialisation: Übernahme von Sekundärrollen, Gruppenerfahrungen. Pflichtorientiertes, methodisch-didaktisches Lernen löst das spielerische, am Lustprinzip orientierte Lernen ab. Allgemeinwissen und die Übung von Fertigkeiten dienen der Vorbereitung auf die berufliche Wirklichkeit. Die Wertevermittlung und die Verinnerlichung von Normen und Werten sind die Orientierung und die Rahmenbedingungen für eine schulische Sozialisation.

6. Industriemeister Schulze bekommt folgenden Rat: Führung und Lenkung verbessern. Mitarbeiter fordern durch angemessene, realitätsbezogene und an der beruflichen Wirklichkeit ausgerichtete Aufgaben und Entscheidungen. Durchführung und Ergebnisse kontrollieren. Jedem Mitarbeiter immer gerecht werden, kann auch als Schwäche und „Weichheit" interpretiert werden. Die Glaubwürdigkeit, die Echtheit und die Konsequenz im beruflichen wie persönlichen Handeln bringen langfristig Industriemeister Schulze die notwendige berufliche Anerkennung.

7. Wahrnehmung (mit allen Sinnen) – Speichern (Kurzzeit-/Langzeitspeicher) – Vernetztes Denken und Schaffung neuer Denkmuster – Abrufen der kognitiven Lerninhalte – Anwenden (Transfer) auf neue Situationen.

8. Gelernt wird über die Reizkopplung. Angenehme Reize, wie Lernatmosphäre, gute zwischenmenschliche Beziehungen, Erfolg, werden mit dem neutralen Reiz „Lernen“ gekoppelt. Werden dann Lernaufgaben gestellt, wecken sie beim Lernenden motivierte, angenehme, erfolgsorientierte Einstellungen und Leistungserwartungen.

9. a) Entwicklungsfördernde Umwelteinflüsse:

- Intakte soziale Beziehungen
- Anerkennung
- Positive Prägungen durch die Familie und
- soziale Umwelt
- Förderung von Selbstständigkeit und Mündigkeit

b) Betrieblicher Beitrag:

- Angenehmes Arbeitsklima
- Motivationsförderung
- Beratung
- Lenkung und Führung
- Vorbilder

10. Eigene Schwächen zu überdecken, ist auch eine Form der Selbstdarstellung. Man sollte dem Mitarbeiter gegenüber ein Vertrauensverhältnis aufbauen und offene Gespräche führen. Außerdem sollte man ihn erfahren lassen, dass Schwächen zur Persönlichkeit gehören, dass die Echtheit einer Person auch Schwächen zulässt und das Offenlegen von Schwächen die soziale Anerkennung eher erhöht als blockiert.

11. Vertretung von Jugendlichen und deren Interessen. Vorbereitung von Entscheidungen durch den Betriebsrat. Überwachung der Einhaltung geltender Vorschriften zum Schutz der Jugendlichen.

12.
- Arbeitszeit/Ruhepausen/Freizeit
- Samstags- und Sonntagsarbeit
- Urlaub
- Beschäftigungsverbote/Akkordarbeit
- Gesundheitliche Betreuung
- Straf- und Bußgeldvorschriften

13.
- Historische Entwicklung
- Weltanschauung/Erziehung
- Patriarchalisches Denken und Handeln
- Rollenklischees
- Schwangerschaften und Arbeitszeitunterbrechungen
- Körperliche Konstitution und Schwäche
- Das Rollenbild der Frau in den Medien, in der Werbung

14.
- Arbeitsplatz altersgerecht gestalten
- Arbeitszeit flexibel halten
- Arbeitseinsatz, Tempo und Schwere der Arbeit begrenzen
- Besondere Gesundheitsfürsorge und Unfallverhütung

15.
- Überprüfung, ob Arbeitsplätze mit Behinderten besetzt werden können
- Fähigkeit und Kenntnisse Behinderter sollen berücksichtigt und entwickelt werden
- Behinderte müssen bei beruflicher Bildung und außerbetrieblichen Maßnahmen berücksichtigt werden

- Teilzeitarbeit ist besonders zu fördern
- Die Arbeitsschutzvorschriften sind je nach Behinderungsgrad besonders zu beachten und ihre Einhaltung zu kontrollieren
- Der Arbeitsplatz ist angemessen auszustatten und zu gestalten
- Die Schwerbehindertenvertretung ist bei wichtigen Entscheidungen für Behinderte zu hören und ihre Stellungnahme einzuholen

16.
- Offene, sachliche Gespräche führen
- Einen erfahrenen, zuverlässigen Mitarbeiter dem Ausländer an die „Seite" stellen
- Bei fremdenfeindlichen Sticheleien nicht „weghören" – sich dem Problem offen stellen
- Toleranz, Mitmenschlichkeit und Akzeptanz beispielhaft vorleben
- Sich klar und eindeutig zu den Menschenrechten bekennen

17. Formalität in einem Betrieb zeigt sich in klaren Zielvorstellungen, Aufträgen, Ordnungen, Einhaltung von Normen und Werten, eindeutige Rollenvorgaben, -interpretationen und -verteilungen. Fest gefügte Arbeitsabläufe, Überprüfungen und Qualitätskontrolle sind unverzichtbare Größen des betrieblichen Erfolgs.

Informalität lässt dem einzelnen Mitarbeiter mehr Handlungs- und Entscheidungsspielräume. Vorgaben gibt es nur so weit als notwendig. Im Vordergrund stehen persönliche und soziale Ziele. Die Informalität fördert das betriebliche Klima, das freundliche, zwischenmenschliche Miteinander und eine stressfreie Situation.

Die Informalität in einem Betrieb kann die Arbeit unter formellen Bedingungen unterstützen. Sie wirkt leistungssteigernd durch ein angenehmes Betriebsklima und eine intakte soziale Beziehung. Zu hohe Formalität schafft „Kälte", Stress, unpersönliche Beziehungen und wenig Identifikation mit dem Betrieb. Zu hohe Informalität kann zu Chaos, zwischenmenschlichen Konflikten, Qualitätsminderung und emotional gespanntem Klima führen.

Es gilt der Grundsatz:

So viel Formalität wie nötig, aber so viel Informalität wie möglich!
Formalität und Informalität bedingen sich gegenseitig!

18. Situationsanalyse: Machtkämpfe sind nicht selten eine Folge von Futterneid, Ellenbogenpraxis und „Revierbeanspruchungen". Diese werden oft unterschwellig und nicht offen ausgetragen. Ängste, Befürchtungen und Unkenntnis sind der „Motor" für die Austragung dieser Machtkämpfe.

Eine offene, vertrauensvolle Gesprächssituation schaffen (möglichst außerhalb des Arbeitsplatzes). Moderator des Gesprächs könnte der Industriemeister, aber auch jede andere Person, sein. Die Ist-Situation wird zu Beginn, ohne Anklage und Beschuldigungen, dargelegt und beschrieben (in sog. ICH-Botschaften). Die Befindlichkeit und Betroffenheit der Teilnehmer können offen gelegt werden. Je nach Situation und Teilnehmer kann nach Ursachen gefragt werden. Eine gemeinsame, versöhnliche Lösung im gegenseitigen Respekt und Miteinander ist anzustreben. Solche Gespräche erfordern sehr viel Empathie und Fingerspitzengefühl – feste Regeln zum Gesprächsablauf gibt es in diesem Fall nicht!

19. Übertragung von Verantwortung und Förderung der Leistungsbereitschaft. Hohe Identifikation über die Gruppe mit betrieblichen Zielen, Aufgaben und Erfolgen. Integration von neuen Mitarbeitern und Außenseitern. Leistungsschwache können besonders über die Gruppe gefördert werden.

20. Das Team ist eine dynamische Produktionseinheit, die den sog. Gruppenvorteil für sich nutzen kann. Die funktionierenden sozialen Beziehungen der Gruppenmitglieder untereinander sind die Basis für den ersten Schritt in der Teamarbeit – der Zielvereinbarung. Emotionale und soziale Grundlagen wie sie bereits in Gruppen praktiziert werden, ebnen den Weg für ein erfolgreiches Arbeiten in einem dynamischen System, das wir Team nennen.

21. Führung ist ein Prozess der zielorientierten Einflussnahme auf Menschen zur Erfüllung gemeinsamer Aufgaben in einer strukturierten Arbeitssituation innerhalb einer Organisation.

22.
- Zielsetzung
- Planung
- Entscheidung
- Durchführung
- Kontrolle

23. Man versteht darunter Kleingruppen, denen ein kompletter Aufgabenzusammenhang übertragen wird. Alle Tätigkeiten und Abläufe sind von ihr zu entscheiden. Sie ist führerlos und arbeitet eigenverantwortlich.

24. 1 b
2 c
3 a
4 e
5 d

25.

Leistungsgrad	=	$\frac{\text{beobachtete Leistung} \times 100}{\text{Normalleistung}}$	=	Normalzeit	=	$\frac{\text{Ist-Zeit} \times \text{Leistungsgrad}}{100}$

26.

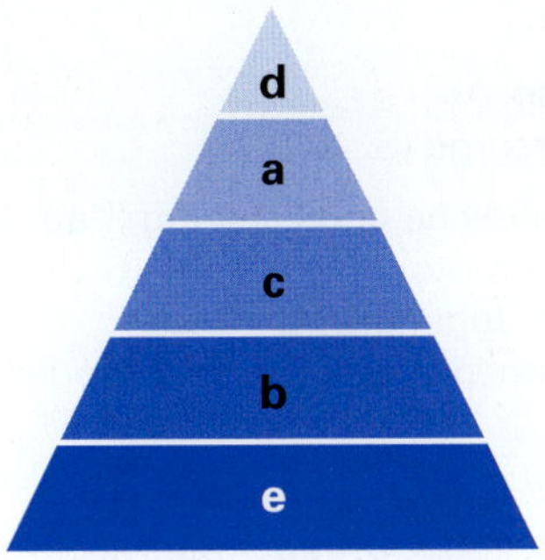

27. Die Sachinhalte beider Aussagen sind zwar gleich, die dahinter stehenden heimlichen Botschaften unterscheiden sich jedoch.

Grundproblem: Die entscheidende Information wird nicht offen ausgesprochen. Sie kann u. U. auch nicht logisch entschlüsselt, sondern muss gefühlsmäßig gedeutet werden. Dadurch steigt die Gefahr eines Missverständnisses.

Bei der Auffassung der heimlichen Botschaft spielt z. B. eine Rolle,

- ob mich der Kollege, der sich geäußert hat, grundsätzlich schätzt oder von mir nichts hält und mich schon häufiger verletzt hat,
- ob er mir bei seiner Äußerung zulächelt oder mich gar nicht ansieht,
- ob ich ausgeschlafen habe und mich entspannt fühle oder ich übermüdet bin und in einer Stresssituation stehe.

28.

Bericht:	Veranstaltung, Tagung, Experiment
Protokoll:	Verhandlung/Besprechung
Aktennotiz:	Einzelheiten/Daten festhalten
Meldung:	Besondere Vorgänge im Betrieb
Beurteilung:	Technische Sachverhalte sollen an einem objektiven Maßstab gemessen werden.

29. a) Quote der Arbeitsplatzwechsel von Mitarbeitern in einem bestimmten Zeitabschnitt;

b) Natürliche Faktoren: gesundheitliche, altersbedingte, familienbedingte Faktoren

Unnatürliche Faktoren: Kündigung im Streit, nach kurzer Zeit, Blaumachen

30. a)
- Minderung der Leistung, Qualitätsprobleme
- Unruhe, Störung des Arbeitsablaufs
- Verunsicherung
- Rufschädigung

b)
- Mitarbeiterführung, Führungsstile
- Theorieansatz von Herzberg

2.3 Fallorientierte Prüfungsfragen

1. Lösungsansätze/Informationshilfen

a) Handlungsmaxime

Mitarbeiter „Charlie“	→	Ausländer (Kap. A) Besonderheiten in Sprache und Kultur (S. 11)
Mitarbeiter Kern	→	Ältere Mitarbeiter (Kap. A) Zunehmende und abnehmende Eigenschaften (S. 10) Ablehnung, Berührungsängste, Hass, Mobbing, Menschenrechtsverletzungen (S. 11)
Mitarbeiterin Rieder	→	Frauen (Kap. A) Vorurteile (S. 9)
Mitarbeiter Franzen	→	Behinderte (Kap. A) Schutz und Fürsorge (S. 10/11)
Junge Mitarbeiter	→	Entwicklungsbereiche und Leistung (Kap. A) kognitiv, psychomotorisch, affektiv (S. 2) Sozialverhalten Jugendlicher (S. 3) Verstärkungslernen und Lernen am Modell (S. 5) Erziehung (S. 8)
Gruppendynamik	→	Sozialverhalten in der Gruppe (Kap. A) Spannungen und Konflikte (S. 13) Gruppeneinflüsse (S. 14)
Voraussetzungen in d. Persönlichkeit des Industriemeisters für eine Lösung	→	Berufliche Fähigkeiten (Kap. A, S. 1) Erscheinungsbild/Körpersprache (Kap. C II. Kommunikation S. 90–92)
b) Lösungsansätze	→	Mitarbeitergespräche führen (Kap. C II. Kommunikation S. 97 ff) Konflikte (S. 126 ff) Kritikgespräch (S. 102 ff) – Konfliktregelungen (S. 109–120)

2. Folgende Aussagen bzw. Begriffe sollten angesprochen bzw. erläutert werden:

a) Missachtung der Hierarchieebene und somit Untergrabung der Autorität des Industriemeisters, Art und Weise der Kritik ist unangemessen im Ton, Wortwahl und Zeitpunkt. Gravierende Kritik muss unbedingt in einer wohlvorbereiteten Gesprächsrunde erörtert werden. Der Mitarbeiter muss die Möglichkeit zur Verteidigung bzw. Rechtfertigung haben. Es wurden keine Ziele vereinbart, die Drohung mit Kündigung ohne Abmahnung ist rechtlich bedenklich und als Instrument der Mitarbeiterführung untauglich.

b) Kritikgespräch vorbereiten, alle Fakten offen legen, gegenseitige Argumente austauschen und Zielvereinbarung zur Verhaltensveränderung. Möglichkeiten erarbeiten, wie Zielerreichung realisiert werden kann, Worte der Ermutigung.

c) Kritik bereits zu früherem Zeitpunkt, stärkere Kontrolle, evtl. Nachbesserung der Leistungsfähigkeit, Klärung evtl. Störquellen, Hilfestellung und klare Absprache der Konsequenzen, Motivation durch Lob und Anerkennung.

3. Folgende Aussagen bzw. Begriffe sollten angesprochen bzw. erläutert werden:

a) Wer alle lobt, lobt niemanden, unbegründet oder zu häufig loben, ist genauso schlecht wie gar nicht loben, Anerkennung und Lob sind nötig, aber sie dürfen nicht mit der Gießkanne über alle ausgeschüttet werden, manche Lobe werden von den Betroffenen als plumpe „Anmache" verstanden.

b) Anlassbezogen anerkennen und loben, bei selbstverständlichen Erwartungen ist kein Lob notwendig, nur unerwartete Leistungen loben, Lob zur Leistungskorrektur und -stabilisierung einsetzen.

c) Lob und Anerkennung sind wichtige Orientierungshilfen für gewünschte Verhaltensweisen.

d) Lob und Anerkennung an konkreten Fakten anknüpfen, Lob eines Mitarbeiters darf nicht zur Kritik für andere Mitarbeiter werden, Lob in der Regel auf die Leistung beschränken.

e) Neben den materiellen Entlohnungsformen stellt das Lob und die Anerkennung eine soziale Differenzierungsmöglichkeit dar. Sie lässt den Menschen aus der Anonymität heraustreten.

4. Kommunikation

a)
- Vertrauensvoll („vertrauensvolle Kommunikation")
- klar („klare Rückmeldungen")
- authentisch („echter Austausch")
- offen („offener Umgang mit Konflikten")

b)
- Grundsatz 2: Äußere dich in vierfacher Hinsicht klar („klare Rückmeldungen").
- Grundsatz 6: Sei selektiv und authentisch („echter Austausch").
- Grundsatz 7: Sende Ich-Botschaften, denn sie erleichtern dem anderen das Verständnis („echter Austausch").
- Grundsatz 9: Äußere offen deine Wünsche, und richte dabei den Blick nach vorn ... („offener Umgang mit Konflikten").
- Grundsatz 10: Verwende bekannte Wörter ... („klare Rückmeldungen").

c)
- Wahrung bzw. Steigerung der Arbeitsmotivation
- Nutzung der Vielfalt des Arbeitskräftepotenzials durch Einbringung individueller Stärken
- verbesserter Umgang mit Konflikten

d) Individuelle Lösungen, z. B.:

- Jeder Mitarbeiter soll den Anspruch anmelden dürfen, bei einer Person seiner Wahl Gehör zu finden. Diesem Anspruch hat er auch selbst gerecht zu werden.

Aber:

- Konfliktlösungen sollen auf der Hierarchieebene beginnen, auf der der Konflikt begann. Die Betroffenen sollen zunächst versuchen, den Konflikt eigenständig zu lösen. So genannte Mediatoren (Vermittler) können dabei hinzugezogen werden.

5. Beschwerden

a) Mitarbeitergespräch zur Konfliktregelung

b) Mängel beseitigen

c) Hypothese: (1) Grund ist Desinteresse und Faulheit
(2) Er ist unschuldig

d)
- Delegieren
- Vertrauen schaffen

6. Fehler des Direktors

a) • Ich muss Ihnen energisch sagen ...
   • ... in meinem Betrieb
   • ... kein Mitarbeiter irgendwelche Konzeptionen anwenden darf.
   • ... schon gar nicht ein Auszubildender
   • ... ordne in aller Strenge an ...
   • ... Konsequenzen überlegen
   • Fangen Sie sofort ... an!
   • Sie müssen ...
   • Sie können jetzt gehen!

b) autoritär

c) gereizt/gespannt

d) demotivierend

e) Auf keinen Fall

f) Die Firma wechseln

7. Klagen

a) • Lob für gute Sachkenntnisse
   • Beschwerde der Kollegen

b) • Begründung für häufige Abwesenheit
   • Begründung für den nachlässigen Umgang mit Informationen

c) Abmahnung: Verhaltensänderung oder Entlassung

e) Ziel: Vorarbeiter

8. Kündigung

a) Seine Motivation ist positiv einzuschätzen: Beifuß freut sich auf die Arbeit, er sucht die Herausforderung. Er ist sachbezogen motiviert. Hier gilt: Normalerweise muss man Mitarbeiter nicht motivieren, sie sind motiviert. Für Mitarbeiter Beifuß gilt die „Zug-Motivation", er ist intrinsisch, also durch die Aufgabe motiviert. Er wechselt jedoch auch aus Gehalts- und Aufstiegsgründen (= von außen kommende Faktoren, extrinsische Motivation).

   Seine Arbeitszufriedenheit und Motivation sinken offensichtlich zunehmend. Zuerst bringt er gute Leistung, integriert sich ohne Probleme ins Team, ist pünktlich und zuverlässig. Seine zunehmende Unzufriedenheit und Demotivation lassen sich am Gegenteil festmachen: Launenhaftigkeit, Krankheit, Unpünktlichkeit, Qualität der Arbeit sinkt, Spannungen mit den Kollegen.

   Nach wie vor stimmen wichtige Faktoren (= Motivatoren), die für einen Erhalt der Motivation gegeben sind, wie z. B.: herausfordernde Tätigkeit, mitarbeiterorientierter Führungsstil von Herrn Adam, Übernahme von Eigenverantwortung. Aber bestimmte „Hygiene"-Faktoren (z. B. Gehalt, Leistungsprämie individuell, Aufstiegsmöglichkeiten, Weiterbildung) sind nicht realisiert worden.

b) Mitarbeiter sind normalerweise gut motiviert, es muss daher von Führungsseite her alles getan werden, um Demotivation zu verhindern! Herr Beifuß ist durch Meister Adam ständig mehr demotiviert worden:

   Es wurden nur Fachgespräche geführt, er wurde nicht gelobt, keine Mitteilung hinsichtlich Vorschlag für leistungsgerechte Gehaltsanpassung, Meister Adam hat es offensichtlich vergessen, nochmals auf diese Anpassung zu drängen. Er gab der Prämie für alle den Charakter einer leistungsgerechten Bezahlung. Hierüber hätte er dann zumindest mit Beifuß reden müssen, wie er insgesamt mehr mit ihm hätte sprechen müssen. Nach der Einarbeitungszeit, als die ersten Verhaltensprobleme auftraten, hätte er ihm Rückmeldung geben müssen und nach den Gründen fragen sollen. Meister Adam hat die falschen Prioritäten gesetzt. So verständlich es ist, dass er sehr viele sonstige Aufgaben hat – er ist in erster Linie Führungskraft und hat dafür zu sorgen, dass seine Mitarbeiter hoch motiviert sind.

Er hat Dinge versprochen, für deren Realisierung er hätte sorgen müssen. Zumindest hätte er Beifuß erklären müssen, warum sich im Moment bestimmte Ziele nicht so leicht realisieren lassen, z.B. Weiterbildung aufgrund hoher Arbeitsbeanspruchung.

c) Meister Adam muss sofort ein konstruktives Mitarbeitergespräch führen. Rückmeldung geben, d.h. Positives und Negatives ansprechen, nach den Gründen für den Leistungsabfall fragen, ein neues Vertrauensverhältnis aufbauen, für die bereits eingefädelte Gehaltsanpassung sorgen. Hiermit die Leistung per Zielvereinbarung von Beifuß einfordern, ihn ermutigen und mit ihm die weitere Entwicklung schriftlich festhalten. Er soll wöchentliche, wenn auch nur kurze, nicht nur fachliche Mitarbeitergespräche führen, Beifuß coachen und somit die positive Motivationsstruktur wieder reaktivieren.

9. Protokoll

a) Inhalt

b) • Ort, Datum/Uhrzeit, Anwesenheitsliste
- Vereinbarungen
  - Lohnhöhe
  - Mantelvertrag: Arbeitsbedingungen, z.B. Arbeitszeit, Pausen, Urlaub ...
  - Zusatzvereinbarungen
  - Laufzeit der Vereinbarungen
- Unterschriften: Vorsitzender und Protokollführer

10. Statistik

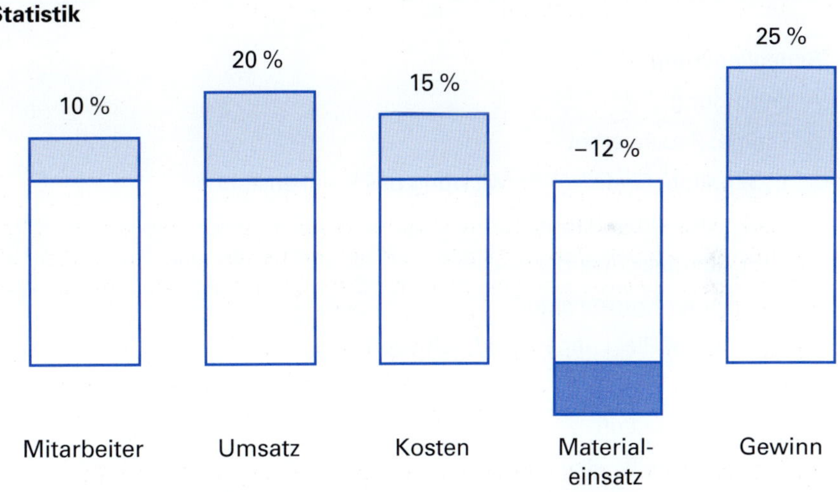

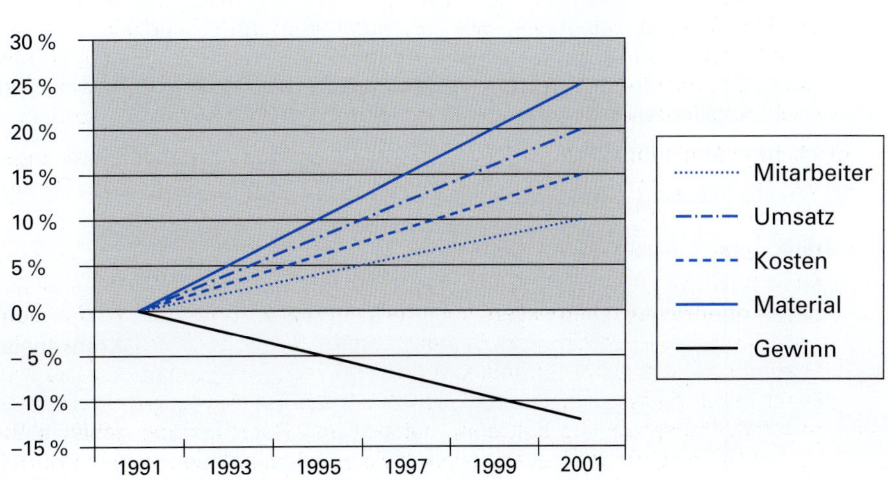

11. Geschäftsbrief

Wim Krüger
Waldhofstraße 1
68123 Mannheim
Tel.: 0621/0815

Allgemeine Ortskrankenkasse
Renzstraße 1

68124 Mannheim

Unfallbericht

Sehr geehrte Damen und Herren,

bei Bauarbeiten an meinem Wohnhaus erlitt ich Verletzungen, sodass ich in das Krankenhaus eingeliefert werden musste.
Die Rechnungen gehen Ihnen demnächst zu.

Mit freundlichen Grüßen

Wim Krüger

12. Redegliederung

A. Begrüßung

B. Thema: Rauchverbot

1. Situation: Grafik zur Entwicklung des Krankenstandes
   a) Verqualmte Räume
   b) Atembeschwerden
   c) Hoher Krankenstand
   d) Todesfälle: Lungen- und Kehlkopfkrebs
2. Ziel
   a) Saubere Luft
   b) Krankheitsrisiko mindern
   c) Leben verlängern
3. Vereinbarung
   a) Inhalt
   b) Rückfragen beantworten
4. Bitte um Einhaltung

C. Verabschiedung

Grafik:

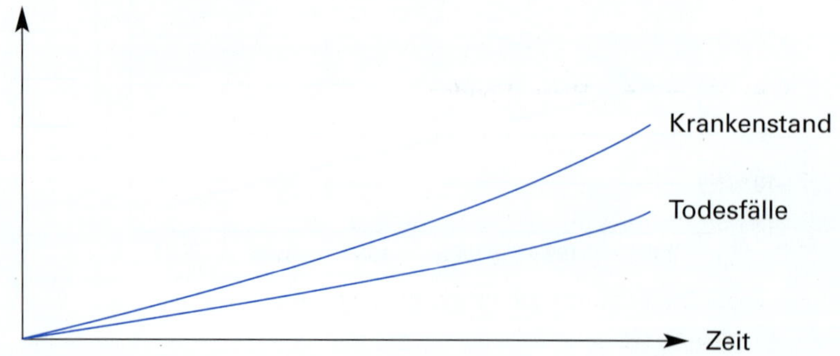

13. Fünfsatz dialektisch am Beispiel „Verkürzung der Arbeitszeit"

(1.) Sie möchten gern die Arbeitszeit um eine Stunde verkürzen.

(2.) Wir haben aber eine hervorragende Auftragslage und hohe Personalkosten.

(3.) Arbeitgeber und Arbeitnehmer haben hier unterschiedliche Interessen.

(4.) Wir sollten daher eine Lösung finden, die beide Seiten zufrieden stellt.

(5.) Darum schlagen wir nun vor, dass Sie bei derzeit gleicher Arbeitszeit in ruhigeren Tagen im April eine Woche zusätzlichen Urlaub bekommen.

14. a) Verbessern Sie bitte ... oder: wir verbessern ...

b) Stimmen Sie zu?

c) Ich habe das Gefühl, dass ...

15. Fehler des Herrn Kork

• wir wissen ...	Prüfen Sie doch bitte einmal.
• ich möchte ...	Möchten Sie es einmal versuchen?
• echte Vorteile	Vorteile
• Ich werde Ihnen ... noch einmal erläutern. Vielleicht ... genug.	Welche Vorteile sehen Sie in diesem Programm?
• Jeder ... findet es großartig.	Unsere Anwender haben es mit Erfolg getestet.
• Es gibt nichts Besseres ... Sie werden es bereuen.	Glauben Sie, dass es mit einigen Änderungen für Sie ...?
• Ich kann es nicht begreifen ...	Darf ich Sie in vier Wochen noch einmal fragen?

16. Bewerbungsgespräch (verkürzte Darstellung)

a) ***Phasen***

1) **Kontaktphase**

Herzlich willkommen in ...

Hatten Sie eine gute Anreise?

Nehmen Sie doch bitte Platz.

Darf ich Ihnen Kaffee oder Tee anbieten?

2) **Informationsphase**

Sie schrieben, dass Sie bei Firma Klug als Ingenieur/Prokurist gearbeitet haben. Erzählen Sie uns doch bitte etwas über Ihren Aufgabenbereich.

3) **Begründungen**

Warum möchten Sie denn die Stelle wechseln?

4) **Persönliche Eigenschaften und Vorstellungen**

- Warum haben Sie sich gerade bei uns beworben?
- Warum glauben Sie, gerade für diese Tätigkeit geeignet zu sein?
- Welche Stärken haben Sie?
- Welche Schwächen haben Sie?
- Was möchten Sie bei uns in den nächsten 5 Jahren erreichen?

5) **Fragen des Bewerbenden**

Haben Sie Fragen an uns?

6) **Abschluss**

- Wann können Sie bei uns beginnen?
- Welche Gehaltsvorstellungen haben Sie?
- Sie erhalten von uns Nachricht bis ...

7) **Verabschiedung**

b) ***Beurteilungskriterien***

A) Schriftliche Bewerbung

- Bewerbungsgesuch
- Letztes Schulzeugnis
- Dienstzeugnisse
- Lebenslauf

B) Mündliche Bewerbung

(1) Sprechen

- Glaubwürdig/überzeugend
- Fragen verstanden/beantworten
- Denk- und Sprachtempo
- Sprachniveau ...

(2) Verhaltensweisen

- Selbstsicherheit
- Spontanität/Engagement
- Haltung/Gestik/Mimik/Blickkontakt

(3) Gesamteindruck/Entscheidung

17.

Arbeitgeber	**Arbeitnehmer**
• Fehler erkennen und beheben	• Probleme bewusst machen
• Ausscheidender sagt wenige Negatives an Außenstehende	• Wut loswerden
• evtl. bleibt er	• Wut loswerden
• Er kommt evtl. wieder	• evtl. später wieder kommen

18. a) Ich rufe Sie am 27. 07. morgens an

b) Bitte sagen Sie mir noch ...

c) Möchten Sie nachprüfen, ob ...?

d) Sind Sie einverstanden?

19. a) Gute Leistung

b) Weniger gute

c) bessere – schlechtere Beurteilung

d) Vorurteil: Erfüllen der eigenen Erwartungen

e) keine Vorinformationen – sachlich objektiv prüfen

20.
- Lob und Anerkennung für die Leistung
- Beratung, wie die Beurteiler ihre Leistungen verbessern können

21. a = 3

b = 1

c = 6

d = 4

e = 2

f = 5

22. Beispiel eines Ausbildungszeugnisses: Note 1

Briefkopf:	Karin und Thomas Kern, Rechtsanwälte, Leimen
Datum:	30. 06. 2002
Betreff:	Ausbildungszeugnis
Vorname, Name:	für Frau Gudrun Goethe
Geburtsdatum, -ort:	geboren am 19. August 1981 in Frankfurt/Main
Ausbildungszeit:	Frau Gudrun Goethe trat am 01. 07. 2000
Ausbildungsberuf:	in unserer Kanzlei die Ausbildung als Rechtsanwaltsgehilfin an und bestand am 30. 06. 2002 vor der Rechtsanwaltskammer Karlsruhe die Gehilfenprüfung mit der Note „sehr gut“.
Führung:	Ihr Verhalten war stets vorbildlich.
Äußere Erscheinung:	Frau Goethe war durch ihre gepflegte Erscheinung und ihr freundliches Auftreten stets sehr beliebt.
Kognitive Fähigkeiten:	Sie erwarb sich rasch einen sicheren Überblick über die ihr anvertrauten Aufgaben.
Affektive Fähigkeiten:	Die Auszubildende war immer vertrauenswürdig, engagiert, fleißig und selbstständig.
Arbeitsverhalten:	Sie arbeitete sehr rasch und absolut zuverlässig.
Sozialverhalten:	Durch ihre natürliche Offenheit und Anteilnahme fand sie auch zu schwierigen Klienten leicht Kontakt und wurde wegen ihrer Hilfsbereitschaft von Kolleginnen und Vorgesetzten allzeit sehr geschätzt.
Zusammenfassung:	Ihre Leistungen haben in jeder Hinsicht stets unsere vollste Zufriedenheit gefunden. Wir haben sie daher als Angestellte übernommen.
Karin und Thomas Kern	
Rechtsanwälte	

23. a) „die seinen Fähigkeiten besser entspricht“

b) mangelnde Leistung, Höflichkeit, Pünktlichkeit

c) 6

d) 5

24. a) Fehler

Beobachtungsfehler:

- „Halo-Effekt“: „Überstrahlungs-Fehler“, ein einmal gefälltes Urteil oder gemachte Erfahrung „überstrahlt“ alle „guten“ Entwicklungen.
- „Andorra-Effekt“: Was erwartet wird, stellt sich „wahrscheinlicher“ ein. Da der Beobachtete sich beobachtet weiß, verhält er sich unbewusst entsprechend.
- Selektive Wahrnehmung: Aus dem ganzen Verhaltensrepertoire wird nur das wahrgenommen, was man sehen will.
- Von einigen wenigen Momentaufnahmen wird auf die ganze Person geschlossen.
- Verhalten und Wesen einer Person werden miteinander vermischt.

b) Beurteilungsfehler

- Sozialer Status: Je nach sozialem Status in der Gruppe kann die Beurteilung ausfallen.
- Vermeidung von Konflikten: Der Beurteiler geht den Weg des geringsten Widerstandes und beurteilt so, dass er keinen Ärger hat.

- Frühere Beurteilungen von anderen Vorgesetzten werden zum Maßstab der jetzigen Beurteilung.
- Zeitliche Nähe-Ferne: Wenn zu viele Merkmale zu kurz hintereinander beobachtet werden, dann fließt alles ineinander.
- Letzter Eindruck: Die zuletzt gemachten Erfahrungen sind am „frischesten" und bekommen dadurch ein zu großes Gewicht.

c) Beobachtungsfehler: Beobachtungen sind die Grundlage für die Beurteilung und finden zeitlich vor der Beurteilung statt. Unzulängliche Beobachtungen führen zwangsläufig zu falschen, verkürzten, subjektiv gefühlsmäßigen Beurteilungen.

Beurteilungsfehler haben oft ihren Ausgangspunkt im unbewussten Bereich. Sie werden zuvor/während der Beurteilung konkret, doch liegen sie zeitlich oft in der Vergangenheit und beruhen auf Erfahrungen/Einstellungen/Gedanken, die mit dem zu Beurteilenden und den objektiven Punkten nichts zu tun haben.

Beide Fehler zusammen sind besonders schädlich.

d)
- Objektive Leistungskriterien definieren, die bekannt sind und sich an den Aufgaben des jeweiligen Arbeitsplatzes orientieren.
- Jeder Beurteilende muss wissen, was von ihm erwartet wird.
- Regelmäßig beobachten und regelmäßig beurteilen.
- Der Beurteilte muss sich selbstkritisch wahrnehmen und zur Korrektur bereit sein.

25. Einarbeitung

a) Checkliste für den ersten Arbeitstag umsetzen, z.B. wer begrüßt, wer stellt ihn und den Betrieb vor usw. Sicherstellen, dass sowohl von der Verwaltung als auch der Organisation alles passt.

b) Einführungsgespräch führen (z.B. Erwartungen/Ängste klären), Einarbeitungsplan besprechen, Arbeitsplatz vorbereiten (helfen).

c) „Paten"/Betreuer zuteilen, Teambesprechung zur Integration nutzen.

26. a) z.B. geringe Motivation:
- Freizeitorientierung
- mangelnde Arbeitseinteilung
- Führungsstil

b) Gegenmaßnahmen:
- zu Mitarbeiter guten Kontakt halten
- Führungsstil ändern
- motivieren
- Abwesenheiten ansprechen

27. a) Probleme der Fluktuation
- Arbeitsunzufriedenheit
- Mitarbeiterführung
- Führungsstil
- Probleme der Zusammenarbeit
- Kritikfähigkeit

b) fehlende Mitarbeiter
- Höhere Kosten durch Anwerbung
- Kosten der Einarbeitungszeit

c) Mitarbeiterbesprechung
- Führungsstil ändern
- Fortbildung des Herrn Müller (Supervision)

28. Folgende Begriffe und Zusammenhänge sollten angesprochen und erklärt werden:

- Quote der Arbeitsplatzwechsel und der Fehlzeiten von Mitarbeitern in einem bestimmten Zeitabschnitt
- Natürliche Faktoren – gesundheitliche, altersbedingte, familienbedingte Faktoren
- Unnatürliche Faktoren – Kündigung im Streit, nach kurzer Zeit, Blaumachen
- Minderung der Leistung, Qualitätsprobleme
- Unruhe, Störung des Arbeitsablaufs
- Verunsicherung
- Rufschädigung
- Mitarbeiterführung, Führungsstile
- Theorieansatz von Herzberg

29. Überstunden

Folgende Begriffe und Zusammenhänge sollten angesprochen und erklärt werden:

- Grundbedürfnisse: Nahrung, Selbsterhaltung – Lohn, Vergünstigungen – gewaltsame Befriedigung
- Sicherheitsbedürfnisse: Schutz vor Willkür, vertragliche Arbeitsplatzsicherung, Selbsthilfe
- Soziale Bedürfnisse

30. Folgende Begriffe und Zusammenhänge sollten angesprochen und erklärt werden:

- Entwicklungsstörung
- Konfliktsituation
- Mitarbeitergespräche
- Vertrauen – Misstrauen
- Binnen- und Außensteuerung betrieblicher Verhaltensweisen
- Fürsorgepflicht
- Beratung, Ratsuche bei kompetenten Stellen

31. Folgende Begriffe und Zusammenhänge sollten angesprochen und erklärt werden:

a) • Leistungsbereitschaft	Energie, Initiative, Bereitschaft zum Teamwork, Verhalten gegenüber Vorgesetzten und Mitarbeitern, Streben nach Selbstentwicklung und Aufstieg, Aufgeschlossenheit für neue Entwicklungen und betriebliche Vorgänge
• Leistungsfähigkeit	Arbeitsqualität und -quantität, Zuverlässigkeit, Verantwortungsbewusstsein, Geschick, Gedächtnis, Verwirklichung gesetzter Ziele Kostendenken, Kreativität
• Unterschied und Ursachen	Leistungsfähigkeit wesentlich durch Begabung, Ausbildung und Reife mangelnde Begabung, Ausbildung, Anleitung und Reife Leistungsbereitschaft durch Motivation und Erziehung bestimmt Demotivation, Erziehungsfehler
b) • Möglichkeiten	Gezielte Aus- und Weiterbildung, Übertragung von Verantwortung

32. Folgende Begriffe und Zusammenhänge sollten angesprochen und erklärt werden:

a) Industriemeisterprüfung nur fachliche Qualifikation

b) Unterschiede in den Führungsstilen,

- Faktoren der Sozialkompetenz,
- Methoden- und Handlungskompetenz,
- Zusammenhänge der formellen, fachlichen und persönlichen Autorität,
- Methoden der Mitarbeiterführung.

33. Folgende Begriffe und Zusammenhänge sollten angesprochen und erklärt werden.

a) Argumente der Mitarbeiter: Nutzen liegt ausschließlich beim Betrieb, ich bilde mich durch Fachzeitungen weiter. In der Freizeit bin ich für die Familie da, in anderen Branchen ist dies nicht üblich.

b) Gegenargumente: Verbesserung der Leistungsfähigkeit erhöht den Marktwert der Mitarbeiter; Fachzeitungen ersetzen zielgerichtete und individuelle Seminare nicht; Anpassungsweiterbildung ein lebenslanger Prozess; Sicherung der Wettbewerbsfähigkeit sichert Arbeitsplätze.

c) Alternative Vorschläge: Weiterbildungsbereitschaft schlägt sich in der Leistungsbewertung nieder; Bonuspunkte bei erfolgreichen Seminarabschlüssen.

34. Folgende Begriffe und Zusammenhänge sollten angesprochen und erklärt werden:

a)
- Verständlichkeit
- Informationsbedürfnis
- Symbolik
- Sprache, Gestik und Mimik

b)
- Formelle und informelle Kommunikation und -wege
- Vertikale und horizontale Kommunikationswege

c) Informationsmittel: Zeitung, Mitteilung, Vortrag

35. Folgende Aussagen bzw. Begriffe sollten angesprochen bzw. erläutert werden:

a) Ziele der Kontrolle:

- geben dem Mitarbeiter das Gefühl der Sicherheit.
- erfüllen das Bedürfnis der Mitarbeiter nach Wichtigkeit.
- erfüllen das Bedürfnis der Mitarbeiter nach Anerkennung.

b) Arten:

- durch den Vorgesetzten – stichprobenartig, anlassbedingt
- Eigenkontrolle durch den Mitarbeiter – Kontrollblatt, Korrektur
- durch Instrumente – objektiv, anonym

c) Grundsätze:

- Offenheit – Mitarbeiter müssen die Verfahren und Konsequenzen kennen, ansonsten Misstrauen
- Gerechtigkeit – Kontrollen müssen für alle Mitarbeiter gleich und einsichtig sein, ansonsten keine Einsicht
- Angemessenheit – entsprechend der Personengruppe, dem Anlass, der Situation, ansonsten keine Gerechtigkeit
- Klare Maßstäbe – festgelegte Kriterien, gleiche Raster, Verständlichkeit, sonst keine Vergleichbarkeit

3 Lehrplan – Zusammenarbeit im Betrieb

Im Prüfungsbereich ZUSAMMENARBEIT IM BETRIEB soll der Prüfungsteilnehmer nachweisen, dass er in der Lage ist, Zusammenhänge des Sozialverhaltens zu erkennen, deren Auswirkungen auf die Zusammenarbeit zu beurteilen und durch angemessene Maßnahmen auf eine zielorientierte und effiziente Zusammenarbeit hinzuwirken. Er soll in der Lage sein, die Leistungsbereitschaft der Mitarbeiter zu fördern sowie betriebliche Probleme und soziale Konflikte zu lösen. Er soll Führungsgrundsätze berücksichtigen und angemessene Führungstechniken anwenden.

1 Beurteilen und Fördern der beruflichen Entwicklung des Einzelnen unter Beachtung des bisherigen Berufsweges und unter Berücksichtigung persönlicher und sozialer Gegebenheiten

Qualifikations-elemente	Bestandteile der Qualifikationselemente	Anwendungs-taxonomie	Hinweise zur Vermittlung
Zusammenhang von Lebenslauf, beruflicher Entwicklung und Persönlichkeitsentwicklung	Die Entwicklung von Kenntnissen, Fähigkeiten und Orientierungen anhand von Beispielen	beurteilen	Beispiele von Persönlichkeiten
Entwicklung des Sozialverhaltens des Menschen sowie Einflussmöglichkeiten des Industriemeisters auf Einstellungen und Verhalten der Mitarbeiter	Bereiche und Phasen menschlicher Entwicklung und ihr Einfluss auf die Enwicklung des Sozialverhaltens	berücksichtigen	Bezug zur AEVO
	Zusammenhang von Anlagen und Umwelteinflüssen (Reifungs- und Lernprozesse) und ihre Bedeutung für die menschliche Entwicklung	verstehen	Bezug zur AEVO
	Entwicklungsförderde und -hemmende Umwelteinflüsse sowie persönliche Einstellungen und Haltungen	berücksichtigen	
	Phasen des Lernprozesses im Hinblick auf das soziale Lernen und die Bedeutung von Automatisierung und Habitualisierung	berücksichtigen	
	Einflussmöglichkeiten des Industriemeisters auf Einstellungen und Verhalten des Mitarbeites	analysieren und anwenden	
Psychologische und soziologische Aspekte bestimmter Personengruppen	Integration jugendlicher Mitarbeiter	fördern	Bezug zur AEVO A 1.4.3
	Zusammenarbeit von Männern und Frauen im Betrieb	fördern	
	Stellung älterer Mitarbeiter	berücksichtigen	
	Integration körperlich behinderter Mitarbeiter	fördern	
	Integration ausländischer Mitarbeiter	fördern	

2 Beurteilen und Berücksichtigen des Einflusses von Arbeitsorganisation und Arbeitsplatz auf das Sozialverhalten und das Betriebsklima sowie Ergreifen von Maßnahmen zur Verbesserung

Qualifikations-elemente	**Bestandteile der Qualifikationselemente**	**Anwendungs-taxonomie**	**Hinweise zur Vermittlung**
Unternehmens-philosophie und Unternehmens-kultur	Gegebenheiten der Unternehmensphilosophie und Unternehmenskultur	umsetzen	z.B. Macht-, Rollen-, Aufgaben- und Personen-kultur
Auswirkungen industrieller Arbeit auf Einstellung und Verhalten des arbeitenden Menschen	Auswirkungen von Arbeitsbedingungen und Arbeitsanforderungen industrieller Arbeitsplätze auf Arbeitsmotivation und Arbeitsleistung	beurteilen berücksichtigen	
	Voraussetzungen für Arbeitsmotivation und Arbeitszufriedenheit	entwickeln umsetzen	
Gestaltung und Harmonisierung der Arbeitsorganisation und soziale Maßnahmen des Betriebes	Maßnahmen zur Arbeitsstrukturierung – insbesondere neue Formen der Arbeitsorganisation – und ihre Auswirkungen auf Arbeitsmotivation und Arbeitsleistung der Mitarbeiter	einleiten umsetzen	
	Soziale Maßnahmen des Betriebes und Auswirkungen auf die Arbeitsmotivation und die Arbeitsleistung der Mitarbeiter	beurteilen	
Unterschiedliche Erscheinungs-formen sozialen Verhaltens und ihre Auswirkungen auf das Betriebsklima	Erscheinungsformen des sozialen Verhaltens und Maßnahmen zu deren Verbesserung	beurteilen umsetzen	Sympathie Antipathie

3 Beurteilen von Einflüssen der Gruppenstruktur auf das Gruppenverhalten und die Zusammenarbeit sowie Entwickeln und Umsetzen von Alternativen

Qualifikations-elemente	**Bestandteile der Qualifikationselemente**	**Anwendungs-taxonomie**	**Hinweise zur Vermittlung**
Wirkungen von Gruppen und Beziehungen auf das Sozial-verhalten des Mitarbeiters sowie Einfluss-möglichkeiten des Industrie-meisters	Entstehen formeller und informeller Beziehungen und Gruppen innerhalb und außerhalb des Betriebes	erkennen berücksichtigen	
	Bedeutung der zwischenmenschlichen Beziehungen für den Einzelnen, für die Zusammenarbeit im Betrieb und für das Betriebsklima	erkennen	
	Einflussnahme von Gruppen auf Einstellungen und Verhalten des Einzelnen	berücksichtigen	

Qualifikationselemente	Bestandteile der Qualifikationselemente	Anwendungstaxonomie	Hinweise zur Vermittlung
	Einflussmöglichkeiten der Führungskraft auf informelle Strukturen, Verhaltensnormen und Teamgeist (Gruppenbewusstsein) von Mitarbeitergruppen	wahrnehmen	
Wirkung teilautonomer Arbeitsgruppen	Autonomie von Arbeitsgruppen und deren Selbstregulierung	fördern	nach Gulowsen und Susman

4 Auseinandersetzen mit eigenem und fremdem Führungsverhalten, Umsetzen von Führungsgrundsätzen

Qualifikationselemente	Bestandteile der Qualifikationselemente	Anwendungstaxonomie	Hinweise zur Vermittlung
Zusammenhänge der Führung bezogen auf den Verantwortungsbereich des Industriemeisters	Führung und Grundsätze für zielorientiertes Führen	verstehen anwenden	
	Zusammenhänge zwischen sachlichen und persönlichen Aspekten im Führungsgeschehen und daraus abgeleitete Folgerungen für zielorientiertes Führungsverhalten	beurteilen und umsetzen	Sachebene: Zielsetzung, Planen, Entscheiden Beziehungsebene: Umgang mit Mitarbeitern, Kollegen und Vorgesetzten
	Führungsstile und ihre Auswirkungen auf die Führungsleistung	beurteilen	
	Grundsätze kooperativen Führungsverhaltens und dessen Vorteile	anwenden	
	Einflussfaktoren und Auswirkungen für situatives Führen	verstehen umsetzen	
Stellung, Rolle, Funktion, Aufgaben, Anforderungen und Verantwortung des Industriemeisters	Stellung und Funktion von Industriemeistern sowie Folgerungen für Rolle, Aufgaben und Verantwortung	analysieren beurteilen	
Grundlagen der Autorität und Möglichkeiten zu ihrer Entwicklung	Formen der Autorität und ihre unterschiedlichen Auswirkungen	verstehen	
	Erforderliche Fach-, Methoden- und Sozialkompetenz und Einfluss der Persönlichkeitsmerkmale der Führungskraft	beurteilen	
	Einflussmöglichkeiten des Industriemeisters auf seine eigene Persönlichkeitsentwicklung	beurteilen wahrnehmen	
	Erwartungen des Unternehmens und der Mitarbeiter an den Industriemeister	analysieren umsetzen	

5 Anwenden von Führungsmethoden und -techniken einschließlich Vereinbarungen entsprechender Handlungsspielräume, um Leistungsbereitschaft und Zusammenarbeit der Mitarbeiter zu fördern

Qualifikations-elemente	Bestandteile der Qualifikationselemente	Anwendungs-taxonomie	Hinweise zur Vermittlung
Mitarbeitereinsatz und Delegation von Aufgaben unter Berücksichtigung entsprechender Handlungsspielräume	Kriterien für einen effizienten Einsatz der Mitarbeiter	erstellen umsetzen	A 3.6.2.5
	Ziele und Grundsätze der Aufgabendelegation	umsetzen	Zielvorgabe, Zielvereinbarung, Arbeitsanweisung
	Handlungsspielräume für den effizienten Aufgabenvollzug	zuorden	
Qualifizierungsbedarf der Mitarbeiter und erforderliche Qualifizierungsmaßnahmen	Aufgaben der Führungskraft im Zusammenhang mit der Qualifizierung der Mitarbeiter	verstehen	
	Qualifizierungsbedarf	ermitteln	
	Ziele und Arten von Qualifizierungsmaßnahmen im betrieblichen Bereich	zuorden	
	Notwendigkeit von Arbeitsunterweisungen	begründen	
Arbeitskontrolle	Notwendigkeit und Formen einer effektiven Arbeitskontrolle	erkennen anwenden	
	Grundsätze für ein angemessenes Kontrollverhalten der Führungskraft	berücksichtigen	
Anerkennung und Kritik	Grundsätze und Formen von Anerkennung und Kritik	berücksichtigen	
	Grundsätze für die Durchführung von Anerkennungs- und Kritikgesprächen	berücksichtigen	A 4.6
Mitarbeiterbeurteilung und Arbeitszeugnis	Notwendigkeit und Ziele von Mitarbeiterbeurteilungen und Arbeitszeugnissen	begründen	
	Beurteilungsformen, -verfahren und -merkmale	anwenden	
	Beurteilungsfehler und deren Auswirkungen	berücksichtigen	
	Beurteilungsgespräche	vorbereiten durchführen	A 4.6
	Entwurf für ein qualifiziertes Arbeitszeugnis	erstellen	
Personelle Maßnahmen	Notwendigkeit der Zusammenarbeit mit betrieblichen Stellen bei personellen Maßnahmen	begründen	B 1.5.3
	Angemessene personelle Maßnahmen	anwenden	A 1.1

Qualifikations-elemente	Bestandteile der Qualifikationselemente	Anwendungs-taxonomie	Hinweise zur Vermittlung
	Planungsmittel der Führungskraft für personelle Maßnahmen	einsetzen	
Einführung neuer Mitarbeiter	Notwendigkeit und Ziele einer methodischen Mitarbeitereinführung	verstehen	
	Grundsätze und Methoden für eine situationsbezogene Einweisung	anwenden	
Motivations- und Kreativitätsförderung	Auswirkung der Motivation und Kreativität auf die Leistungsbereitschaft der Mitarbeiter	erkennen bewerten	A 3.2.2
	Kreativitätsfördernde Techniken	anwenden	
Fluktuation und Fehlzeiten	Arten, Ursachen und Folgen von Fluktuation und Fehlzeiten bei Mitarbeitern	erkennen beurteilen	
	Einflussmöglichkeiten des Betriebes und der Führungskraft auf Fluktuation und Fehlzeiten	wahrnehmen	
	Fehlzeitengespräch	führen	A 4.6

6 Förderung der Kommunikation und Kooperation durch Anwenden von Methoden zur Lösung betrieblicher Probleme und sozialer Konflikte

Qualifikations-elemente	Bestandteile der Qualifikationselemente	Anwendungs-taxonomie	Hinweise zur Vermittlung
Mitarbeitergespräch	Arten von Mitarbeitergesprächen	zuordnen	A 3.5.4 A 3.6.2.5 A 4.5.4
	Erforderliche Vorbereitungen und Rahmenbedingungen für einen erfolgreichen Gesprächsverlauf	zuordnen anwenden	A 4.5.5 A 4.5.9 z. B. Checkliste
	Ziel- und adressatenorientierte Einstellungen und Verhaltensweisen	zuordnen beurteilen	
Betriebliche Besprechungen	Arten, Anlässe und Ziele von betrieblichen Besprechungen	einordnen	
	Erforderliche Vorbereitungen und Rahmenbedingungen für einen erfolgreichen Besprechungsverlauf	zuordnen anwenden	
Zusammenarbeit und Verhaltensregeln im Unternehmen	Die im Unternehmen zu beachtenden Verhaltensregeln sowie Maßnahmen zu deren Einhaltung	zuordnen anwenden	

Qualifikationselemente	Bestandteile der Qualifikationselemente	Anwendungstaxonomie	Hinweise zur Vermittlung
Bildung und Lenkung betrieblicher Arbeitsgruppen	Arten und Grundsätze für die Zusammensetzung betrieblicher Arbeitsgruppen	berücksichtigen	
	Das für eine effiziente Zusammenarbeit erforderliche Sozialverhalten der Gruppenmitglieder	berücksichtigen	
	Unterschiedliche Rollen und Rollenverhalten der Führungskraft in Bezug zur Gruppe	berücksichtigen	
	Gruppendynamische Prozesse und Teamentwicklung	wahrnehmen umsetzen	
Betriebliche Probleme und soziale Konflikte	Arten und Ursachen betrieblicher Probleme und sozialer Konflikte	verstehen	A 3.5.2.1 A 3.5.4
	Möglichkeiten der Führungskräfte, soziale Konflikte zu verhindern bzw. zu lösen	wahrnehmen	
	Grundsätze für das Behandeln von Beschwerden	berücksichtigen	
Moderationstechnik	Aufgaben des Moderators	beherrschen	A 3.3.2
	Stellung und Rolle des Moderators	beherrschen	
	Methoden/Techniken	beherrschen	z. B. Metaplan, Fragetechnik, Visualisierung

Stichwortverzeichnis

F

G

H

I

J

K